雄山閣出版案内

横穴式石室と古墳時代社会

A5判 247頁
本体6,200円

—遺構分析の方法と実践—

太田宏明 著

近畿地方・九州地方を中心に、中国地方、東海地方、関東地方の横穴式石室を類型化しその伝播の様相を検討し、そこから、古墳時代社会組織のあり方を推論する方法論を提示し、実践する。時代を超えて、遺構という考古資料の性質と研究法を問い直す。

■ 主 な 内 容 ■

複雑採集狩猟民とはなにか

B5判 328頁
本体12,000円

—アメリカ北西海岸の先史考古学—

ケネス・M・エイムス／ハーバート・D・G・マシュナー 著
佐々木 憲一 監訳／設楽 博己 訳

アメリカ北西海岸のネイティブは、農耕とは無縁の生活を行っていたいわゆる採集狩猟民であるが、一方で、奴隷まで存在した階層化社会を作り上げていた。

考古学的な遺跡と遺構をもとにした編年研究のもと、ビンフォードに学んだ理論考古学を駆使し、採集狩猟民の社会の実態を浮き彫りにする。

■ 主 な 内 容 ■

季刊考古学・別冊24

古代倭国北縁の軋轢と交流

―入の沢遺跡で何が起きたか―

目次

第二章　古墳時代社会のなかに入の沢遺跡を位置付ける

第三章

司　会：辻　秀人

パネラー：和田晴吾・八木光則・髙橋誠明・大賀克彦・森下章司・村上裕次

■表紙写真■入の沢遺跡平成二六年度　調査区全景（宮城県教育委員会提供）

＊本誌は二〇一五年九月に行なわれた東北学院大学アジア流域文化研究所公開シンポジウムの成果をまとめたものである。

＊本誌で取り扱う入の沢遺跡の遺構・遺物名称及び番号については、シンポジウム後に刊行された発掘調査報告書『入の沢遺跡—一般国道4号築館バイパス関連遺跡調査報告書Ⅳ—』（宮城県教育委員会、二〇一六年）と異なっている。煩雑さをさけるためシンポジウム当時の名称で記し、大溝跡・堀・壕・濠を「壕」に、塀跡・柵を「塀跡」に用語を統一した。

＊本誌に掲載されている入の沢遺跡の遺構・遺物写真はすべて宮城県教育委員会提供。

入の沢遺跡発掘調査全景

壕跡北西側張り出し部

竪穴住居１（焼失住居）

竪穴住居１の
鏡出土状況

竪穴住居１の
装身具出土状況

塀跡

塀跡断面

壕跡

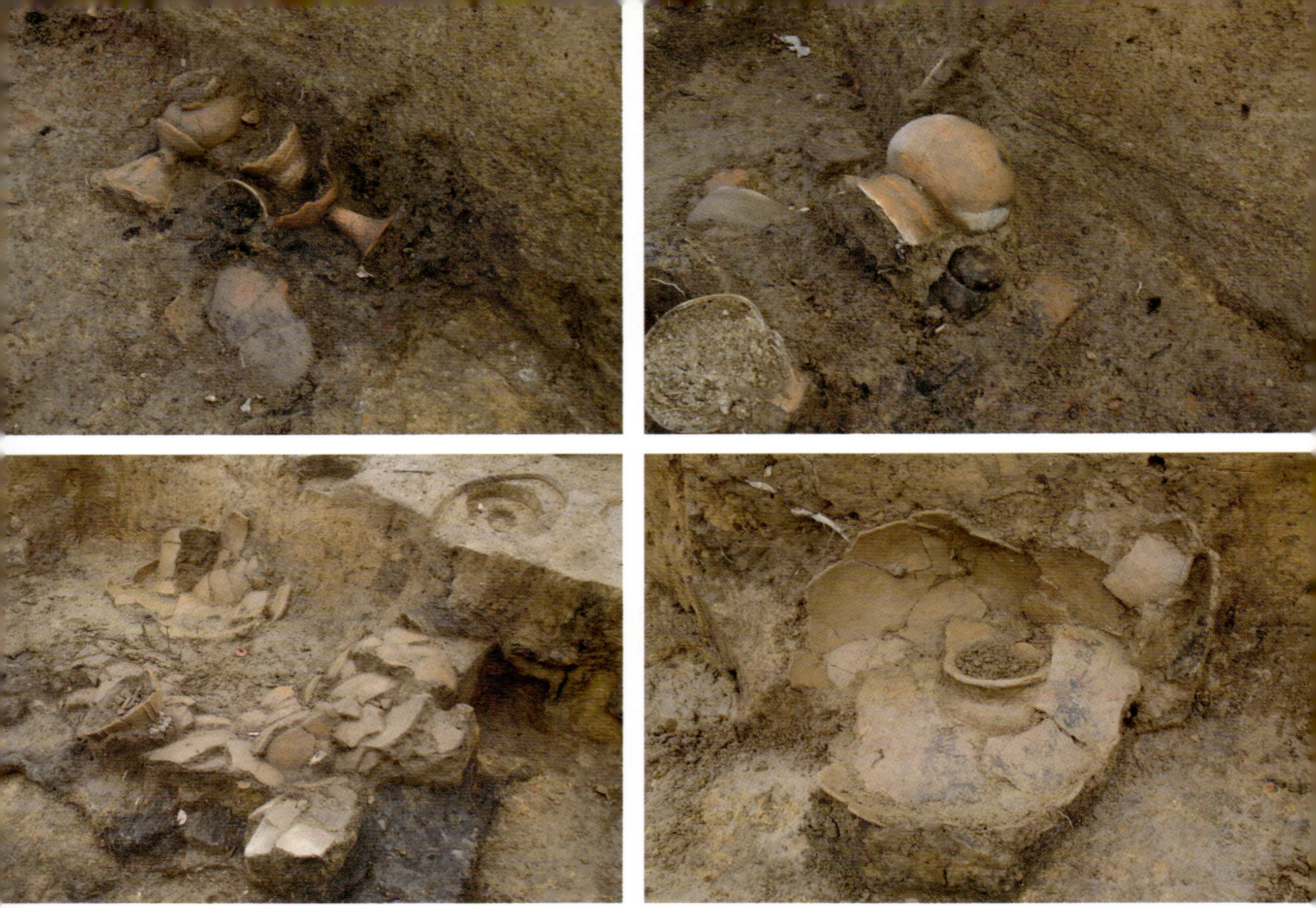

竪穴住居１の土師器出土状況

出土鏡

古代倭国北縁の軋轢と交流

入の沢遺跡で何が起きたか

序文

辻秀人

宮城県栗原市入の沢遺跡では古墳時代前期における北限の拠点的集落の様相が明らかにされ、青銅鏡四面など多くの貴重な遺物が出土いたしました。このような調査成果はこれまでの常識を越えており、大きな注目を集めました。現在入の沢遺跡の調査成果の評価をめぐって、多方面で論議を呼び、全国的に注目されております。

昨年（二〇一四年）の夏前から秋にかけてでしょうか、宮城県文化財保護課によって入の沢遺跡の発掘調査が行なわれ、調査の進行につれていろいろな情報が次々に飛び込んできました。「大きな溝が巡っているんだって」「柱列でまわりを囲っているみたいだよ」「鏡が出てきたんだって」「火事に遭っているみたいだ」「装身具もいっぱいあるんだって」等々、どれも驚かされることばかりでした。

じつは今まで古墳時代前期に古墳が作られていた地域、つまりは大和と結んでいた地域はだいたい宮城県北部の大崎平野ぐらいまでを私はイメージしておりました。もちろん、大崎平野よりも北にも大和と関係あるのかなという遺跡はいくつかは知られていました。しかし、これほど大規模な集落があるとは思っていませんでした。大規模な壕や塀跡は一体だれに対して防御しているのか。入の沢遺跡に住む人々は米作りを基盤とする人々ですから、わざわざ山の上に集落をつくって、毎日毎日米作りのために下の水田におりていくのか、なんのためにそんな山の上にムラをつくったんだろう。しかも壕を巡らせて。何か怖いことがあったのだろうか。防御するからには誰から防御するのか、次々に謎が浮かんでまいりました。私はもう三〇年以上は東北地方の古墳時代を研究していますが、それでも次々に入って来るニュースは私がこれまで考えてきたこととあわなくて、考え直しを迫られています。

シンポジウムでは、入の沢遺跡でどんなことがわかったのか、詳細な調査成果を担当された村上裕次さんに発表していただきます。その後、装身具、鏡など一般集落では出土しないものが出土していることを巡ってどう考えるのかを、鏡については大手前大学森下章司さん、装身具については奈良女子大学大賀克彦さんからのご発表があります。次に、この地域の古墳時代の状況を大崎市教育委員会髙橋誠明さんにご説明いただきます。また、入の沢遺跡の北には米作りをしない人々がいると考えられています。続縄文文化の人々です。この人々と入の沢遺跡とはどんな関係にあるのかを蝦夷研究会の八木光則さんにご発表いただきます。そして私も東北地方の古墳時代についてお話をするつもりですし、全国的な視野で兵庫県立考古博物館和田晴吾さんに大和との関係で解説をいただきます。

最終的にはこの入の沢遺跡をどう考えるのか、どのような考え方があり得るのかということを討論いたします。私共のこれまでの認識とは違い、新たに情報をもたらした入の沢遺跡がどういう意味をもっているのか、古代倭国の北縁で何があったのか、それを地域の皆様とともに考えてみたいというのがこのシンポジウムの趣旨でございます。

第一章　入の沢遺跡を知る

入の沢遺跡の調査成果

村上裕次

一　遺跡の概要

平成二六年度（二〇一四）に調査しました入の沢遺跡の調査成果についてお話しします。

栗原市入の沢遺跡は、古墳時代前期の中心地である奈良盆地から直線で約六五〇キロの距離にあります。この奈良盆地を中心にして半径六五〇キロの円を作成すると、西側は九州を覆って、一部朝鮮半島に到達するという距離で、かなり遠い位置にあるということがわかっていただけると思います。

最初に調査要項を説明します。所在地は宮城県栗原《くりはら》市築館《つきだて》字城生《じょう》野《の》入の沢、峯岸《みねぎし》です。調査原因は一般国道4号築館バイパス建設工事に伴う調査、調査主体が宮城県教育委員会で、宮城県教育庁文化財保護課が担当しました。調査協力は国交省、地元の栗原市教育委員会、そして加美町教育委員会、涌谷町教育委員会、宮城県多賀城跡調査研究所からは職員の応援をいただいております。出土遺物の保存、クリーニング、管理につきましては東北歴史博物館、出土遺物の分析につきましては奈良県立橿原考古学研究所、近畿大学、東北芸術工科大学にお世話になっています。調査期間は平成二六年四月二一日から十二月十八日まで、調査面積は約六八〇〇平方メートルです。

宮城県の地形と遺跡の位置について説明します（図1）。まず、入の沢遺跡が所在する宮城県北部の地形から簡単に説明します。まず東側に北上山地がありまして、西側に奥羽山脈があります。この奥羽山脈から東に丘陵が延びて、先端は大小の河川に開析されて複雑な地形になっています。主要な河川は北上川、北上川に合流する迫《はさま》川、大崎平野を形成するのに重要な役割を果たした江合《えあい》川、鳴《なる》瀬《せ》川、吉田川といったものになります。県北部の主要な前期古墳には、美里町京銭塚《きょうせんづか》古墳、大崎市青塚《あおつか》古墳、加美町大塚森《おおつかもり》古墳、大《だい》黒森《こくもり》古墳、色麻町熊野神社《くまのじんじゃ》古墳、主要な遺跡には、北上川河口にある石巻市新金沼《しんかなぬま》遺跡、内陸部の栗原市伊治城《いじじょう》跡、宇南《うなん》遺跡、大境山《おおざかいやま》遺跡、登米市佐沼城《さぬまじょう》跡、美里町山前《やままえ》遺跡、大崎市留沼《とめぬま》遺跡、大郷町鶴館《つるだて》遺跡があります。方形周溝墓が検出された遺跡には、栗原市の鶴ノ丸《つるのまる》遺跡と東館《ひがしたて》遺跡、大和町郷ノ目囲《ごうのめがこい》遺跡があります。

入の沢遺跡は、迫川の支流である一迫《いちはさま》川に面した丘陵上に位置しています（図2）。入の沢遺跡の北側には伊治城跡、西側には大《だい》仏《ぶつ》古墳群が位置しています。

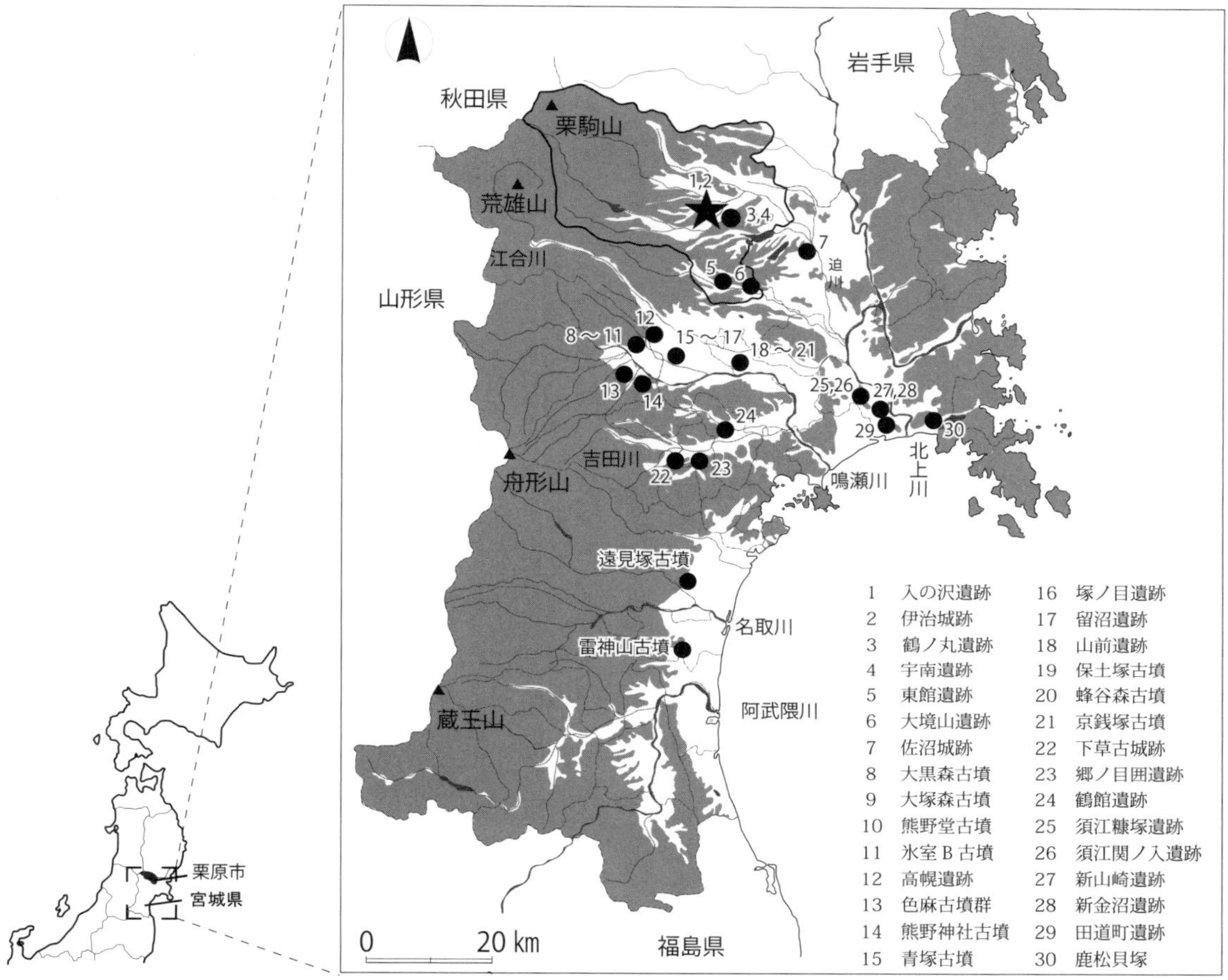

図１　宮城県内における古墳時代前期の主要な遺跡

二　調査成果

それでは、調査成果について説明いたします。最初に、遺跡範囲と調査範囲を示したのが図3です。

平成二六年度は遺跡の南側を調査しています。南側は、北から入る沢と南から入る沢で二つに分けており、西側をA区、東側をB区と呼んでいます。標高は、A区の最高地点が四九メートル、B区が四八メートルで、A区の方が高い位置にあります。

(一)　遺　構

古墳時代前期の遺構は、竪穴住居跡、塀跡、壕（大溝跡）跡です（図4）。A区の方に大型の竪穴住居跡が多いという印象を受けます。入の沢遺跡の全景写真を見ると、奥のシートがかかっている範囲がA区、手前がB区で、非常に見晴らしのいい丘陵上に集落をつくっていることがわかります（図5）。

①　竪穴住居跡

調査では可能性のあるものを含めて四七軒の竪穴住居跡が発見され、十七軒が調査されました。そのうち古墳時代前期は十二軒です。平面形は正方形あるいは長方形で、規模は一辺四～八メートルですが、五～六メートルのものが主

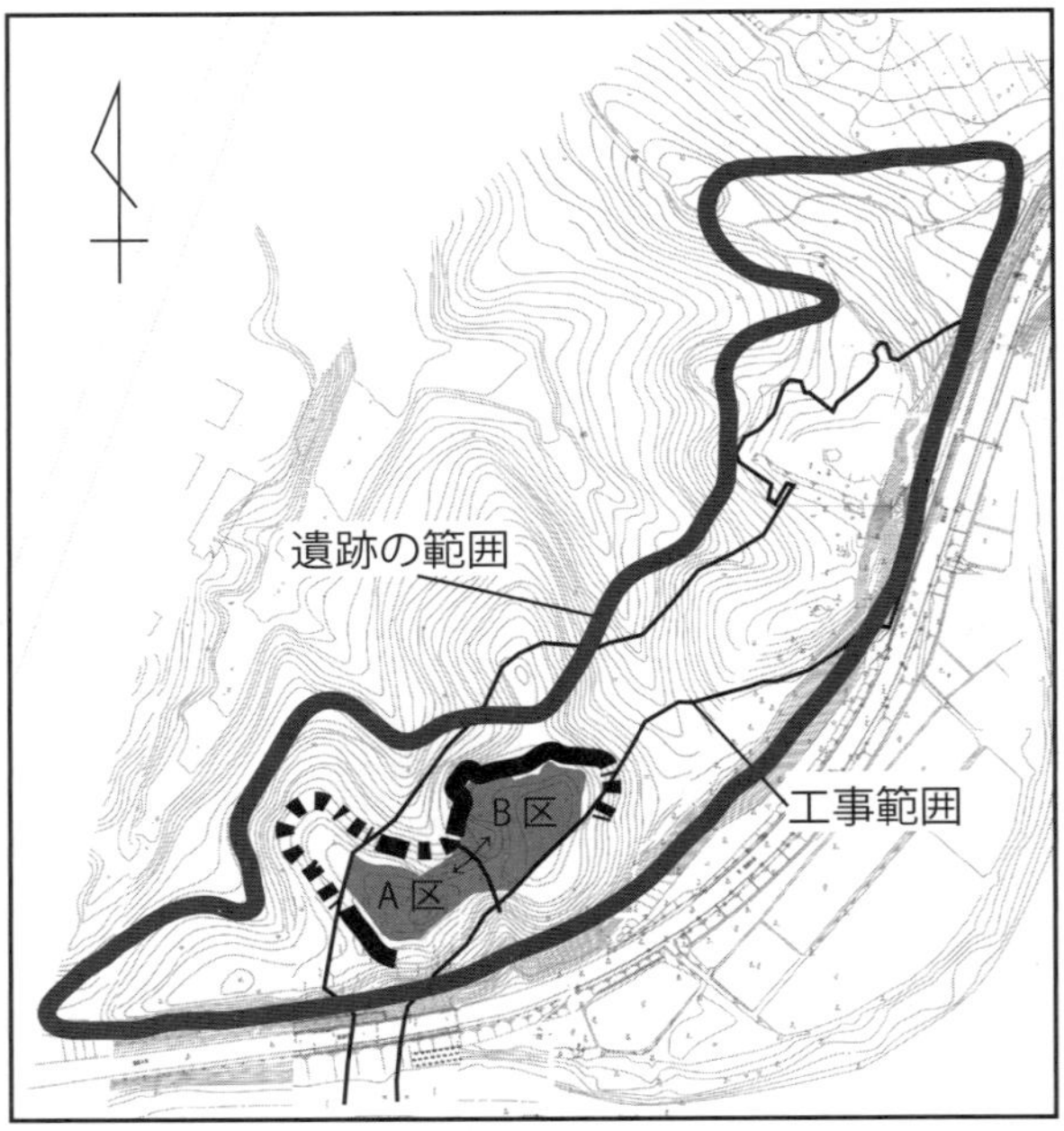

図３　遺跡範囲と調査区（S=1/5,500）
（遺跡範囲は 2014 年当時、2016 年 11 月に変更）

図２　入の沢遺跡と周辺の遺跡

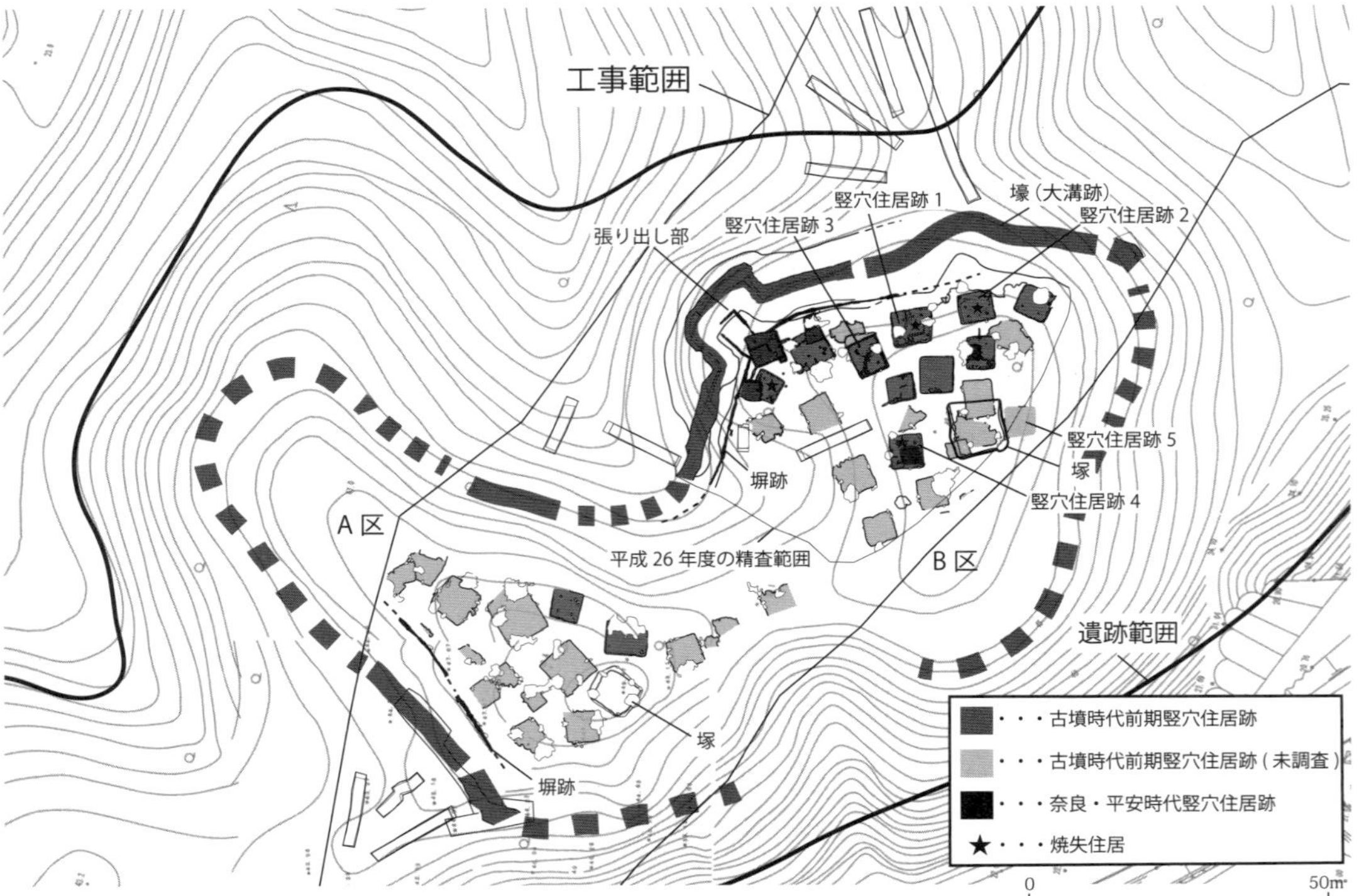

図４　入の沢遺跡南側の遺構配置図（S=1/1,500）　　※遺跡範囲は 2014 年当時

体になります。今回は、遺物が多く出土した竪穴住居跡1～4について説明します。

竪穴住居跡1　竪穴住居跡1はB区北辺の中央部分にあります。B区では大型のものです。図6が竪穴住居跡1を西から撮った全景写真です。北から南に緩やかに傾斜する斜面につくられています。

図5　入の沢遺跡平成26年度　調査区全景

火事に遭った住居で、燃えた柱や屋根材が多くみつかりました。規模は東西七メートル、南北六メートルで長方形です。壁は残りのいい部分で八〇センチありました。全体に保存状態の良い竪穴住居跡でした。銅鏡、鉄製品、装身具、土器、砥石《といし》、繊維、赤色顔料、炭化米など豊富な、そして貴重な遺物が出土しています。

図6　竪穴住居跡1　全景

図７　珠文鏡出土状況

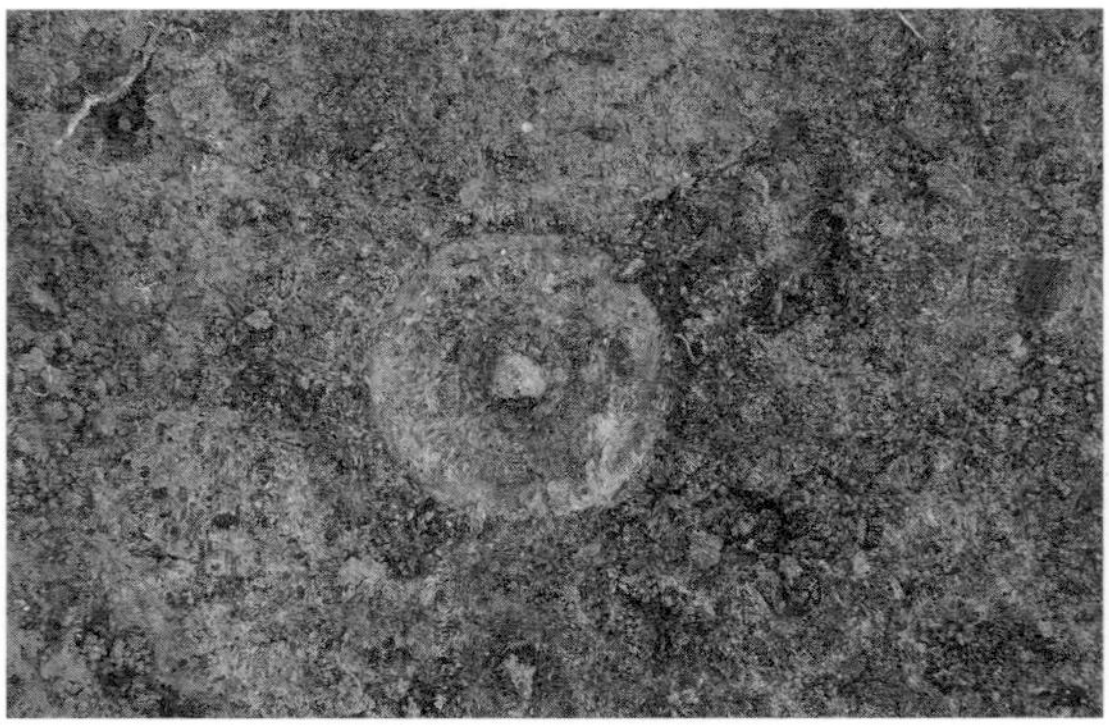

図８　重圏文鏡（櫛歯文鏡）出土状況

図９　管玉・勾玉出土状況

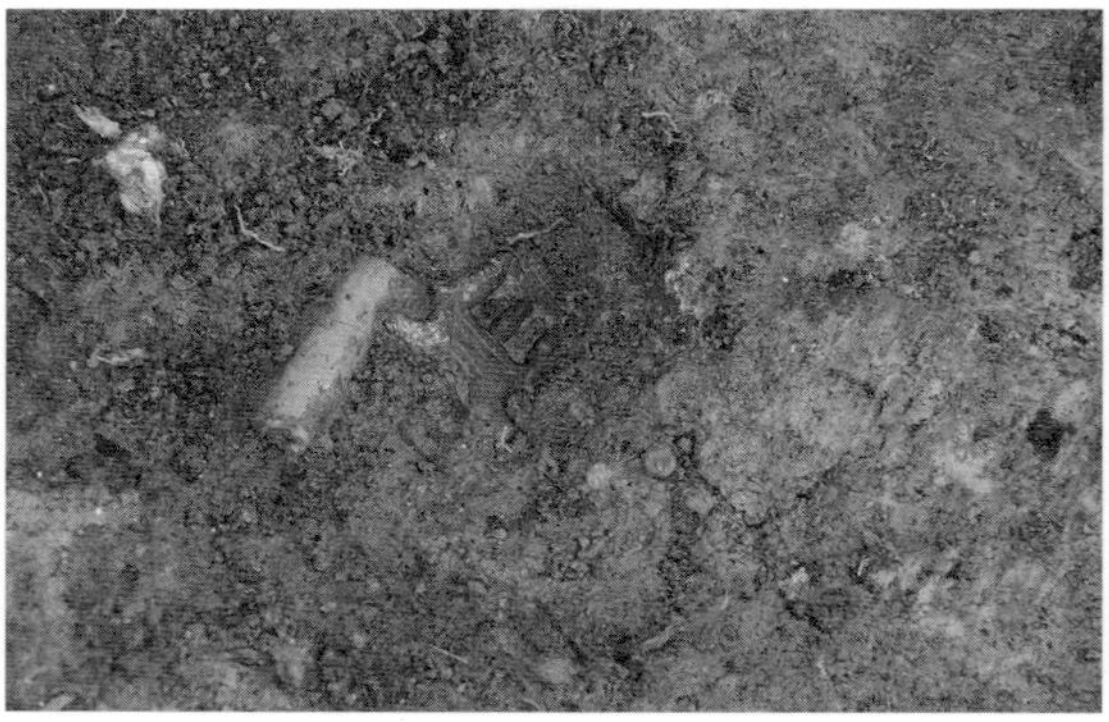

図10　琴柱形石製品・管玉・ガラス玉出土状況

図11　短冊形鉄斧出土状況１

図12　短冊形鉄斧出土状況２

次に遺物の出土状況を見ていきます。まず銅鏡を見ますと、珠文鏡《しゅもんきょう》（図7）は鏡面を下にして文様のある方を上にして出土しました。出土位置は住居中央から東寄りです。もう一点の鏡（図8）・重圏文鏡《じゅうけんもんきょう》（櫛歯文鏡《くしばもんきょう》）も鏡面を下にして、文様のある方を上にして、住居南東部南壁寄りから出土しています。

装身具については、首飾りと思われる、管玉《くだたま》と勾玉《まがたま》（図9）・管玉とガラス玉、本村《ほんむら》型琴柱形《ことじがた》石製品などと呼ばれるもの（図10）が出土しています。

鉄製品として、短冊形鉄斧《たんざくがたてっぷ》が出土していま

図13　赤色顔料検出状況

図14　土器出土状況1

図15　土器出土状況2

図16　土器出土状況3

図17　土器出土状況4

す（図11・12）。

　赤色顔料（図13）は、分析の結果水銀朱であることがわかりました。住居南東部南壁寄りから出土しています。

　続いて土器については、住居南西部壁寄りから出土したもの（図14・15）と、住居南東部壁寄りから出土したもの（図16・17）があります。図14の出土状況からは、おそらく小型の高坏の上に小型の鉢、小型の器台の上に小型の壺が据えられていてそのまま倒れたものだろうと考えられます。同様に図15からも、小型の壺、小型の鉢が倒れた状態で出土していることがわかります。住居南西部から出土したものは、小型の土器が多いという傾向があります。

　一方で住居南東部では大きな破片が多く、大型の壺が横に倒れてそのまま潰れた状態（図16）、正位のまま潰れた状態（図17）で出土しています。

　層の堆積状況と土器の出土状況を説明します。入の沢遺跡の焼失住居では大別して3層が確認されました。大別1層は住居が火事に遭ってそのあと自然にたまった層、火災後に堆積した層です。大別2層が地山ブロックを多く含む層です。大別3層が炭と焼けた土が多く含まれる層です。

　図18は住居堆積土断面です。床面の直上で焼土や炭化物を多く含んでいる層が大別3層で、その上に地山ブロックが主体となる大別2層が堆積しています。両者には間層がありませんので、連続的に堆積した、言い換えるとあまり時間が経たないうちに、大別3層の上に大別2層が堆積したと考えられます。大別2層は炭化材を覆っています。古墳時代の竪穴住居には、屋根を土で覆った土屋根があります。層の堆積の状況を考慮すると、竪穴住居跡1も土屋根で、大別2層は、屋根に載せていた土が火事により住居内に落ちて堆積したものである可能性を考えています。その下にある大別3層には炭や焼土が大量にあるので、火災に由来する層だと考えています。

　遺物は大別3層から多く出土しました。土器にはその場で潰れたもの、横倒しになって潰れたものがありまして、もともとの位置を大きく移動したのではないだろうと考えられます。したがって、ひとまとまりの、一括性が高い遺物と考えられます。火災に遭って、火事に由来する層である大別3層が生じてからそれほど時間がたたずに屋根が落ちていることを考えると、火災に遭って屋根

図18　竪穴住居跡1　土層断面

が落ちるまでの間に住居内に土器を投げ捨てに行くというのは考え難いため、大別3層出土遺物は、竪穴住居跡1に伴うと考えられます。なお、これから説明します竪穴住居跡2～4も同じ状況で、大別3層から出土した遺物はそれぞれの住居に伴う一括性の高い遺物であると判断しています。

なぜ、火災に由来する層から出土しているのかということなのですが、火災に遭って大別3層が形成され、その後土器が潰れるなり、倒れるなりして、設置していた床面から離れて大別3層に包含される、ということで説明できないかと考えています。

床面検出遺構について説明します。南西に土坑があります。それから土坑に接続する溝があります。周溝は四周をめぐっています。特徴的なのは、住居南東のコーナー付近に床面から約一〇センチ高い段がありまして、いわゆるベッド状遺構といわれるものかと考えています。主柱穴や炉跡などは今のところ見つかっていません。大型の壺や装身具類は南東部から、炭化米などは南西部の区画から出土しています。

竪穴住居跡2　竪穴住居跡1の東側に位置しています。北から撮った全景写真です（図19）。南から北に傾斜する緩い斜面上につくられています。これも焼失住居で、東西五・九メートル、南北五・四メートルです。銅鏡、鉄製品、装身具、土器、石製品、炭化米が出土しています。土器は壁際から出土しています。ここでは内行花文鏡が一面、住居西辺中央よりも北側、壁際から鏡面を上にして出土しました（図20）。出土層は大別3層です。

竪穴住居跡3　竪穴住居跡1の西側に位置しています（図21）。南から北に緩く傾斜して北東から北西に傾斜する斜面上につくられています。焼失住居です。南北五・九メートル、東西五・三メートル、壁の高さは残りのいいところで五〇センチほどありました。鉄製品、土器、石製品、炭化米が出土しています。

土器は、中央から北東部分と南西部分でまとまって出土しています。中央から北東部分では、潰れた状態で多くの土器が出土しました（図22）。南西隅の土坑からも多くの土器が出土しています（図23）。小型の土器が多く出土し、それらの土器を取り上げると下から中型の甕、壺が出てきました。

床面検出遺構ですが、周溝はすべて開いています（図24）。土坑があり、そこから排水溝が延びておそらく周溝につながっていたのだろうと思います。主柱穴が四個、炉跡があります。この住居では南西隅にトンネル状の溝があり、外延溝になるのかなと思います。古い段階の土坑を埋めて新しい土坑を掘っており、住居のつくり替えも確認できました。

竪穴住居跡4　B区中央に位置しています（図25）。これも火事に遭った住居で、規模は南北五・八メートル、東西五・五メートル、壁の高さは残りのいいところで四〇センチほどありました。土器や炭化米、石製品が出土しています。この住居は平安時代の住居と重複していて一部壊されています。土器などの遺物は、住居隅からまとまって出土しています（図26）。

②区画施設

続いて区画施設について説明します。区画施設には塀跡と壕跡があります。

塀　跡　壕跡と並行しており、まだ全部を検出していませんが、A区とB区を全周すると考えています（図27）。構造は材木塀です。

図 19　竪穴住居跡 2　全景

図 20　内行花文鏡出土状況

図 21　竪穴住居跡 3　全景

図 22　土器出土状況 1

図 23　土器出土状況 2

図 24　竪穴住居跡 3　完掘状況

B区北西部の掘方は幅三〇～四〇センチ、深さは部分的に一メートルぐらい掘り込んで、そこに直径一〇～二〇センチの材を一～三五センチ間隔で据えています。断面は、この場所では一メートルぐらいの深さがありました（図28）。材を据え土で埋めて、ここではその上に整地をしていることを確認しています。

壕跡　塀跡とともにA区、B区を全周していたと考えられます。全長三三〇メートル程度あったものと思われます。地形に沿ってつくられ、平面形は不整形です。堆積土下層から古墳時代前期の土器が出土していますので、古墳時代前期の築造と見ています。断面は、V字形（図29）や逆台形です。壕の外側に土を盛っていて、土塁をつくっていた可能性もあります。

塀跡と壕跡の位置に作業員さんに立っていただいています（図30）。塀跡が深さ一メートルということで、古建築ですと地中の深さの二・五倍から三倍が地上高だという説がありますので、二～三メートルぐらいの高さかなと思っています。塀跡の位置から壕跡の底面までは最大で四メートルあります。

遺構の最後に、壕跡の北西側の張り出し部を紹介します（図31）。幅、奥行きともに七メートルです。一部古代の竪穴住居跡に壊されています。

図25　竪穴住居跡4　全景

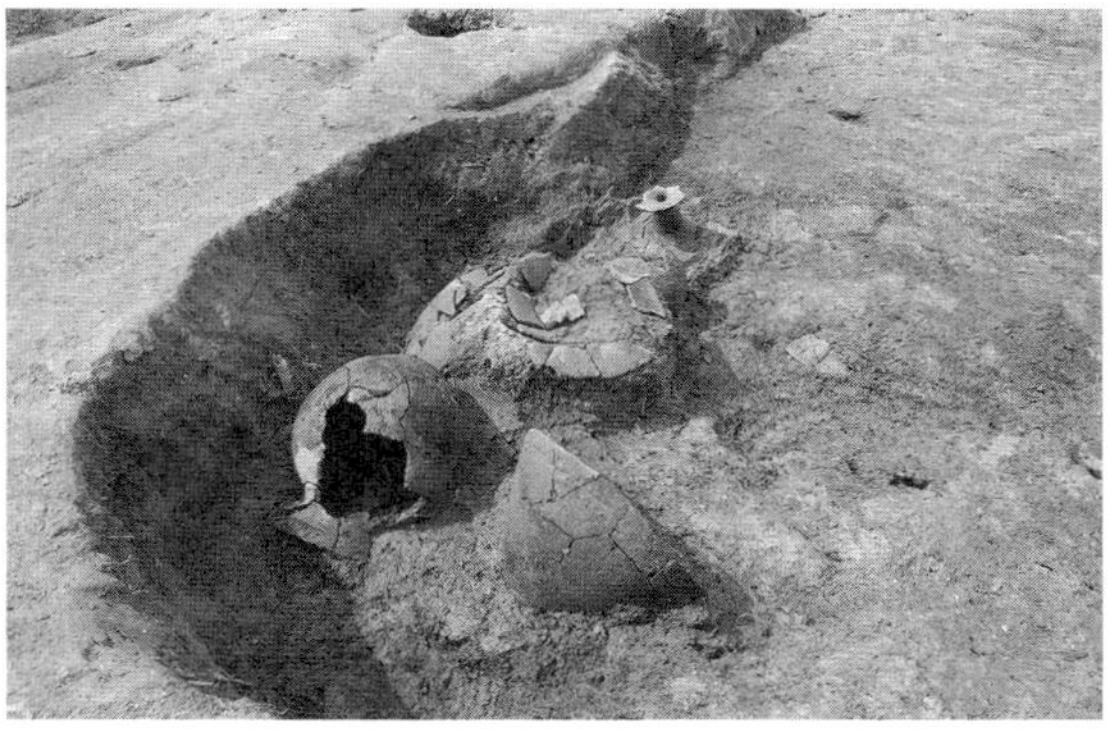

図26　土器出土状況

図27　塀跡　検出状況

図 29　壕跡断面

図 30　塀跡と壕跡の高低差

図 28　塀跡　断面

図 31　張り出し部　全景

図 32　竪穴住居跡 2 出土　内行花文鏡

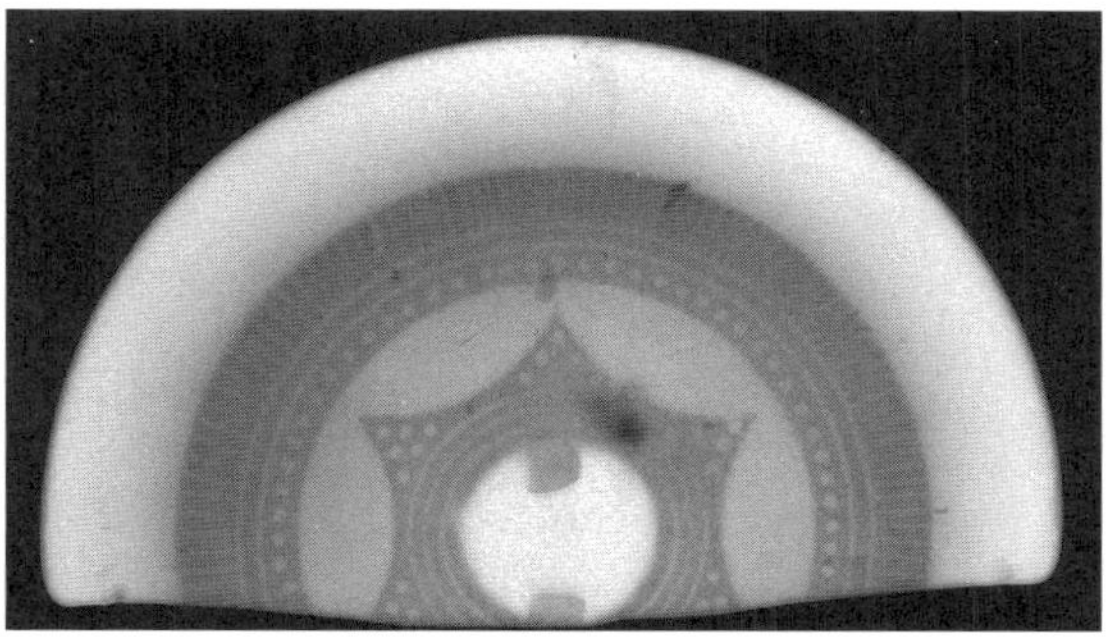

図 33　内行花文鏡 X 線写真

図 34　竪穴住居跡 5 出土　珠文鏡

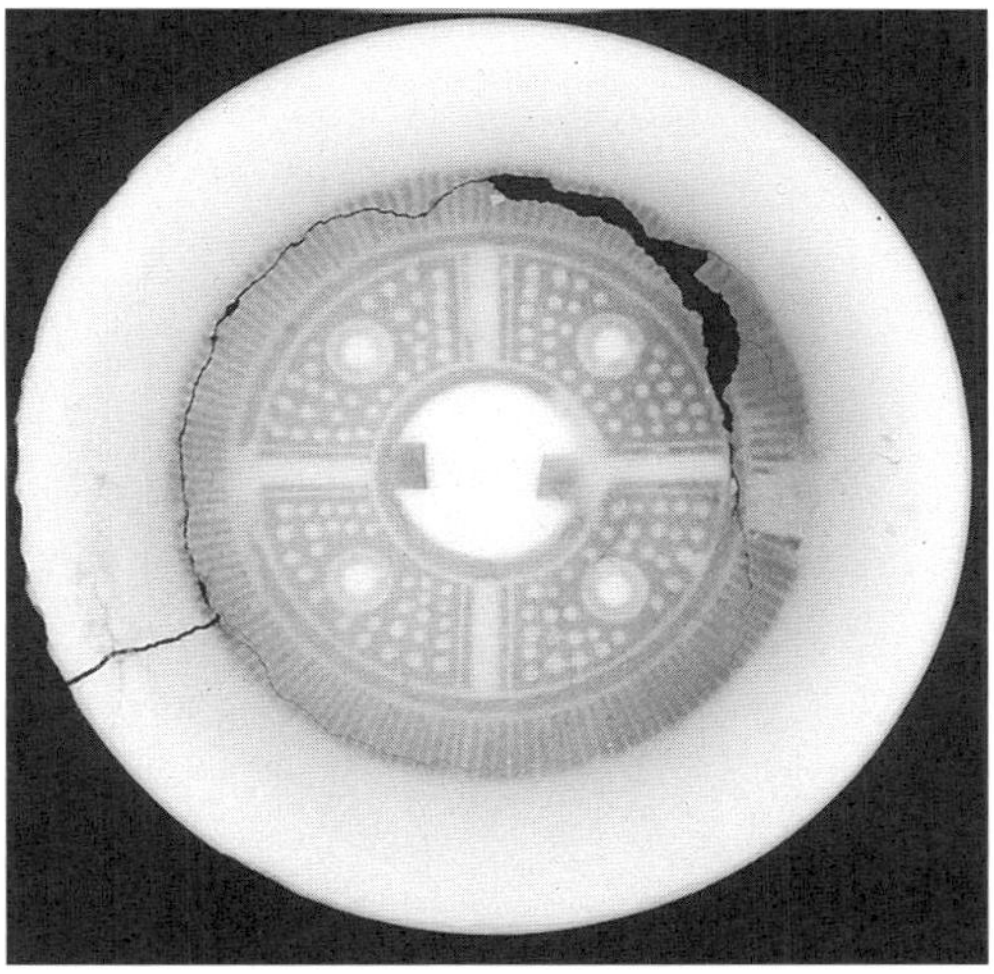

図 35　珠文鏡 X 線写真

(二) 遺物

前述のとおり、銅鏡、鉄製品、装身具、土器、石製品、繊維、赤色顔料、動植物遺存体などが出土しました。昨年度の調査では続縄文文化の遺物は出土していません。

①銅鏡

まずは、竪穴住居跡2から出土した内行花文鏡について説明します。出土した直後の写真とX線写真（図32・33）を見ると、割れている面が磨かれていますので、割れた状態で使われていたと考えられます。また、文様のある面に少し赤い色が確認され、ベンガラという赤色顔料が付着しています。

次に、珠文鏡が二面出土しました。最初に、竪穴住居跡5から出土した珠文鏡です。完全な形で出土し、これにも文様のある面にベンガラが付着しています（図34・35）。

続きまして竪穴住居跡1から出土した珠文鏡です（図36・37）。鏡面に繊維が付着しており、奈良県立橿原考古学研究所の奥山先生に分析していただき

図 36　竪穴住居跡 1 出土　珠文鏡

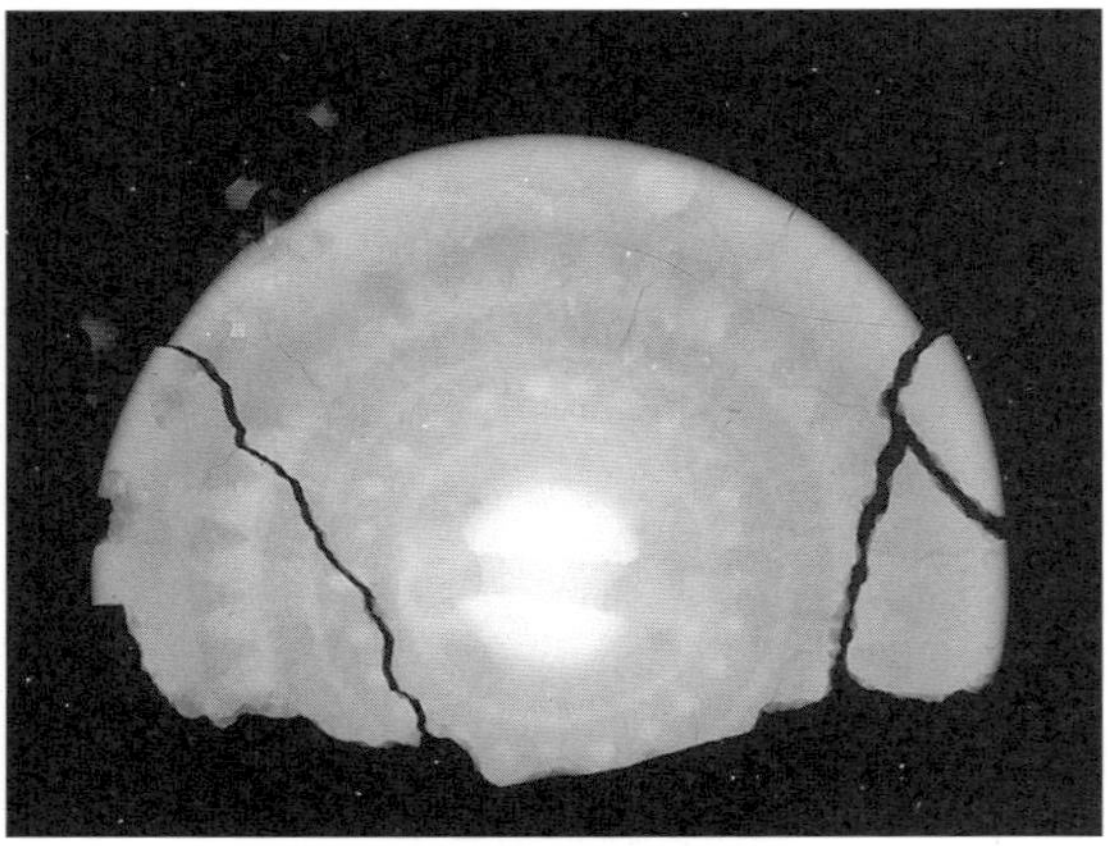

図 37　珠文鏡 X 線写真

図 38　竪穴住居跡 1 出土　重圏文鏡（櫛歯文鏡）

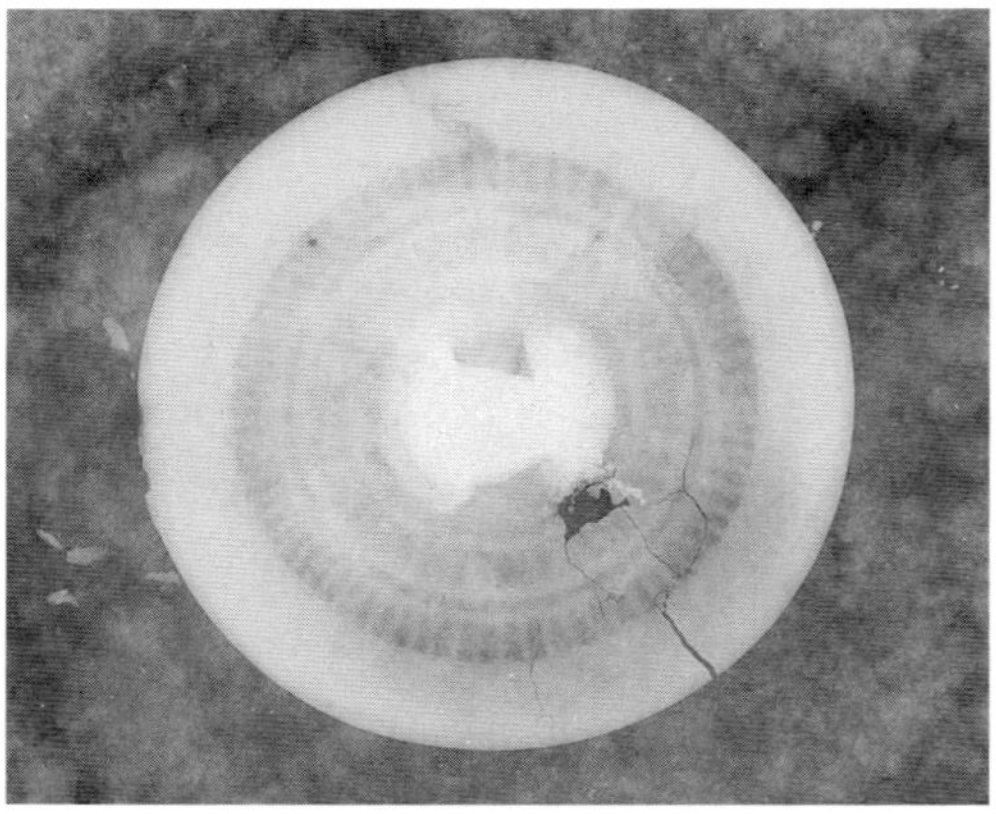

図 39　重圏文鏡（櫛歯文鏡）X 線写真

まして、苧麻《ちょま》であることがわかっています。

重圏文鏡（櫛歯文鏡）は、竪穴住居跡1から出土しました（図38・39）。これも鏡面に繊維が付着しており、同様に奥山先生による分析で苧麻であることがわかっています。

②鉄製品

鉄斧・剣・刀子・方形の刃先・鑿《のみ》などが出土しています。出土した鉄斧（図40－1～5・図41－9）のうち、1～3が短冊形鉄斧、4・5・9が袋状鉄斧です。4・5・9の袋部分の中には柄の一部になる木質が残っています。図40－6・7は方形刃先といわれるもので、鍬などの刃先です。図41－10は鑿です。図42－11が小型の剣、13・14が刀子です。鉄製品では図40－3・6・7に繊維が付着しています。この三点は、竪穴住居跡1の大型壺の内面に貼りついた状態で出土しています。布にくるまれていたか、袋に入れられた状態で壺の中に保管されていたとみられます。

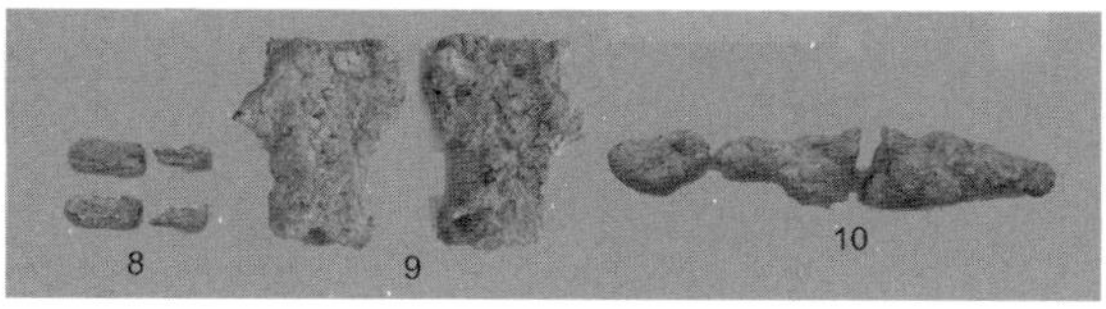

図 41　鉄斧・鑿

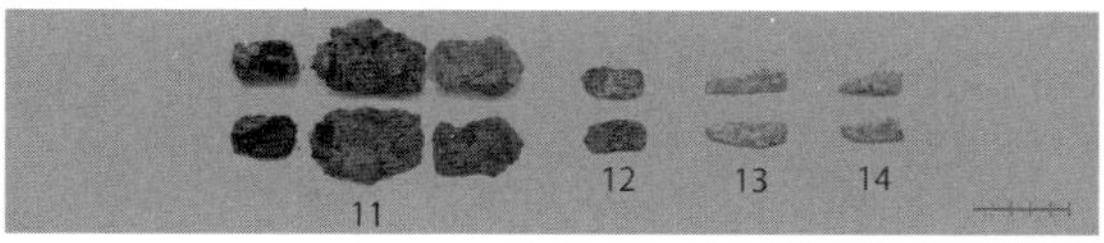

図 42　剣・刀子

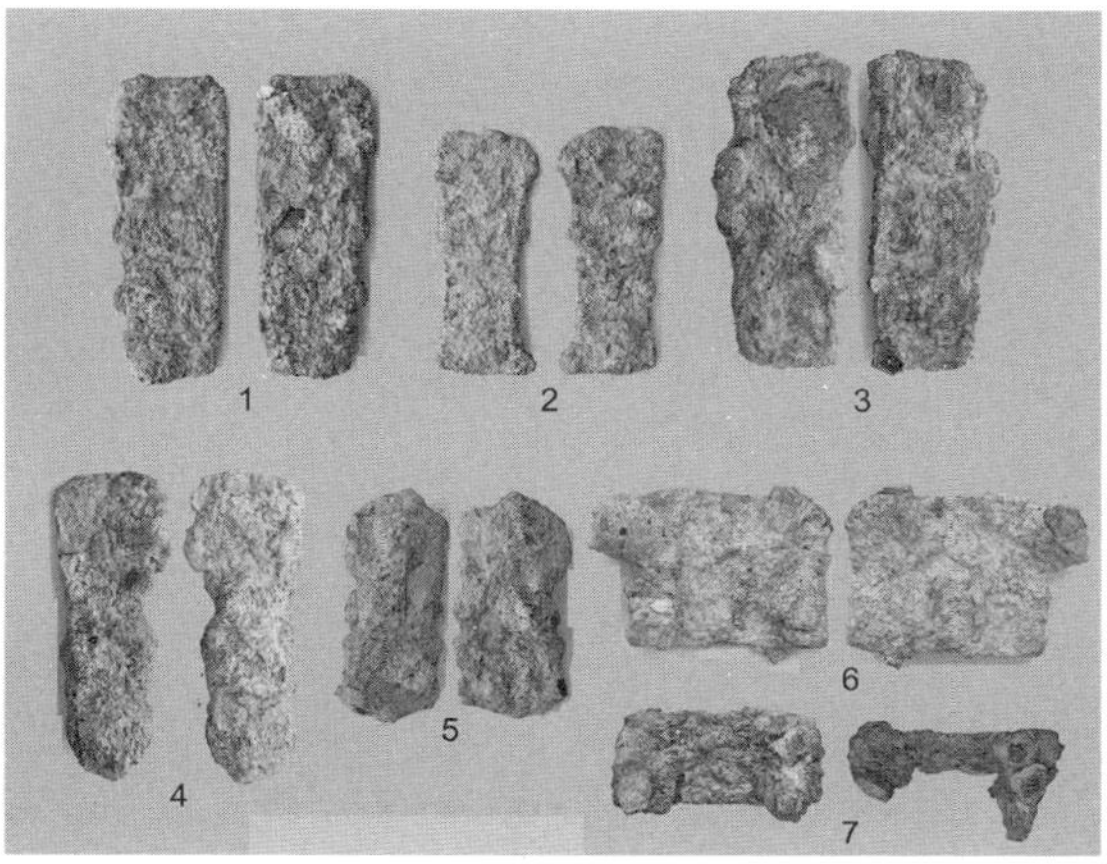

図 40　鉄斧・方形刃先

図 44　管　玉

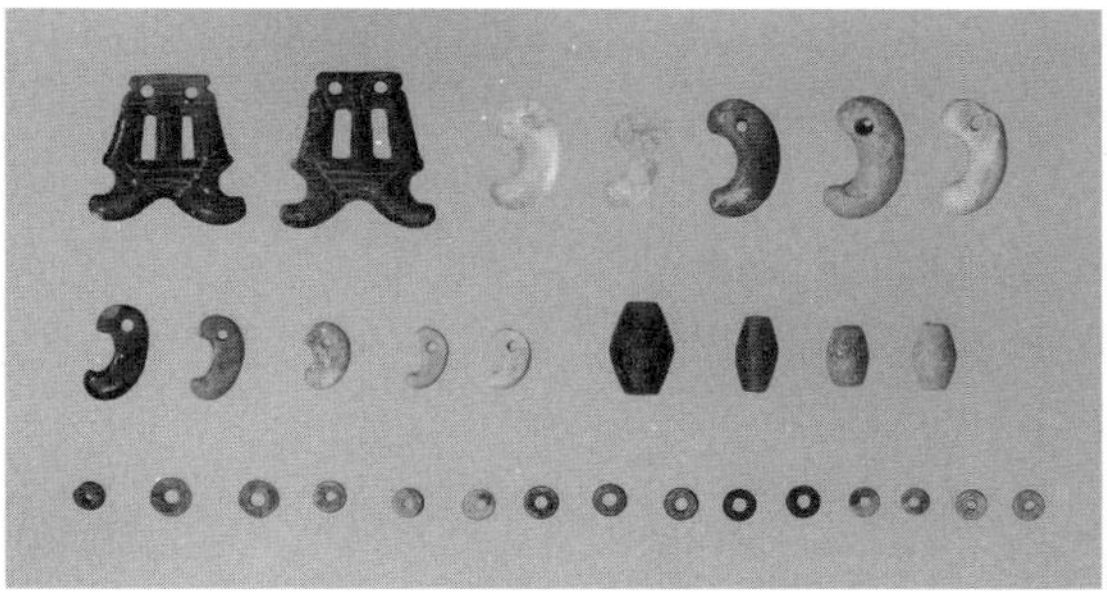

図 43　琴柱形石製品・勾玉・棗玉・丸玉・臼玉

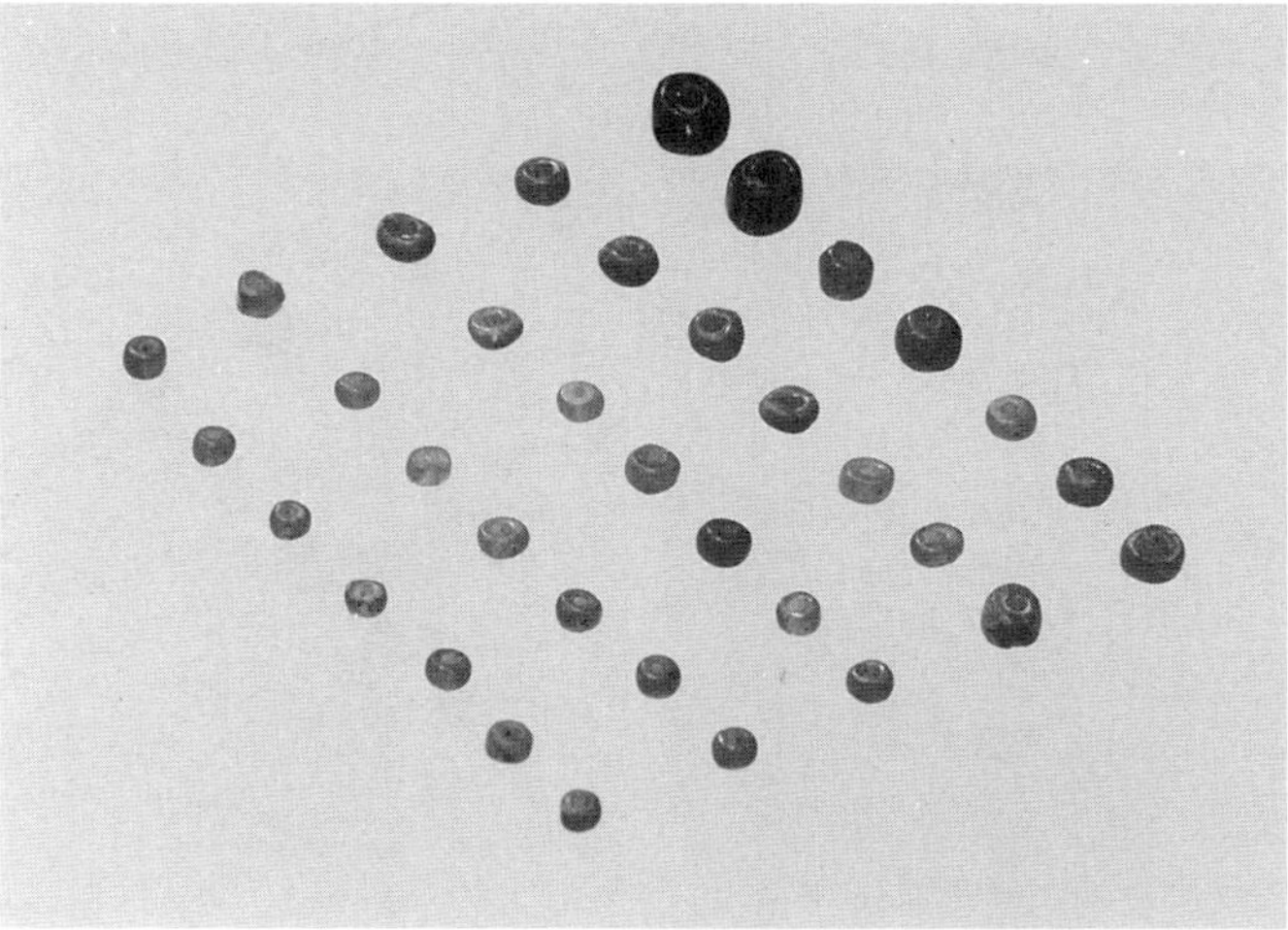

図 45　ガラス玉

③装身具

本村型琴柱形石製品と呼ばれるもの、勾玉・棗玉・丸玉・臼玉です（図43）。管玉は一〇五点出土しています（図44）。細いものから太いもの、短いものから長いものまで、形や大きさは様々です。石材も鉄石英、碧玉から緑色凝灰岩、滑石まで様々なものがあります。ガラス小玉は一二〇点出土し、こちらも様々な種類があります（図45）。

④土　器

竪穴住居跡1から出土した土器（図46）のうち、左奥の土器は大型の壺で、口縁部に縦に二個一対の棒状浮文をつけています。器高は九〇センチぐらいあります。右奥の土器がその次に大きな壺です。それ以外は小型壺、高坏、器台と鉢という構成になります。甕はわずかな量しか出土していません。

竪穴住居跡2から出土した土器には、甕や、小さな壺・鉢・器台があります（図47）。

竪穴住居跡3には、壺・甕もありますが、多く出土しているのは小型の鉢や器台です（図48）。竪穴住居跡4では、甕が一定量伴っていて、甑や鉢、器台が出土しました（図49）。かなり火を受けています。

以上のほかに大小の砥石、敲石《たたきいし》、水銀朱と

図46　竪穴住居跡1出土土器

図47　竪穴住居跡2出土土器

図48　竪穴住居跡3出土土器

図49　竪穴住居跡4出土土器

ベンガラ、炭化米が出土しています。

三　まとめ

•入の沢遺跡では、古墳時代前期の竪穴住居跡が多数確認されました。周囲を塀跡と壕跡で囲まれた大規模な集落で、古墳時代前期としては、現時点で最北の発見例となります。さらに、塀跡と壕跡が伴うことから、一般集落よりも高い防御性を備えていたと考えられます。

•竪穴住居跡から多量の遺物が出土しました。とくに通常古墳に副葬される銅鏡、鉄製品、装身具などが集落からまとまって出土することは非常に珍しいです。前期の遺構に伴う銅鏡の出土は宮城県内では初めてであり、国内での最北の出土例です。また、鉄製品、一定量の装身具の出土も前期では最北の出土例です。

•これらの成果から、入の沢遺跡は、この地域の中心となる有力な集団によって営まれた拠点的な集落であったと考えられます。さらに、遺構の残りの良さ、竪穴住居跡にみられる焼失住居の存在、豊富な種類の出土遺物から、拠点的な集落の様相について様々な面から検討できる遺跡です。

•竪穴住居跡1からは、銅鏡、鉄製品、装身具などがまとまって出土しており、集落における古墳時代前期の有力な集団の保有する道具の実態、保管や利用方法について具体的に考察できる貴重な事例と言えます。

四　入の沢遺跡と伊治城跡で検出された古墳時代の遺構

最後に、入の沢遺跡の北側に隣接する、国指定史跡伊治城跡から発見された、古墳時代前期の遺構を紹介して終わりたいと思います。

伊治城跡では政庁地区、北端部の二ヵ所で、古墳時代前期の遺構がみつかっています。政庁地区では、一辺二〇メートルの方墳、直径三〇メートルの円墳といった小規模な古墳、北端部では溝跡、竪穴住居跡、小規模な古墳がみつかっています。北端部の溝跡は、方形の溝で、その南側に不整形で方形に近い溝が組み合わされており、堆積土から土器が多数出土しています。また、溝で囲まれた内側には塀跡があるということです。溝跡の外側には竪穴住居跡と小規模な古墳が見つかっています。

入の沢遺跡と伊治城跡は、大きくみて同時期と考えられ、両者では見つかっている遺構が異なることから、機能を分けた一体の遺跡である可能性があります。

銅鏡から見た入の沢遺跡と東北の古墳時代

森下章司

昨年（二〇一四年）十二月に入の沢遺跡の発掘現場を拝見させていただきました。最近見学した中ではもっとも強烈な印象を受けた遺跡です。遺跡の評価、さらには古墳時代の社会や領域がどのようなものであったのか、様々な課題を考えさせられました。

見学した時は大雨で、残念ながらほとんどの竪穴住居跡はシートをかぶっていて遺構の実態を詳しくは確認できませんでした。しかし遺跡のある丘陵から見下ろした風景は、今でも頭の中に強く焼き付いています。

帰ってからも興奮がさめやらず、知り合いの研究者に「すごい」ということを言い続けておりました。大きな古墳から珍しい品物が発見された、ということはよくニュースになります。一方、入の沢遺跡には、それとは次元の異なる特別な「すごさ」があります。古墳「文化」の北限にあたる地域に、防御性をそなえ、「軋轢」との関わりを想定させる特殊な性格をもった集落がある、かつそこから大変豊富な品物が出土したという点です。その代表が四枚の鏡ですが、そういった器物がまとまって一つの集落から見つかったのも、全国的にみてもまれな例となります。

前項で村上裕次さんより、遺跡の細かい内容についてもご紹介いただきました。研究者も初めて接する情報がたくさんありました。ただし、発掘はまだ集落の一部に対して行なわれただけですし、整理も進んでいる最中と思います。鏡から、遺跡の評価や歴史的な意義にまで話を進めるのはまだ早いのかもしれません。しかし、この遺跡の重要性を多くの人々、地元の方々に知っていただくためにも、今日は先走って、踏み込んだ話もさせていただこうと思います。

私の話は、二つに分かれております。前半は、入の沢遺跡出土鏡の理解を深めるため、古墳時代を代表する器物である鏡についての概説的な話です。後半では、入の沢遺跡の出土銅鏡の概要と評価について話します。本稿のタイトルは「銅鏡から見た入の沢遺跡と東北の古墳時代」とうたっているのですが、「東北の古墳時代」の部分は勉強不足からあまり言及できませんで、「銅鏡から見た入の沢遺跡」を中心にお話ししたいと思います。

一　古代の鏡

古代の鏡について、基本的な特徴を説明します。

まず形なのですが、ほとんどが円形であることに注目してくださ

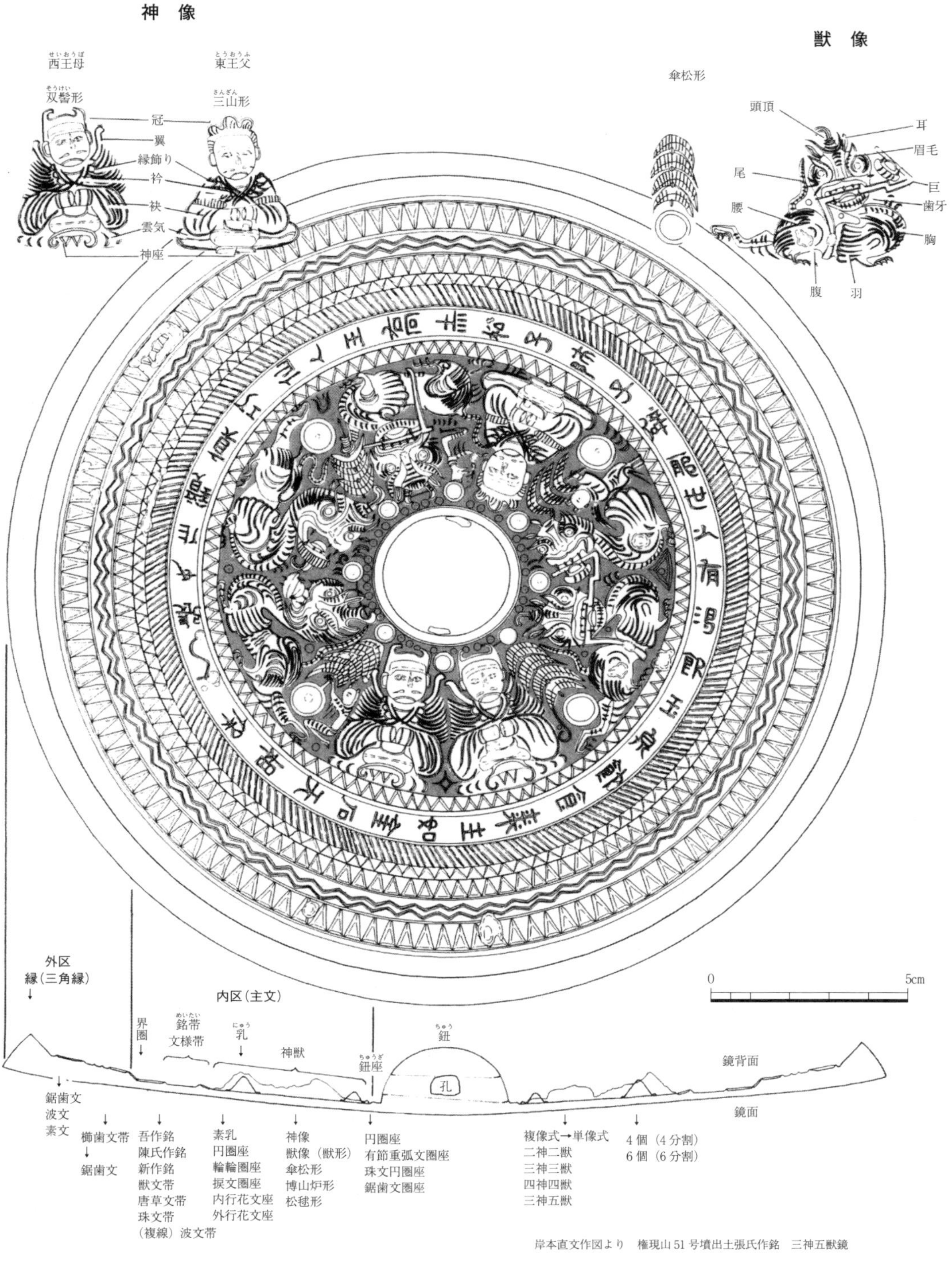

図 1　三角縁神獣鏡(大阪府立近つ飛鳥博物館 1995、一部改変)

い。また、中央に鈕《ちゅう》という半球形の突起があることも共通します。入の沢遺跡の出土鏡もすべてこの形です。円形の鏡は古代中国で誕生したのですが、周辺地域にも伝播し、東アジアでは、この円形で鈕をもつ形式が銅鏡の基本形となりました。世界にはもう一つ別の「柄鏡《えかがみ》」という取っ手がついた形式の鏡があります。これは主に西の方の世界、ギリシャ、ローマ、エジプトなどで流行しました。

鈕のまわりには、様々な文様が表わされます。文様が施されている方が裏で、顔を映す側は表になります。ただ、表側はなにもありませんので、書物の写真などでは文様のある裏側が紹介されます。一つの代表的な出土鏡の図（図1）で形や文様を確認してゆきますと、円形でまん中に鈕があり、鈕には孔があいています。この孔には帯や紐《ひも》を通します。中国の出土例では、孔に通された帯がよく残っていたものもあります。これは手に持つ際や、台にかけたりする時に用いたものです。鈕のまわりの文様には、様々な種類があります。これは三角縁神獣鏡《さんかくぶちしんじゅうきょう》という鏡であり、神仙《しんせん》や霊獣《れいじゅう》の文様が表わされています。こうした形や文様は、作られた時代や地域による変化の大きいことが特徴です。逆に文様が多彩なおかげで、鏡から作られた時代や場所の判別が可能となるのです。

形の特徴として注意しておきたいのは、全体が反っている点です。表側に向かって反っており、凸面鏡と呼んでいます。大きな鏡でも、入の沢遺跡出土鏡のような小さな鏡でも、ほとんどの鏡が反りをもっています。なぜ反っているのか、何か意味があるのか、よくわかっていません。

鏡を研究する時には、まず形や文様の特徴によって分類し、名前をつけます。

図2にあげたのは中国の漢の時代の代表的な鏡ですが、「方格規《ほうかくき》矩四神鏡《くししんきょう》」という名前がついています。中央に鈕があり、そのまわりの四角い枠が「方格」にあたります。規矩というのは大工さんが使うようなものさし、かね尺ですが、文様の中に「T」「L」「V」字の形をした図形が入っており、これをさして規矩と呼ぶわけです。そのまわりには四神が描かれています。こうした文様の特徴から、「方格規矩四神鏡」という名前がつけられたわけです。

古代日本では、鏡は大変重要かつ特殊な役割を果たしました。たとえば弥生時代から古墳時代にかけての遺跡から見つかった鏡は、日本全国で五千枚を超えます。これは厖大な数でして、お隣の韓国

図２　方格規矩四神鏡の文様
（辛冠潔 2000『陳介祺蔵鏡』文物出版社）

では同じ時期の出土鏡は百枚以下でしょう。古代日本で大変な数の鏡が使われ、貴重視されたのは特異な風習といえましょう。

「魏志倭人伝」に、卑弥呼が中国に使いを送った時に見返りとして銅鏡百枚をもらったという有名な記事が出てきます。それは中国の皇帝に知られるほど、古代の倭では鏡が尊重されていたことの裏付けでもあります。ともかく、莫大な量の銅鏡が倭には存在し、また様々な種類があり、大変重視されていたのでした。

日本におけるこうした銅鏡の特別な役割は、現在まで継承されています。多くの神社でいまでも鏡が御神体として使われていますし、三種の神器の筆頭も鏡です。こうした鏡を特別に扱う風習の起源は弥生時代にあり、古墳時代には全国に広がります。

古代において、このように重視された理由のひとつは鏡の性質にあると思います。ここで模造品をみていただきますが（図3）、こうした銀色に近い姿が鏡の本来の色です。顔が映りますし、光を受けると太陽のように輝くわけです。銅と錫の合金でできているのですが、錫の量が多いとこのような白銀色になります。

鏡は顔を映すための道具として誕生したのですが、その一方、不思議な力を持つ器物として、呪術的な役割なども求められたものと考えられます。そうした呪力が、倭の社

図３　模造鏡を見せる筆者

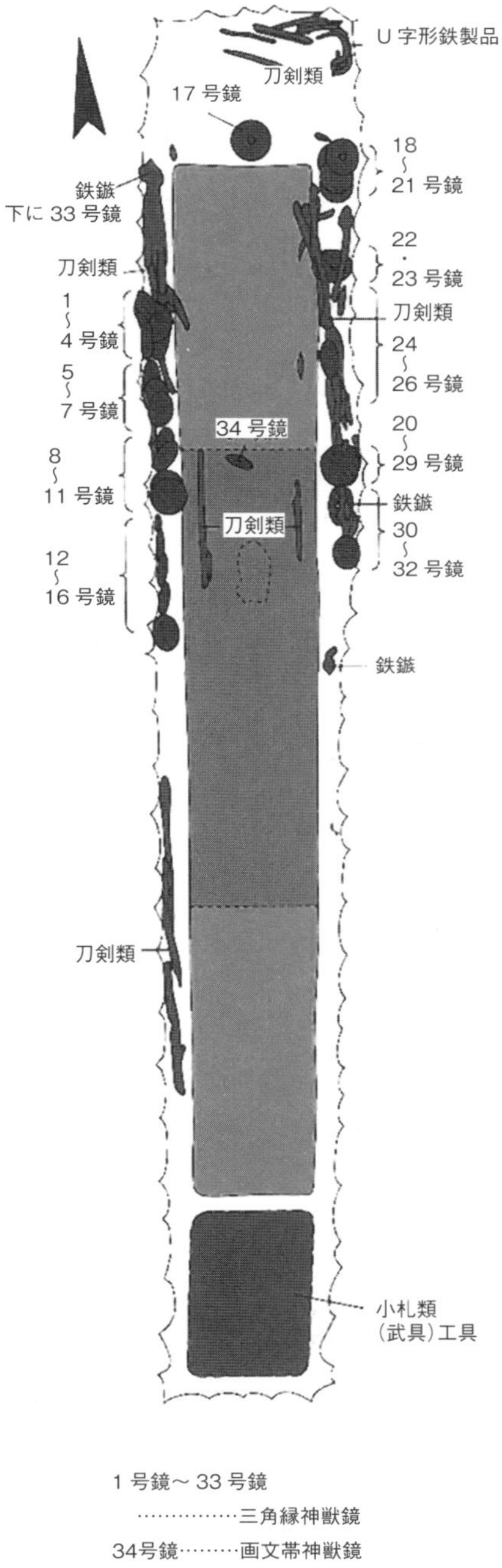

図４　黒塚古墳鏡出土状況
（奈良県立橿原考古学研究所編 1999
『黒塚古墳発掘調査概報』学生社）

会では様々な場面で必要とされたのでしょう。

そのあらわれの一つが、古墳に副葬された時の扱われ方です。図4は、奈良県黒塚《くろつか》古墳の銅鏡出土状況です。三三枚もの三角縁神獣鏡が副葬時の状態でみつかり、大変な話題になりました。長い木棺の周りに石を積みあげた竪穴式石槨という形式の埋葬施設ですが、棺のまわりにある円の形をした図形が鏡となります。人体が埋葬されていた場所を取り囲むように鏡が置かれていた状況がよくわかります。この古墳では、鏡はみな表を内側に向けて置いてありました。この置き方には、外からの邪悪なものを寄せつけない、死者に悪影響を及ぼすようなものを排除する、そういった役割があったと考えられます。鏡を墳墓におさめる時に、そのような呪術的な意味があったことがよくわかる例です。また埋葬施設には大量の朱が使われていました。人が埋葬されている部分は真っ赤な状態です。この古墳時代前期の埋葬施設の中は、顔料の朱色と鏡が光り輝く銀色と二つの色の世界があったと想像していただければと思います。

このように墳墓に多数の鏡が副葬される一方、祭祀に関わる遺跡や、入の沢遺跡のような集落からも鏡は出土しています。様々な場で鏡が使われていたことがわかります。

二　鏡の分類

鏡の種類に関する話をします。

大量の鏡が弥生・古墳時代の遺跡からは出土しているのですが、それらは中国製の鏡と仿製鏡《ぼうせいきょう》の二種類に分けられます。中国で作られた鏡が大量に輸入される一方、倭でも鏡作りが始まります。そういうものを仿製鏡と呼んでおります。「仿」という字はあまり使わない字なのですが、模倣の「倣」の字だと思っていただければよいと思います。この時代の倭の鏡には、独自の形、文様を作り出した例はあまりありません。中国の鏡を真似して作っているものが大半です。真似して作られた鏡という意味で、仿製鏡という名前がついています。ややわかりにくい用語なので、最近では「倭鏡《わきょう》」と呼ぶこともありますが、本日は「仿製鏡」として話を進めます。

仿製鏡は弥生時代から登場しますが、この時代は九州地方が生産や流通の中心となります。近畿地方でも若干作られています。また関東地方でも出土しますが、多くは西日本から持ち込まれたものです。

古墳時代前期になると量も増え、分布する地域が一気に拡大します。先ほどの五千枚のうちの多くが古墳時代前期の仿製鏡です。古墳時代前期の仿製鏡は、中国の鏡の文様を真似して作ってはいるのですが、大変バラエティに富んでいる点が大きな特徴です。大きさ、デザインにも様々な種類があります。ここでは拓本で示します（図5）。この図は大きさを合わせてあるので比べてみて、その違いを実感してください。

直径三〇センチを超える巨大な鏡もあり、そのほかに様々な大きさや文様の種類があります。小型の鏡もあります。きわめて多様であること、それが古墳時代前期の仿製鏡の特色です。ただし、本当に多様なのですが、円形であること、中央に鈕があること、反りをもつという特徴は一致しています。大小にかかわらず基本的な形は共通し、大きさや文様を作り分けているということになります。

そうすると、こうした大きさや文様の違いには意味があるのではないか、使い方や役割も違うのではないかと考えられます。しか

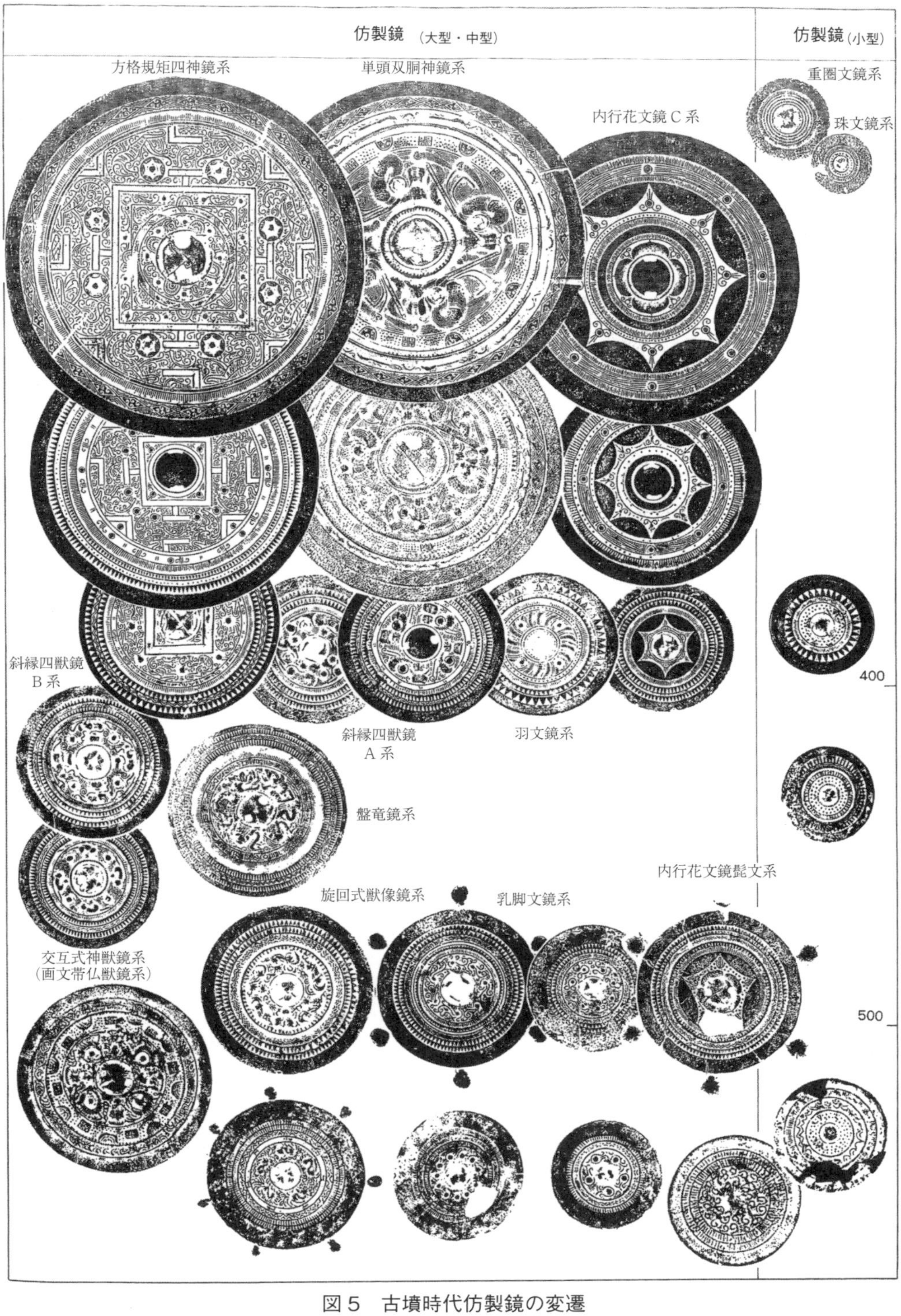

図５　古墳時代仿製鏡の変遷

し、はっきりしたことはよくわかっていません。当時の人々が鏡の種類をどのように区別していたのか、あるいは文様をどのように見ていたのかという問題はもっとも理解が難しいところです。様々な図像があって、時代によっても変化するということは説明できるのですが、それがどのような背景によるのかという問いに答えるのは難しいのです。ただ、大きな鏡と小さな鏡とでは、出土する遺跡に違いがあることがわかってきています。基本的には、集落からの出土鏡は小型鏡や鏡片が中心となります。

三　鏡の役割

話はやや戻りますが、日本では中国から輸入された鏡も数多く出土しています。鏡の研究を通じて、古代の倭と中国との関係を探るという研究も盛んに行なわれています。その中でよく話題となるのは、先ほどの「卑弥呼の鏡」はどんな鏡であったかという議論です。

また鏡は、王権や権力の象徴でもあります。代表的なものは三角縁神獣鏡で、これは近畿地方で圧倒的に多く出土する一方、広い地域に分布しています。これをとらえて、三角縁神獣鏡は大和王権から地方に配布されたとみる大変有名な説があります。単に貴重な器物を渡しただけではなく、かならずや見返りが求められたはずです。鏡という重要な品物を与えることによって、地域の勢力が大和の王権に服属したことの証《あかし》としたのではないかと考えられています。鏡の種類やそれらの広がりを調べることにより、当時の大和王権の影響力を探ることも重要な研究分野です。

古墳時代仿製鏡の生産の中心は、畿内にあったものと考えられています。これも全国の広い地域から出土しているので、畿内から各地に配布されたものが中心となるのでしょう。三角縁神獣鏡と同様、政治的な役割も果たしていたものとみられます。

一方、集落からの出土品は小型鏡や鏡片が中心で、ペンダントとして身につけたり、祭祀や儀式の場で用いたりしたのでしょう。小型鏡の製作地については不明な点も多々ありますが、私は多くが畿内で製作されたものと考えています。

鏡には墳墓や集落、祭祀場などで様々な意味や役割があり、そうした点を多面的に分析することにより、倭の古代社会のあり方を研究することができるのです。

以上をまとめると、鏡には中国鏡と仿製鏡の区別があり、大きさや図像にも様々な種類があります。大きな鏡をふくむ鏡の大多数は古墳から出土しており、所有者の地位によって種類や数に違いがあります。王権から配布されたと考えられる鏡がある一方、集落からも出土します。呪術的なはたらきが重要であるとともに、王権との政治的関係を示すものなど、様々な役割があったと考えられます。こうした点をおさえていただいて、入の沢遺跡の鏡の検討に入っていきます。

四　入の沢遺跡の出土鏡

もう一度、図5をご覧ください。古墳時代の仿製鏡の変遷をまとめたものでして、右端に年代が表示してあります。西暦四〇〇年のところに線がありますが、これより上の鏡が古墳時代前期のものであり、入の沢遺跡とほぼ同時期の鏡ということになります。この図では、鏡拓本の縮尺をおおよそ合わせているのですが、巨大な鏡、小さな鏡があり、先ほども強調したように、バラエティに富むことがわかります。

入の沢遺跡では、今のところ四面の鏡が出土しています。珠文《しゅもん》鏡《きょう》（竪穴住居跡1出土、径五・六センチ）、珠文鏡（区画入り、竪穴住居跡5出土、径八・二センチ）、内行花文鏡《ないこうかもんきょう》（鏡片、竪穴住居跡2出土）、仿製重圏文鏡（櫛歯文《くしばもん》鏡、竪穴住居跡1出土）です。すべて前期の仿製鏡であり、小型鏡ないし鏡片となります。直径は五〜八センチくらいです。

先ほど示した鏡の模造品は、直径七センチぐらいの鏡になります。三角縁神獣鏡はその三倍あまり、直径二〇センチ以上で、重さは一キログラムを超えます。持つと重いのですが、小型鏡は片手で持てるぐらいの重さです。もう一回り小さい四〜五センチのものもあります。これくらい小さいと、顔全部を入れて眺めるのは難しそうです。化粧にはあまり向いていません。ただ、銀色で光り輝くという効果は十分果たせたと思います。鏡は本来、顔を映すために誕生した道具ですが、こうした小型鏡の存在は、それ以外に様々な役割があったことを示しています。

前項で村上さんから説明があったところですが、四面の鏡の特徴についてもう一度紹介します。

①珠文鏡（24頁図36・37、竪穴住居跡1出土、径五・六センチ）　これは珠文鏡と呼ばれる種類です。鈕のまわりにある点々のことを珠文と呼びます。一番シンプルな文様です。外側には三角形を鋸の刃のように並べた文様、鋸歯文《きょしもん》があります。この鋸歯文は、鏡の外側に用いる文様としては定番です。こうした一条の鋸歯文をめぐらす小型仿製鏡は、古墳時代前期後半に多いタイプです。割れているので、断面が反っているのがよくおわかりいただけると思います。こんな小さな鏡でも反らせるように製作しているのですね。さらに鈕がついていて孔（鈕孔）もあいています。紐がなくても手で持つのに不便がない大きさです。しかし、鈕は鏡にはなくてはならない要素と考えられていたらしく、これだけ小さな鏡でも備えています。

竪穴住居跡1は火災を受けており、玉類、鉄器、土器など豊富な遺物が出土しました。

②珠文鏡（23頁図34・35、竪穴住居跡5出土、径八・二センチ）　こちらの鏡にも珠文鏡という名前がついています。少し変わったところがあり、放射状の区画が入っています。区画の意味は、よくわかりません。「乳」という小さな突起もあります。単に珠文を並べる鏡は多いのですが、区画を入れた鏡は限られています。

図6に、この鏡の類例を集めた分布図を掲載しております。十数年前、吉田博行先生が資料を集めて作られた図を拝借しております（吉田一九九九）。特徴的な鏡ですので、特定の地域で作られたのではないかとも考えられたのですが、今のところ出土場所は全国に広がっております。

③内行花文鏡（23頁図32・33、竪穴住居跡2出土、鏡片）　次は内行花文鏡です。内行花文とは、内向きの円弧を「花文」にみたてて付けられた名称です。文様は六つの花文があるものに復元でき、花文間を珠点で埋めるのが特徴です。その周囲に珠文と櫛歯文をめぐらしています。珠文帯と櫛歯文帯の間が二重の圏線となっているのは、中国製内行花文鏡の雲雷文帯《うんらいもんたい》という文様を模倣し、それが省略された表現となったものです。こうした特徴から、古墳時代前期後半の

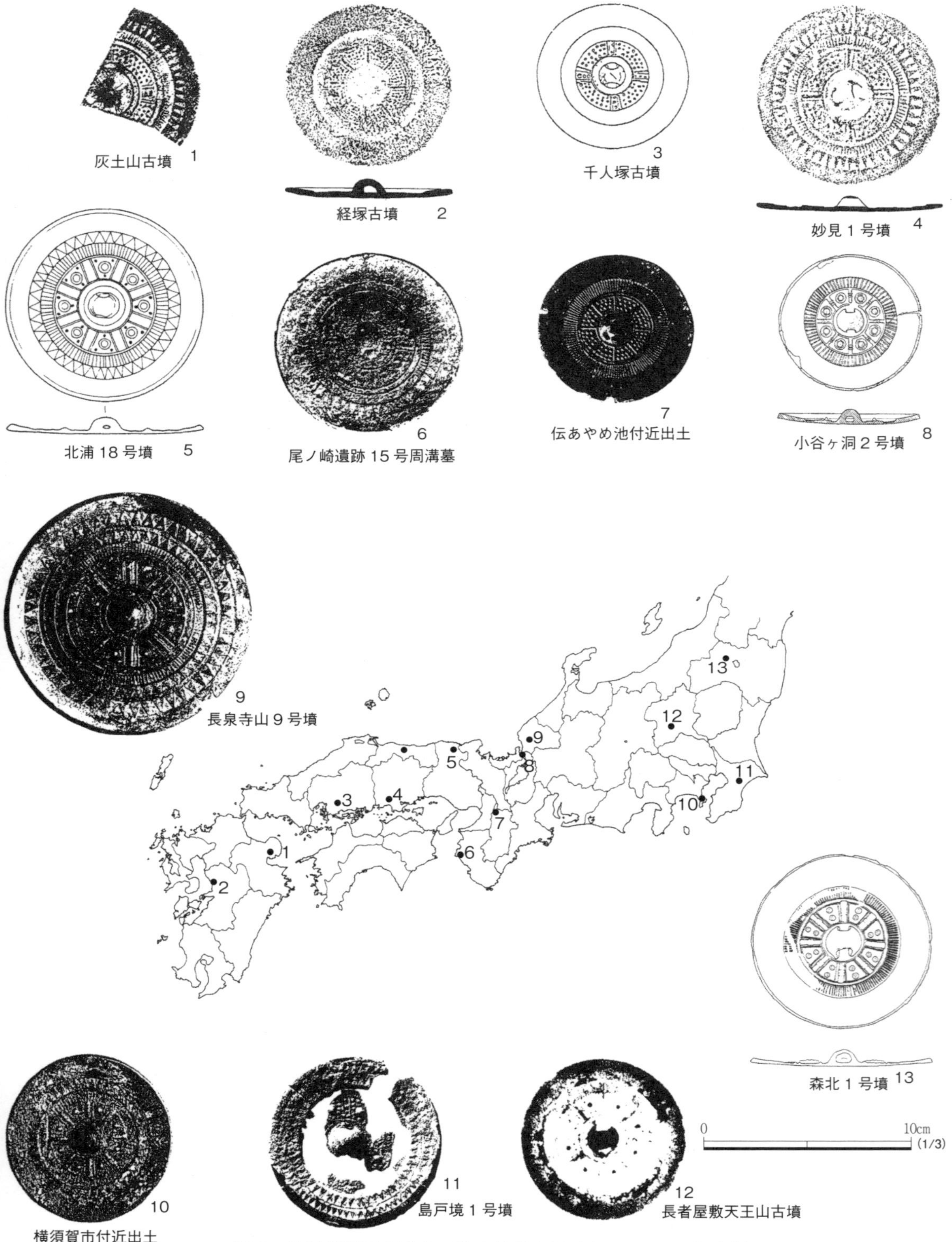

図６　放射状区画入珠文・乳文鏡分布図（吉田 1999、一部改変）

仿製内行花文鏡と位置づけられます。なお、赤色顔料が付着しているようです。

割れていますが、その端が磨かれていることから、土中で自然に割れたのではなく、鏡片のまま当時使用していたことがわかります。このように割れた、あるいは意図的に割ったものかもしれませんが、鏡の破片を大事にするということも弥生時代から行なわれていました。鏡は破片としても大事に使用されていたことになります。

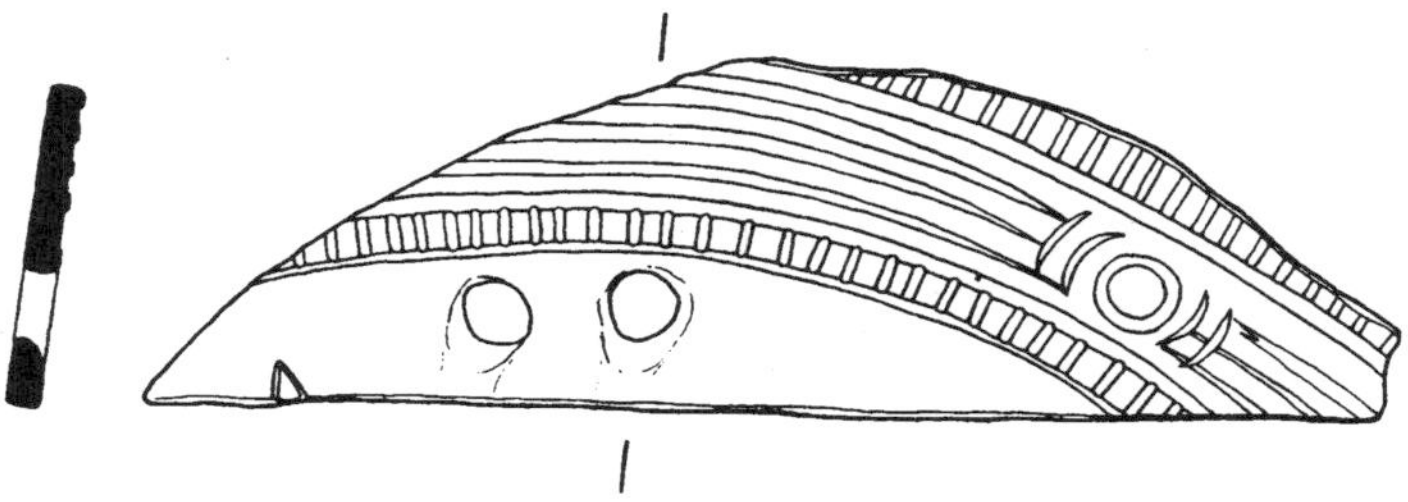

図７　孔のあけられた鏡片　瓜破北遺跡出土
（㈶大阪市文化財協会 1980『瓜破北遺跡　共同建設工事に伴う発掘調査報告書』）

使用法のわかりやすい例は、図７の大阪市瓜破北《うりわりきた》遺跡出土品のような鏡片です。もとは大きな鏡なのですが、孔が二つあいており、破片として使用されたことがわかります。このように、鏡の破片に孔をあけた例は多くあります。孔に紐を通し、吊り下げてペンダントにして使ったものと考えられます。

こうしたペンダントは単なるアクセサリーではなく、ぴかぴか光るものとして魔除けや身分の証の意味もあったのでしょう。鏡の破片までも貴重視する風習は弥生時代の九州で始まり、古墳時代には全国に広まります。その一番北の例が、今回入の沢遺跡で見つかったことになります。山形県でもこうした破片が出土していますから（山形市馬洗場Ｂ遺跡、竪穴住居跡にともなうものか）、東北地域にもこうした風習が伝わったことになります。

竪穴住居跡２も火災を受けていました。

④重圏文鏡（櫛歯文鏡）（24頁図38・39、竪穴住居跡１出土・五・五センチ）　次は一番小さな鏡です。名前のつけ方は様々あるのですが、一応ここでは重圏文鏡（櫛歯文鏡）と呼んでおきます。文様も一番単純なものです。ところがやはり鈕があり、鈕孔もあり、反っているという基本的な特徴は共通します。これも古墳時代前期の仿製鏡とみてよいと思います。先の珠文鏡と同じく竪穴住居跡１からの出土品で、ひとつの住居跡から二面も銅鏡が出土したことになります。

内行花文鏡以外の鏡に関しては、珠文鏡とか重圏文鏡とか様々な名前を使ってはいますが、大きな目でみれば、基本的に同じ小型鏡というグループに入れられると思います。これらの種類の鏡は、集落からの出土例も多い、という共通点があります。

五　集落出土鏡と入の沢遺跡

入の沢遺跡出土鏡の重要な意義は、集落から四枚の銅鏡が出土したことにあります。集落から鏡が出土する例自体はけっこう数があるのですが、一つの集落から四枚出土したという例は限られます。しかも古墳時代銅鏡分布圏の北限にあたる地で、まとまって出土したことになります。これより北の岩手県でも仿製鏡の出土例があるのですが、それはもっと新しい時代の形式ですので、前期では入の沢遺跡例が北限の銅鏡出土例となります。古墳から出土したのなら、ある意味ではわかりやすいのですが、集落から四枚の鏡が出土したことはより大きな問題を投げかけています。なぜ北縁の地にそれだけの鏡が集まったのか、という問題です。集落の全体が発掘されたわけではありませんので、残りの部分にもまだ埋もれている可能性があります。さらに数が増えるなら、驚くべき数量といえるでしょう。

火災を受けているため、竪穴住居跡の中での出土状況がはっきりしていることも重要です。これは今後の分析に期待したいところなのですが、こうした小型鏡や鏡片の竪穴住居跡の中での使われ方を考える時、もっとも貴重な材料になるものと考えます。

また二面が出土した竪穴住居跡1からは、玉類や鉄製品も多数出土しています。この住居跡から出土した土器も大型の特殊な形式のようです。鏡が竪穴住居跡から出土した例はほかにも多くありますが、玉類や鉄製品など古墳の副葬品のセットに近いような質と量の器物とともに住居から出土したのは珍しいことです。この点は、塀や壕をそなえ火災を受けているという「軋轢」を思わせる集落の性格とも関わります。

さて、古墳時代の墳墓以外から鏡が出土した例をみておきましょう。世界遺産の暫定リストにあげられている、福岡県宗像市沖ノ島という有名な祭祀遺跡があります。巨大な岩の上や岩陰から祭祀の際に奉納された品物が多数みつかっているのですが、その中の十七号遺跡と呼ばれる場所からは鏡が二一枚、岩陰にまとまって置かれた状態で発見されました。墓以外の遺跡から一番多くの銅鏡が出土した例です。奉納物として多数の鏡を置いたのでしょう。出土鏡が三角縁神獣鏡など大型の鏡を多くふくむ点も特徴で、古墳の出土品と変わりがありません。ほかの祭祀遺跡から出土する鏡は小型鏡が中心ですので、沖ノ島遺跡はやや特殊な例であります。倭と朝鮮半島とを結ぶ海上交通ルート上にあたり、王権が関与した祭祀遺跡ともいわれています。

それ以外の例を見ていきます。これは香川県高松市居石《おりいし》遺跡からみつかった、古墳時代前期の例です。川の岸辺で、そこから水を溝へ導く取水口付近から三枚の鏡が出土しています（図8）。水に関係した祭りに用いられた鏡だと考えられています。きれいに並べて

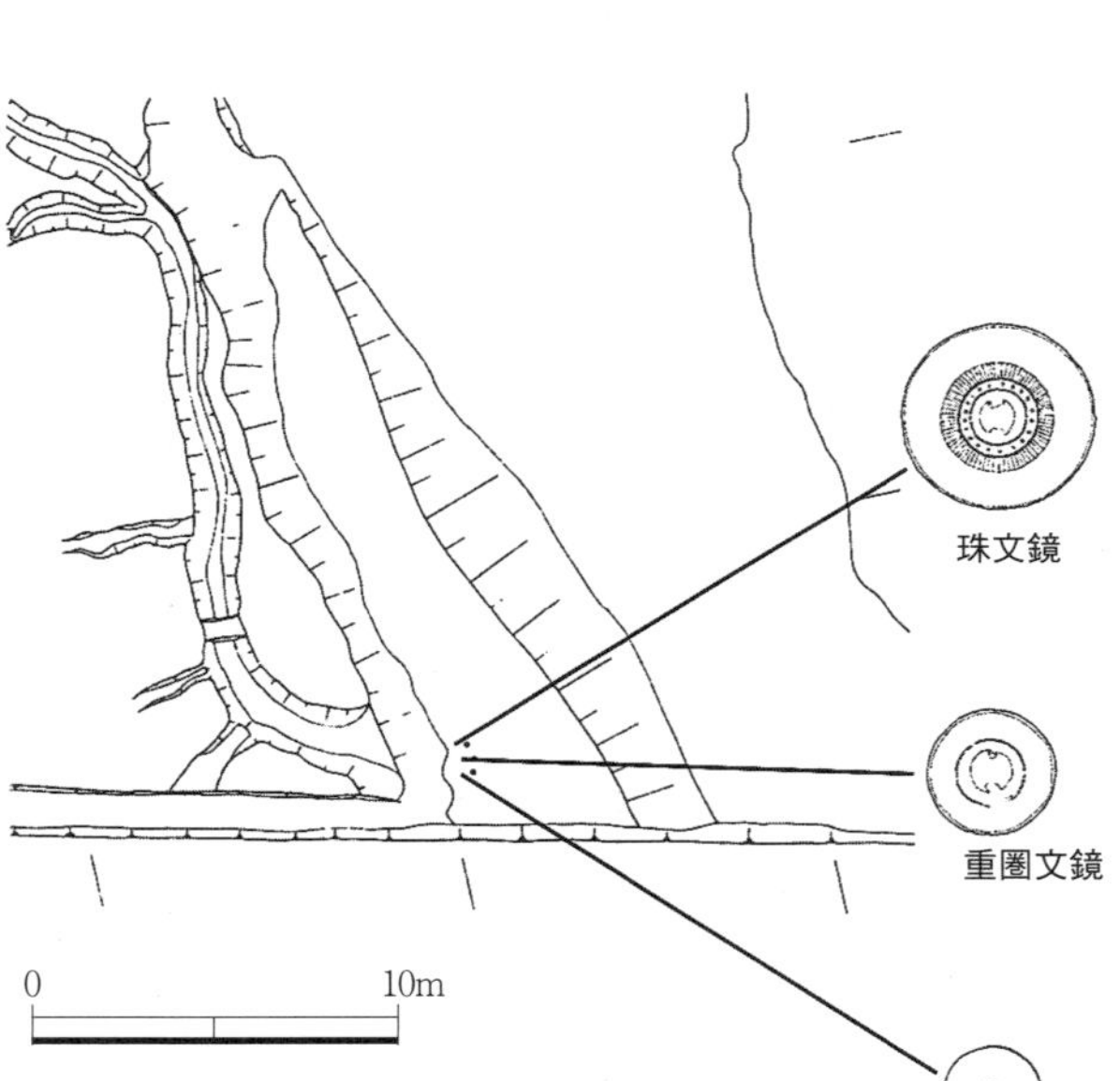

図8　香川県高松市居石遺跡　鏡出土状況
（藤井・山本 1995、改変使用）

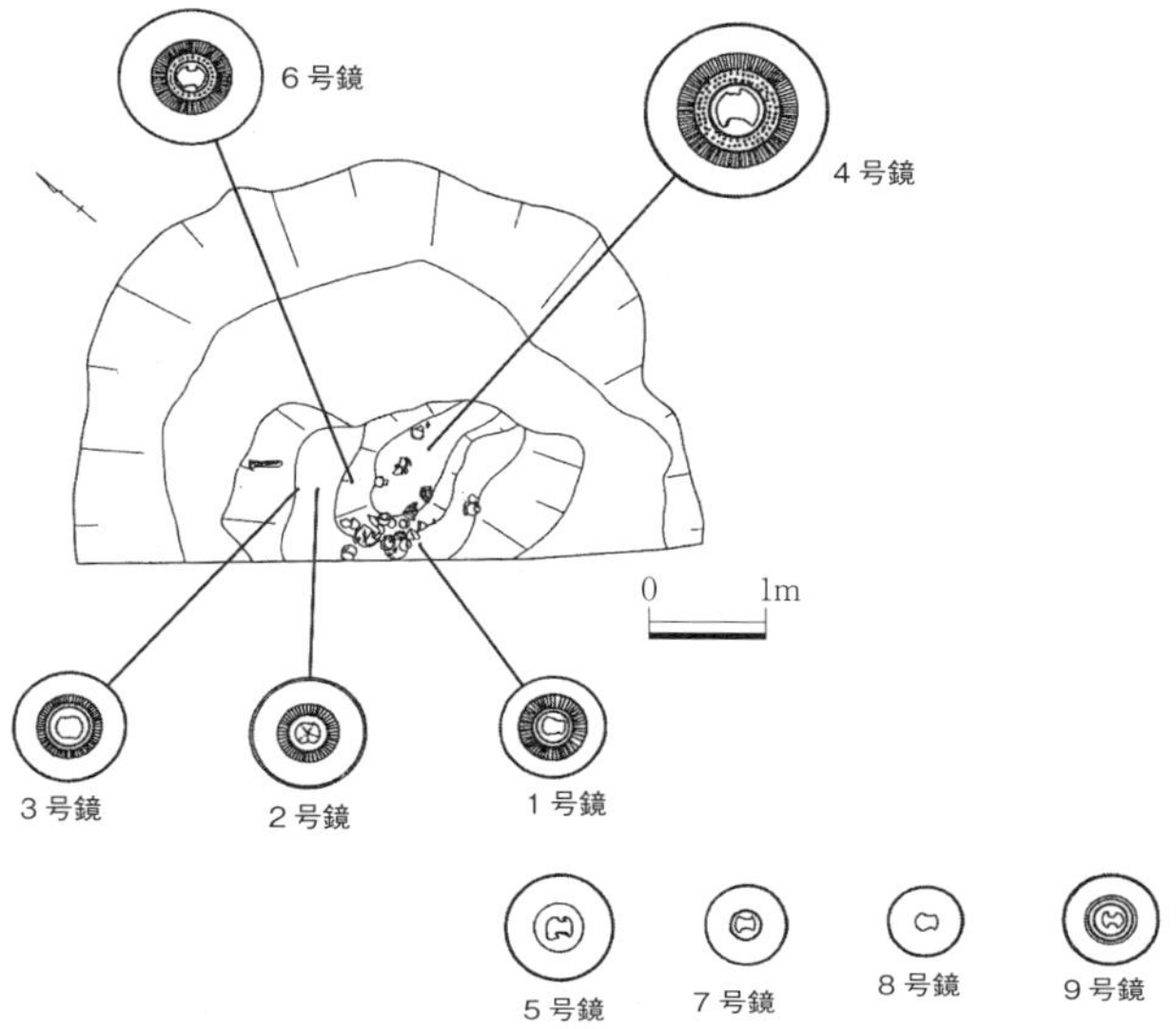

図9　兵庫県明石市藤江別所遺跡　鏡出土状況
（稲原 1996、改変使用）

置いたような状況で出土している点も興味深いところです。いずれも小型鏡の珠文鏡と重圏文鏡であり、入の沢遺跡と同じ種類の鏡を水辺の祭祀に使ったことがわかる例です。

もっと典型的な例は、兵庫県明石市の藤江別所《ふじえべっしょ》遺跡で発掘された井戸遺構です（図9）。そこから鏡が全部で九枚出土しました。車輪石や玉類もともなっています。沖ノ島遺跡を除くと、古墳以外の遺跡から一番多くの鏡が出土した例と思います。井戸の使用中か、あるいは廃絶時に奉納したものでしょう。明らかに水の祭祀に関係して、鏡を使用した例となります。こちらの鏡も珠文鏡や重圏文鏡など全部小型の鏡で、入の沢遺跡出土鏡と同じです。このように、西日本では小型鏡を祭祀に用いたことがわかる例がいくつか知られています。

こうした明確な祭祀の場から銅鏡が出土する例は、それほど多くありません。多いのは竪穴住居跡から出土したものです。図10は宮崎県の西ノ別府《にしのびゅう》遺跡の例です。方形の竪穴住居跡から、土器も多く出土しているのですが、鏡も見つかっています。古墳時代前期に位置づけられます。鏡は小型の重圏文鏡になります。出土した場所は、住居の端です。竪穴住居跡のこの位置から小型鏡が出土した例はいくつかあり、何か共通の風習があったように考えられます。九州の南方からも、こうした出土状況が確認されたことになります。私が把握している範囲では、竪穴住居跡から鏡が出土した一番南の例です。今回、入の沢遺跡で北端の例が見つかりましたので、宮崎県から宮城県の北部まで、このように竪穴住居で小型鏡を用いるような使用法が古墳時代前期に広まっていたとわかりました。

あまり注目されていませんが、こうした住居跡から鏡が出土する例も、古墳時代になって広い地域に認められるようになる現象です。古墳時代の始まりとともに前方後円墳を中心とした墓制が、南九州から宮城県に至るまで大変幅広い地域に普及するのですが、それとともに竪穴住居で何らかのかたちで小型鏡を使用することも伝わっていったわけです。生活空間で小型の鏡を使う風習が受け入れられたわけです。

前方後円墳分布圏内の墳墓から出土する鏡が共通するというのは、王権や権力者同士のやりとりによって成立したものとみることができます。墳墓や埋葬の風習とともに、権力者の副葬品として鏡を用いる風習が広がったことを意味するわけです。ところが集落という日常の生活空間で使っている鏡にも、竪穴住居跡での出土位置とか、顔料を塗るなどといった、共通する要素が全国的に認められるのは、鏡の一般的な使用もかなり幅広く普及していたことを示します。古墳時代において鏡がどのような役割を果たしたのかという問題を考える時に面白い材料ですが、今回、それが古墳「文化」の北縁の地で見つかったということも重要です。細かくいうと、前期

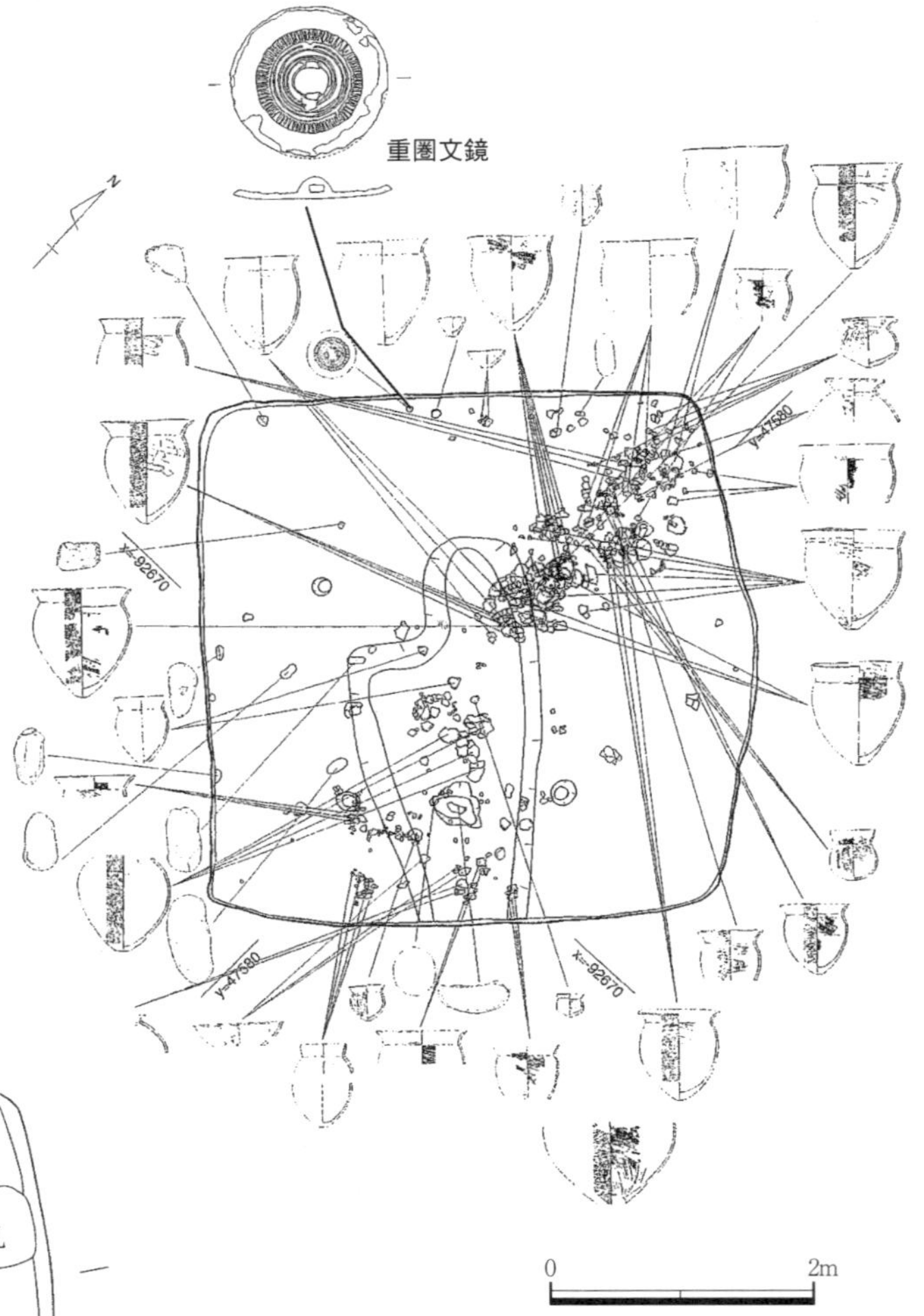

図10　宮崎県川南町西ノ別府遺跡
鏡出土状況（三品 2006、改変使用）

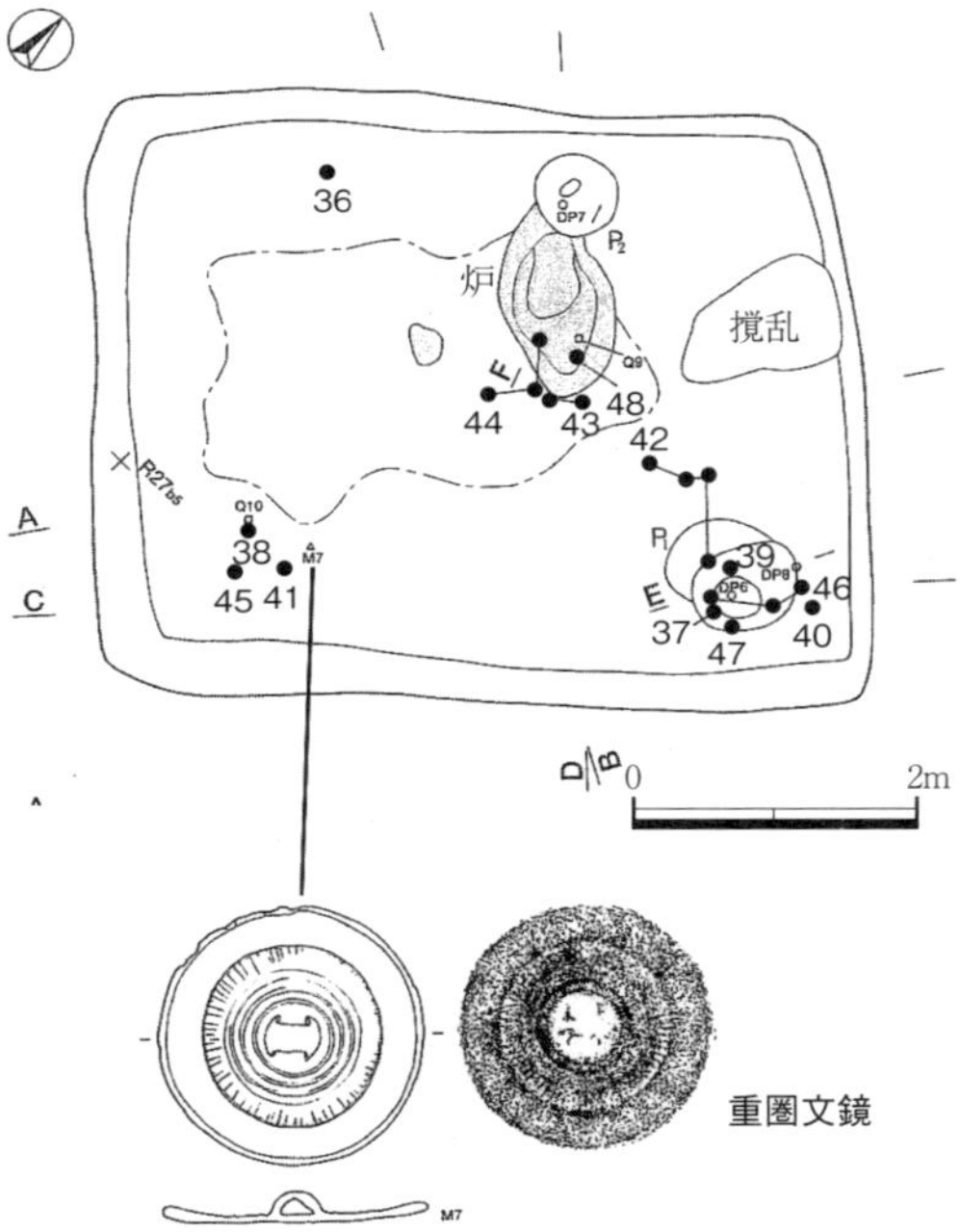

図11　茨城県取手市大山Ⅰ遺跡　鏡出土状況
（駒澤 2002、一部改変）

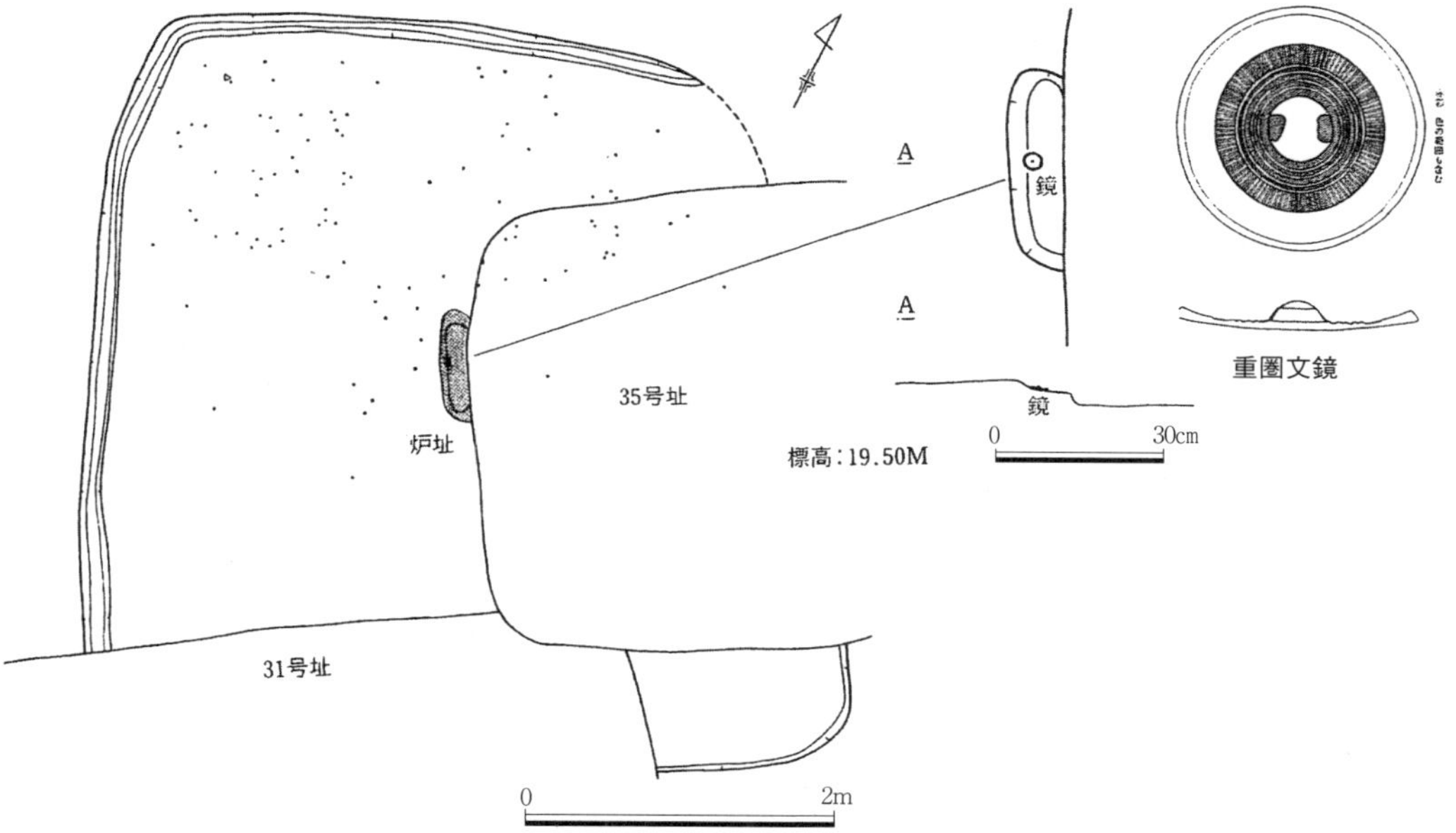

図12　千葉県柏市戸張一番割遺跡　鏡出土状況（平岡編 1985、一部改変）

古墳分布の北限域である大崎平野を越えて、さらに北の地の集落から出土したことになります。

東日本の例を紹介します。茨城県でも竪穴住居跡から小型鏡が出土している例がいくつかあります（図11）。また千葉県戸張一番《とばりいちばん》割《わり》遺跡では炉の脇から重圏文鏡が出土しています（図12）。この重圏文鏡には赤色顔料が塗られています。入の沢遺跡でも鏡にベンガラが塗られていることが確認されていますので、そういう点も共通します。千葉を中心に、関東地方では竪穴住居から小型鏡が出土した例がめだちます。

六　竪穴住居と鏡の使用

入の沢遺跡の出土鏡からあらためて考えてみたいのは、なぜ竪穴住居跡からこうした小型鏡が出土するのか、という問題です。大きくは、二つの場合が考えられます。

①住居内で保有・使用されていたものが遺棄、置き忘れられた、という偶然の状況で残されたと考える。

②住居廃絶の祭祀などにって埋置された、という意図的な行為の結果と考える。

さらに前者は、竪穴住居の壁や柱などに取りつけていたもの、ないしは埋置していたものが遺棄された場合（①A）と、住居内の生活ないし祭祀で使用されていたものが遺棄された場合（①B）に分けられます。また住居に取りつけられていた鏡を、②の廃絶祭祀に利用したという可能性も考えられます（①と②の混合）。もちろん、住居跡出土鏡のすべてが同じ要因による残存とは断定できませんので、様々な場合も想定すべきです。

これまで私は、①Aの場合が多いのではないかと考えておりました。②については、そうした住居の廃絶時に鏡を埋納する風習があったなら、同じ遺跡でもっと多くの住居跡から数多くの銅鏡が出土しているはずです。実際には、一つの集落から多数の住居跡が発掘された場合でも、鏡が出土するのはその中の一軒程度にとどまるのが通例です。共通の風習とはあまり考えにくいのです。一方で、鏡のような貴重な器物を偶然置き忘れた例がこれほど多いのも不自然です。そこで、こうした鏡は一部の特別な住居で柱や壁などに取りつけて使用されており、それが意図的か偶然かはともかく、住居廃絶時にそのままの形で置いておかれたものではないかとも考えております。

入の沢遺跡では火災を受けており、屋根の下から鏡が見つかっていますので、少なくとも火事の発生時に屋内にあったということになります。住居の使用廃絶時などに埋納したものではありえません。しかも、竪穴住居跡1からは玉や鉄器も出土しています。これは鏡もふくめて各種器物を住居内に保有していたものが、不意の事態に放置されたものとみるのが自然です。

様々な場合が想定でき、決めかねているというのが本当のところです。ただし、このような鏡が住居の中でどのような役割を果たしていたのかを考えるためにも、入の沢遺跡の出土例は重要な手がかりを提供してくれるはずです。建物の中に設置されていたとすると、鏡が出土した住居は集落の中でも特別な住居になるのでしょう。前項の村上さんの報告にもありましたように、竪穴住居跡の間には違いがあることがわかってきました。それは、住んでいた人や使われ方の違いにも結びつきます。鏡の研究では大きくて立派な鏡が注目されがちですが、小さな鏡も重要な意味を持っています。

七 東北の古墳と鏡

最後に古墳の話ですが、図13に東北を代表する前期古墳である福島県会津大塚山《あいづおおつかやま》古墳の埋葬施設と出土鏡を提示しました。この古墳からは、三角縁神獣鏡をはじめとする豊富な副葬品が出土しました。近畿地方の大型古墳に匹敵するような内容の古墳として知られています。

その一方、東北地方では古墳の墳丘規模の割には副葬品が乏しい古墳も多数あります。宮城県内で第二位の規模を誇る前方後円墳である遠見塚《とおみづか》古墳（墳長一一〇メートル）では、埋葬施設の残された部分から鏡は出土していません。大崎平野の大型円墳、大塚森《おおつかもり》古墳でも鏡は出土していません。一方、福島県会津坂下町にある森北《もりきた》1号墳（前方後方墳、四一メートル）には、入の沢遺跡の竪穴住居跡5出土鏡と同じ、区画入りの珠文鏡一面が副葬されていました（図13）。副葬品はあまり多くありませんが、小型の鏡が一枚だけ副葬される古墳の例もめだち、何か共通する性格があったのではないかと思います。それらは長大な木棺を使用した埋葬施設が特徴で、小型の鏡を一枚だけ副葬するのです。同様の例は、千葉県あるいは茨城県にもあります。こうした古墳に副葬されるのは、珠文鏡とか重圏文鏡など集落出土鏡と同じ種類の小型鏡なのです。

辻秀人先生が言われていることですが、東北地方の古墳時代前期の文化に関しては、関東地方からの影響が重視されています。今御紹介したような竪穴住居跡での小型鏡の出土、古墳での小型鏡などの埋葬例は、関東地方に共通する例が多くあります。鏡と

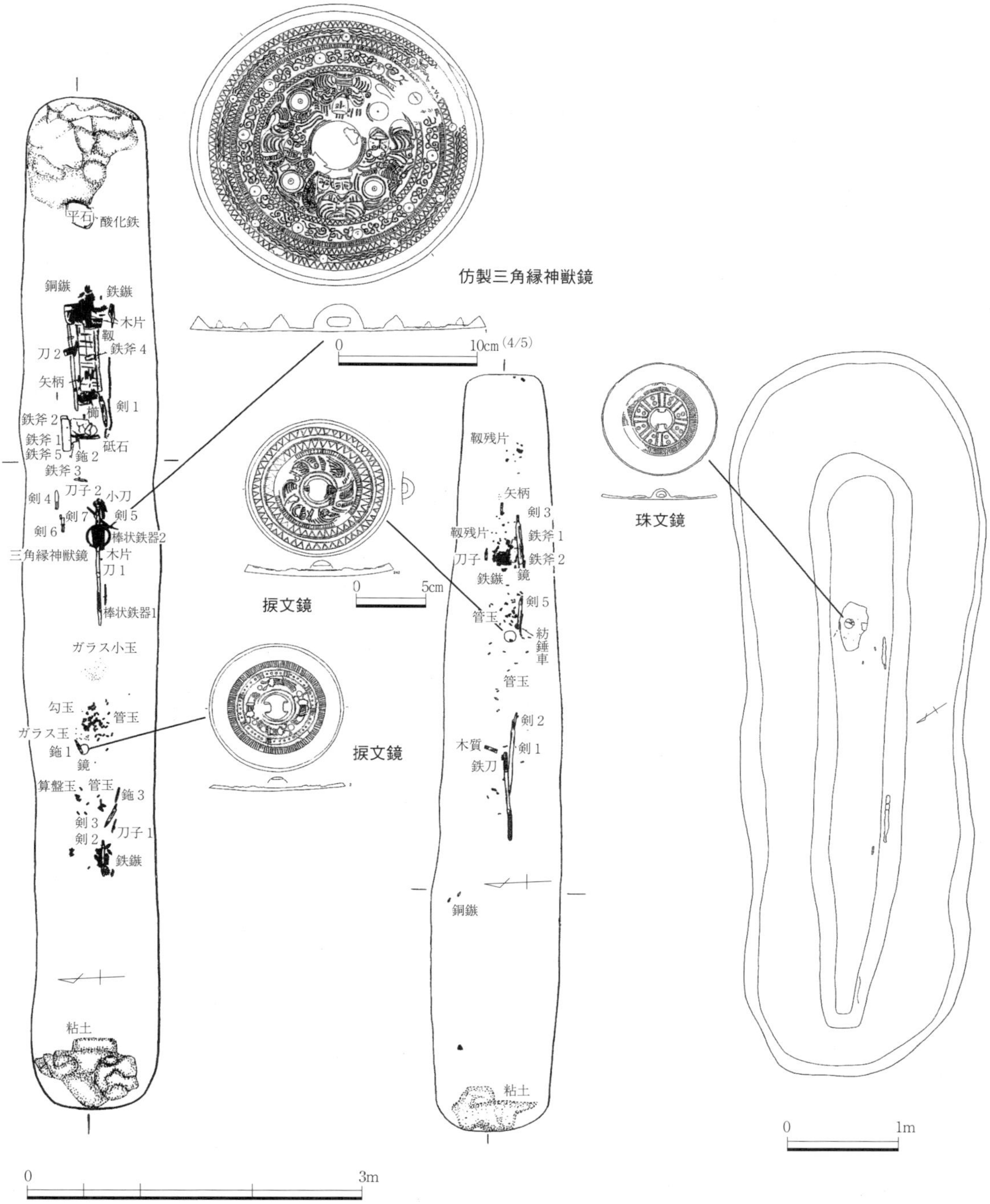

図 13　福島県会津若松市会津大塚山古墳（左）・会津坂下町森北 1 号墳（右）
（左：伊藤・伊藤 1964　右：土井・吉田編 1999）

いうと畿内との関係が考えられることが多いのですが、入の沢遺跡に関しても関東地方とのつながりを検討する必要があります。それは、こうした特別な集落の成立や消滅の事情を考える手がかりとなるでしょう。

入の沢遺跡は未発掘の部分も多く残されており、今後見解が変わることもあると思いますが、その意義について、鏡からみるとどのような視点があるのかということをお話ししました。いまだに遺跡を訪れた時の新鮮な驚きは今もなお続いています。今後も様々な資料を検討しながら考えていきたいと思っています。

参考文献

伊藤信雄・伊藤玄三　一九六四『会津大塚山古墳』会津若松市

稲原昭嘉　一九九六『藤江別所遺跡』明石市文化財調査報告第二冊　明石市教育委員会

大阪府立近つ飛鳥博物館　一九九五『鏡の時代―銅鏡百枚―』平成七年度春季特別展

駒澤悦郎　二〇〇二『大山Ⅰ遺跡』二取手都市計画事業下高井特定土地区画整理事業地内埋蔵文化財調査報告書Ⅲ　茨城県教育財団文化財調査報告書第一八五集、都市基盤整備公団茨城地域支社・㈶茨城教育財団

篠宮　正・森下章司　編　二〇一〇『弥生・古墳時代銅鏡出土状況資料集』、大手前大学史学研究所

鈴木文雄・吉田陽一　二〇〇一『桜井古墳群上渋佐支群七号墳発掘調査報告書』原町市文化財調査報告書第二七集、原町市教育委員会

髙橋誠明　二〇一四「古墳築造周縁域の地域社会の動向」『古墳と続縄文文化』高志書院、一七五－一九四頁

髙橋　敏　二〇〇三「最北の破鏡」『山形県埋蔵文化財センター　研究紀要』創刊号、山形県埋蔵文化財センター、四五－五四頁

辻　秀人　二〇〇八「倭国周縁域と大和王権―東北地方を中心として―」『百済と倭国』、高志書院、九三－一一四頁

辻　秀人　二〇一〇「大塚森古墳の研究」『歴史と文化』四三、東北学院大学論集

土井健司・吉田博行　編　一九九九『森北古墳群』森北古墳群測量・発掘調査報告書、創価大学・会津坂下町教育委員会

東北・関東前方後円墳研究会　二〇一四『古墳と続縄文文化』高志書院

林原利明　二〇〇二「永塚下り畑遺跡第Ⅳ地点K六号住居祉出土の銅鏡（重圏文鏡）」『下曽我遺跡　永塚下り畑遺跡第Ⅳ地点』、鎌倉遺跡調査会・下曽我遺跡発掘調査団

平岡和夫　編　一九八五『戸張一番割遺跡―千葉県柏市戸張一番割遺跡調査報告書』、山武考古学研究所

藤井雄三・山元敏裕　一九九五『一般国道一一号高松東道路建設に伴う埋蔵文化財発掘調査報告第七冊　居石遺跡』高松市埋蔵文化財調査報告第三〇集、高松市教育委員会

藤沢　敦　二〇一四「古墳文化と続縄文文化の相互関係」『古墳と続縄文文化』、高志書院、九－二八頁

三品典生　二〇〇六『西ノ別府遺跡』宮崎県埋蔵文化財センター発掘調査報告書第一二四集、宮崎県埋蔵文化財センター

吉田博行　一九九九「放射状区画をもつ珠文・乳文鏡について」『森北古墳群』森北古墳群測量・発掘調査報告書、創価大学・会津坂下町教育委員会、一三九－一五〇頁

玉類の流通から見た古墳時代前期の東北地方

大賀克彦

入の沢遺跡では、とくに竪穴住居跡1から二〇〇点を超える大量の玉が出土しました。こうした事例は比較的まれですし、様々な種類の玉が混じっているという点でも興味のもたれる資料でした。今回は調査も継続中ということで、基礎的な問題として現在考えられることをいくつかご説明させていただきたいと思います。

時間も限られていますので、大きく三つの問題についてご説明させていただきます。

一つ目は、入の沢遺跡から出土した様々な種類の玉について個別的にそれがいつ頃、どの地域で作られたものなのかを順に説明します。二つ目として一軒の住居からまとまった形で出土したものですから、全体としてそういった構成が成立したのはいつ頃のことなのか、もしくはセットとしてどのような特徴があるのかということを、三つ目として周辺地域の資料と比較してどのような共通性や差異性があるのかということで話を進めていきたいと思います。

玉類には勾玉《まがたま》、管玉《くだたま》など、形によって名前がつけられています。ただし、それぞれの中にある相違がどういった違いなのか、ということがよくわからない状況が続いてきました。この点がほかの考古資料とは異なっていると考えています。しかし、玉類についてはそれがどのような素材で作られているのかとか、細かい大きさの違いとか、製作技法、とくに穴を開ける時の技術の違いに注目することによって、細かくどこでいつ頃作られたのかがわかるということがだんだん明らかになってきました。今回、入の沢遺跡から出土した玉類を例に、それについての見方を説明させていただくことになります。

一　入の沢遺跡出土の玉類

(一) 勾　玉

勾玉では、水晶製、翡翠《ひすい》製（図1上段）、また、いわゆる滑石《かっせき》製といわれる石材のもの（図1下段）があります。さらにもう一点、琥珀《こはく》製のものもあります（図2）。

翡翠製の勾玉については、小さくて側面が扁平な形状をしているという特徴があります。勾玉なので抉りが付けられているのですが、抉りが比較的浅いという特徴も指摘できます。こういった形態をもつ勾玉は、半玦形《はんけつがた》勾玉という名前で呼ばれています。翡翠製の半玦形勾玉は弥生時代の北陸地域で作られた典型的な勾玉です。とくに、この例のように扁平な特徴をもつものは北陸でも西の方、主に石川県とか福井県で作られた形状です。水晶製の勾玉は、これまで島根県の東部、出雲地方で主に作られた勾玉だろうと考えられてきたのですが、最近、関東でも製作址が見つかったりしてきまして、出土例の形態などの比較から両者には違いが認められることがわかってきました。入の沢遺跡出土例は形態や穿孔の特徴から見て、関東産との関係がうかがわれる資料です。

下段のいわゆる滑石製の勾玉については、色味にしても形にしてもこの遺跡の中でも違いがあります。製作址も関東に多く見つかっている以外に近畿地方にもありますし、新潟県の南の方、糸魚川市周辺にも製作址があったりします。このように、作られている候補地が多く、また、弥生時代にもいくつか製作址があります。そういった複数の製作地の存在と対応するように形態的なバリエーションがあるようですが、個別に断定することは難しい状況です。

次に琥珀製勾玉をみますと、先ほどの勾玉にくらべて、かなり大きくて整った形状をしているという特徴があります。写真ではわかりにくいのですが、頭部に線刻があります。こういう勾玉を丁字《ちょうじ》頭《がしら》勾玉と言います。丁字頭勾玉というデザインはかなり古い起源をもっています。弥生時代中期の北部九州で、非常に価値があるものとして認められていた翡翠製勾玉が起源になっていると考えられます。弥生時代の後期から終末期にかけては丁字頭勾玉は基本的に作られないのですが、それより古い時代に作られたものが宝器的にいくつか保持されていて、それを模倣する形で、古墳時代前期になってあらためて翡翠製品としてかなり大量に作られるようになります。古墳時代前期の丁字頭勾玉は、圧倒的に翡翠製品が多く、分布も畿内の周辺が多いという状況があります。製作址ははっきり見つかってはいませんが、原石産地のある糸魚川《いといがわ》市周辺か製品分布が集中する畿内のいずれかに想定されます。ただ、この段階には入の沢遺跡の琥珀製勾玉のように、翡翠製品以外にも丁字頭勾玉がいくつかあります。そういうものは畿内で作られた材質転換形だと考えています。

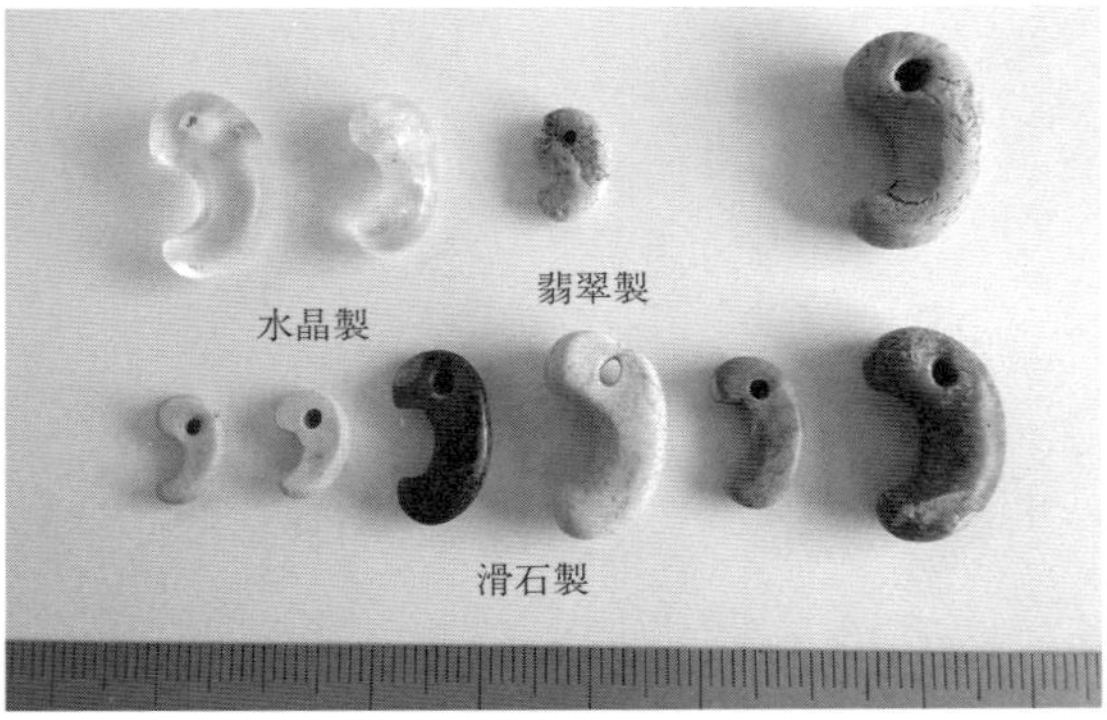

図１　入の沢遺跡出土の勾玉１

図２　入の沢遺跡出土の勾玉２

（二）管　玉

管玉は緑色凝灰岩《りょくしょくぎょうかいがん》という素材のものが過半数を占めていて、そこに滑石製品が一定量加わったという全体的なセット関係になっています。しかし、入の沢遺跡出土資料は、明らかに石材も揃った状況ではありません。また、大きさもかなり様々なものがあります。一見するとばらばらという印象がありますが、調査してみると大きさにパターンがあることがわかりました。

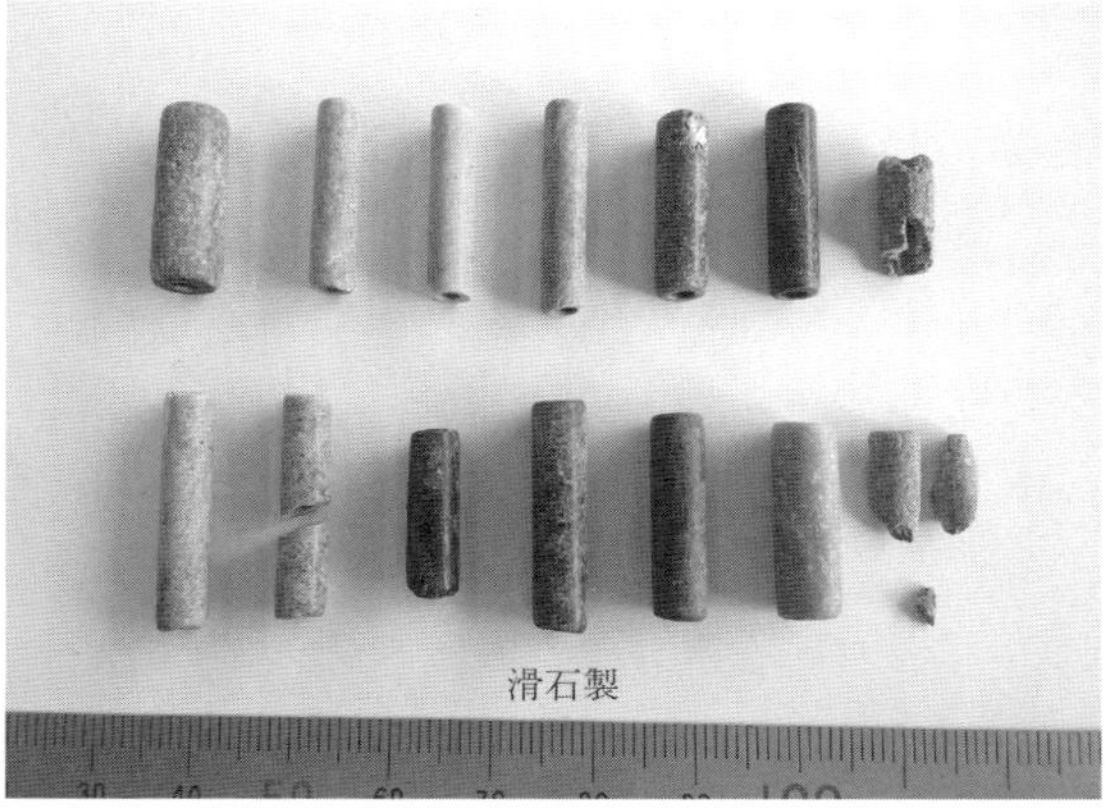

図３　入の沢遺跡出土の管玉１

図４　入の沢遺跡出土の管玉２

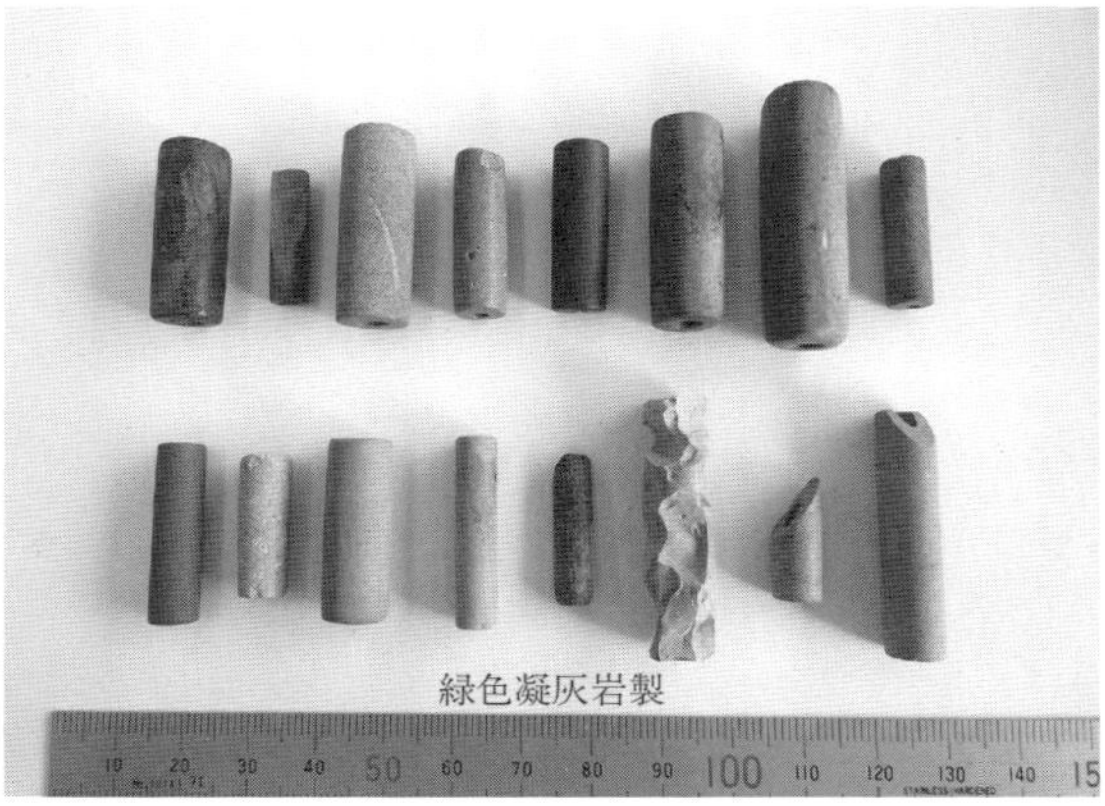

図５　入の沢遺跡出土の管玉３

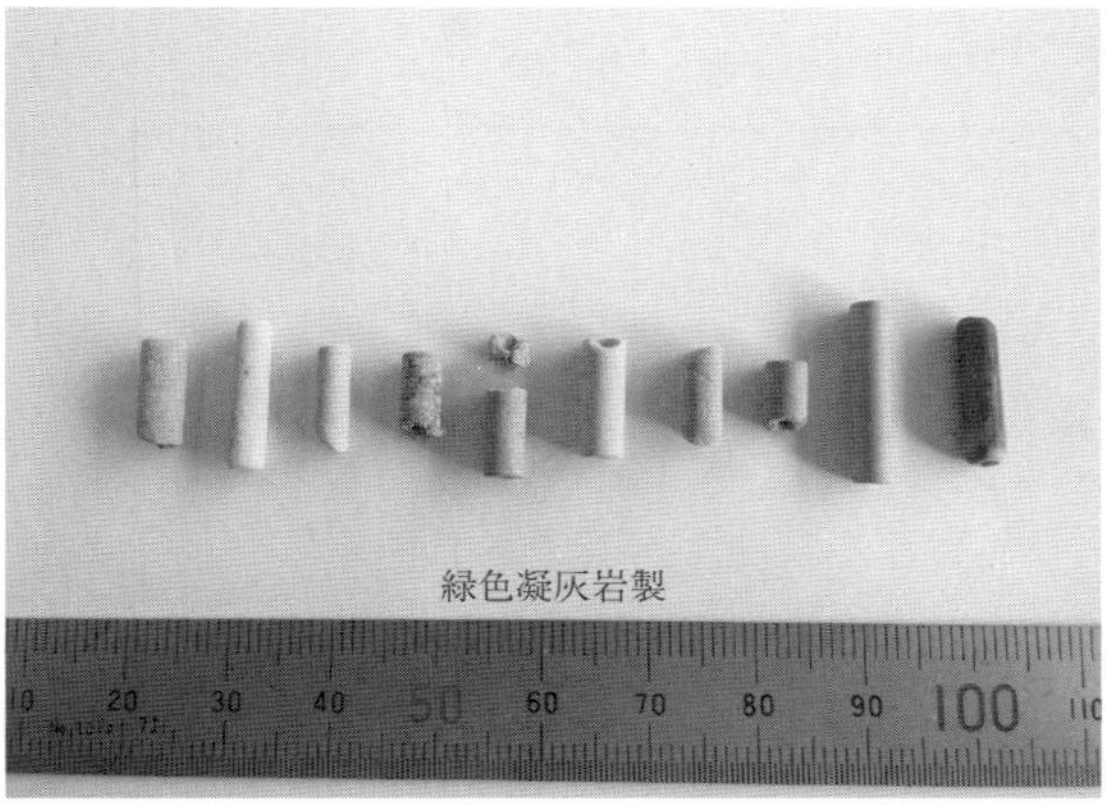

図６　入の沢遺跡出土の管玉４

図3は滑石製品を選び出したものです。滑石製品は大きさが比較的揃っています。一点だけ直径が四ミリを下まわる細いものがあるのと、六ミリを超える太いものが四点ぐらいあるのですが、それ以外は非常に狭い範囲にまとまるということがわかりました。滑石製品の大部分がまとまってくる大きさを領域K（図8）と呼んでおきますが、滑石製管玉では主にこの規格が作られている状況です。この領域Kという大きさの管玉は、関東で見つかっている玉作り遺跡で作られているものと規格が対応しています。製品としても関東の前期古墳から多く出土するということが知られていますので、製作地は関東周辺と考えられます。

この点を押さえた上で次の緑色凝灰岩製品を見ますと、領域Kという大きさを指向する滑石製品とほぼ同じような大きさの緑色凝灰岩製品がある程度存在しています（図4）。ただし、緑色凝灰岩製品には、それよりも明らかに太い直径六ミリを超えるものがかなり多く含まれます（図5）。この規格を領域Fと呼んでおきます。緑色凝灰岩製は領域Kよりも細いものもあります（図6）。これを領域Lと呼んでおきます。このように緑色凝灰岩製品を三つに分類しますと、領域Kは滑石製品と同じように関東周辺で製作されたものであ

図７　入の沢遺跡出土の管玉５

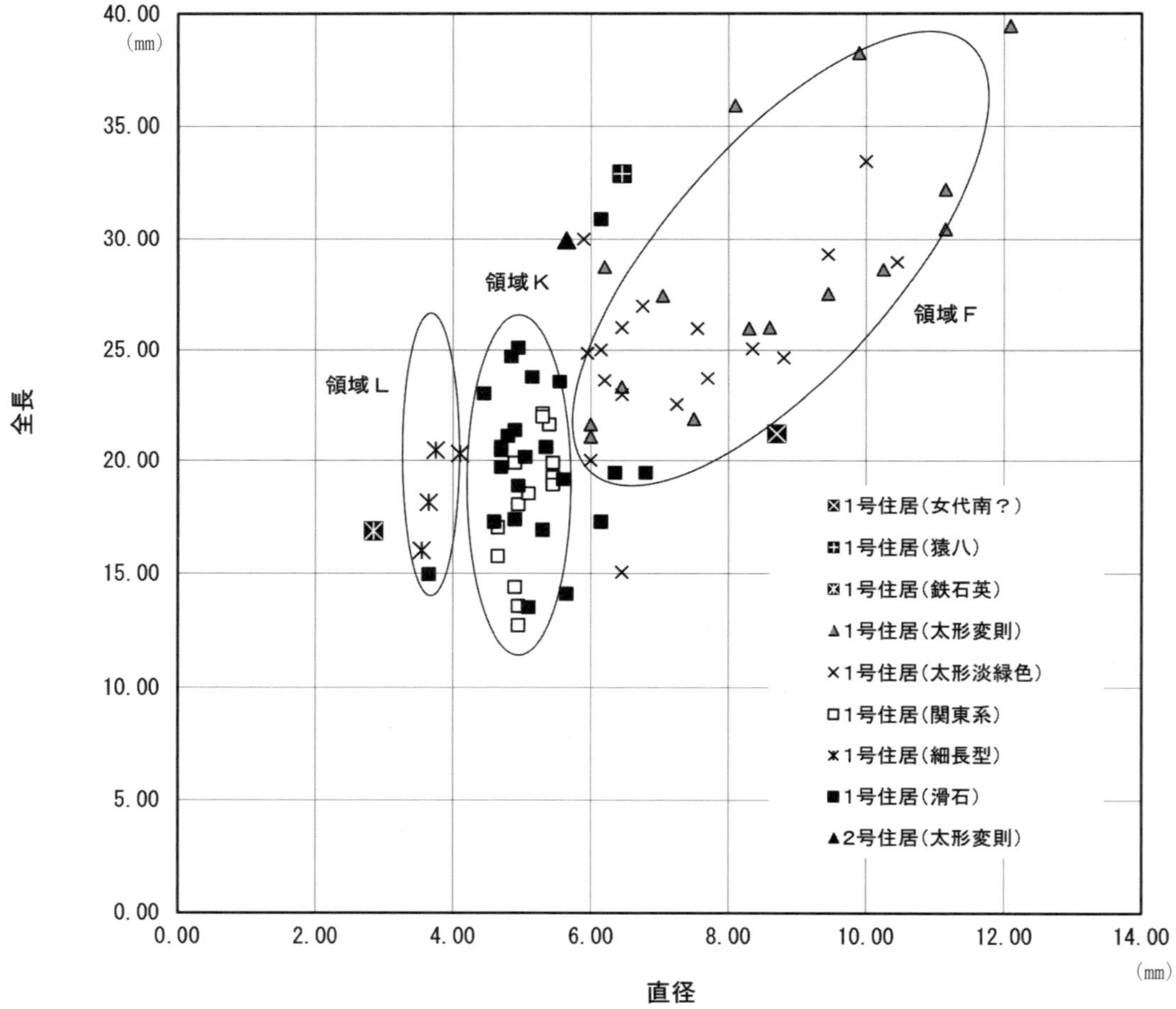

図８　入の沢遺跡出土管玉の法量分布

る可能性が高いと思います。一方、領域Fに関しては関東の玉作り遺跡でも確認されていますが、それ以外に北陸地域で多く作られていることが知られています。したがって、入の沢遺跡出土品にも両者が混じっている可能性が高いと考えます。ただ、入の沢遺跡の資料に関しては石材のバリエーションが大きいのに対して、北陸地域は大きな原石産地が控えているということもありまして、石材が揃った管玉が作られるという傾向が強いことを加味しますと、入の沢遺跡出土資料は領域Fについても関東産のものが占める割合が高いのではないかと考えています。

それに対して、領域Lの細い管玉は細いだけではなく、風化を受けやすい緑色凝灰岩が多いために欠損してしまっているものが多いですが、本来はもっと細長い大きさをしています。こういった規格の管玉は関東ではまったく作られておらず、畿内の玉作り遺跡で主に作られています。製品の分布も畿内を中心としています。時期的にも少し新しく、前期の末ぐらいに出現し、中期の前半にかけて主に使われるという違いがあります。

管玉の中には、特殊な石材のものもあります。図7の真ん中の濃緑色のものは、佐渡の猿八《さるはち》と言われる産地で産出する碧玉《へきぎょく》ですし、図7右の赤いものが鉄石英《てっせきえい》で、この細長いものも佐渡で作られた玉に特有のものです。ただ、ここに示したものは穿孔に石針を使っている可能性が高く、製作時期が弥生時代中期のものであると考えられます。このように、製作時期が古いものも少し混じっているのですが、点数が少なく、セットをなすようなものではありません。

(三) 棗玉《なつめだま》・丸玉《まるだま》・臼玉《うすだま》

次に、管玉以外のものとして、棗玉と丸玉をまとめてみました。図9右上の二つは、茶色味がかった透明感のある色ですが、これは水晶製の棗玉です。とくに煙水晶とか黒水晶と言われるタイプのものです。入の沢遺跡の時期には水晶製の棗玉はほとんど類例がないので、これに関してはどこで作られたのかということを限定するのは難しいです。棗玉のうち残りの二点はいわゆる滑石製品で、これは古墳時代前期末から中期前半にかけて畿内や瀬戸内周辺に集中して出土することが知られています。

下段は、いずれも琥珀製の丸玉です。先ほど、琥珀製の勾玉は畿内で作られた可能性が高いと言いましたが、この時期の琥珀製の玉には大きく関東周辺と畿内を含んだ西日本という地域性があります。西日本では大型の勾玉を中心に出土するのに対して、関東周辺では小さい勾玉と丸玉、棗玉、算盤玉《そろばんだま》のような小さい琥珀製の玉がまとまって出土することが多いという傾向があります。そういう意味で入の沢遺跡の琥珀製の丸玉は、関東などと共通性が高いと考えています。

図10は滑石製の臼玉です。滑石製臼玉は前期後半になると、関東でも散発的に出土例がありますが、まとまった出土が確認されるのは前期末以降で、中期にかけて長く使われていきます。明らかに、石材や孔の大きさが異なるものが混ざっています。まったく違う製作址で作られたものが混じっていると考えられますが、個別に製作地を区分していくのは難しい状況です。

(四) ガラス製小玉

ガラス製小玉について最初にお話ししなければならないことは、この時代のガラス製の玉というのはいずれも日本列島で作られたものではなくて、東南アジアとかインドなど遠い世界で作られたもの

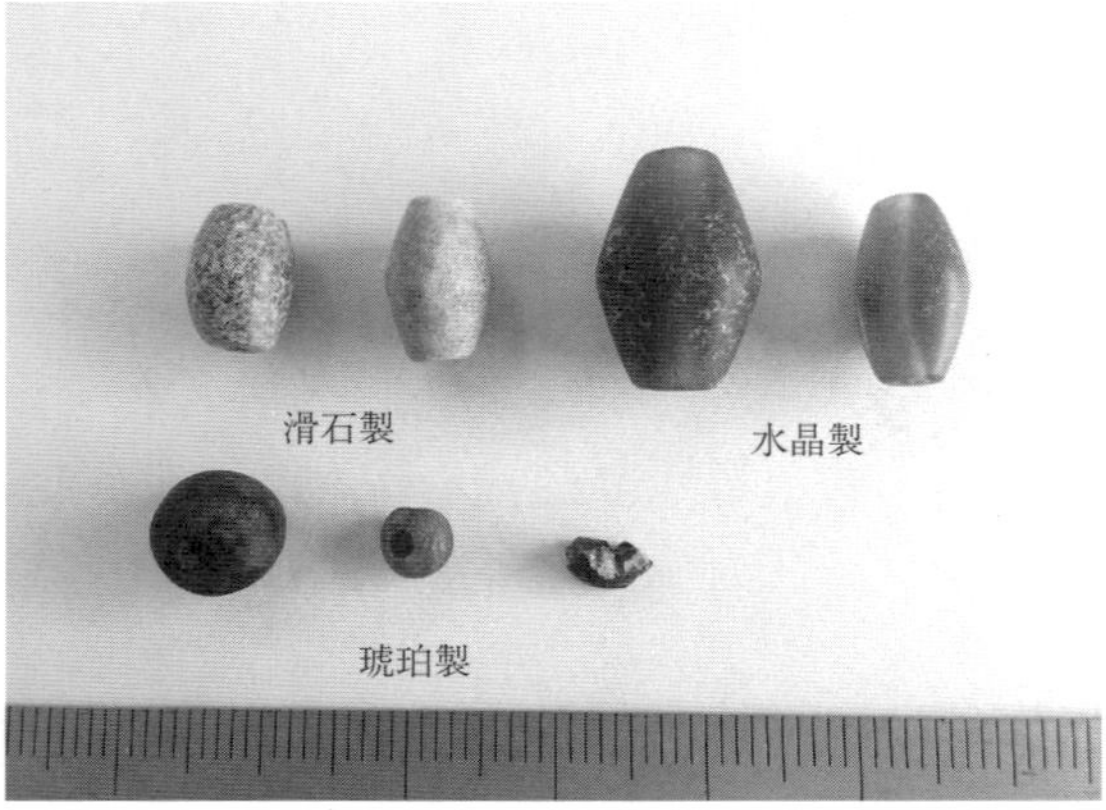

図９　入の沢遺跡出土の棗玉・丸玉

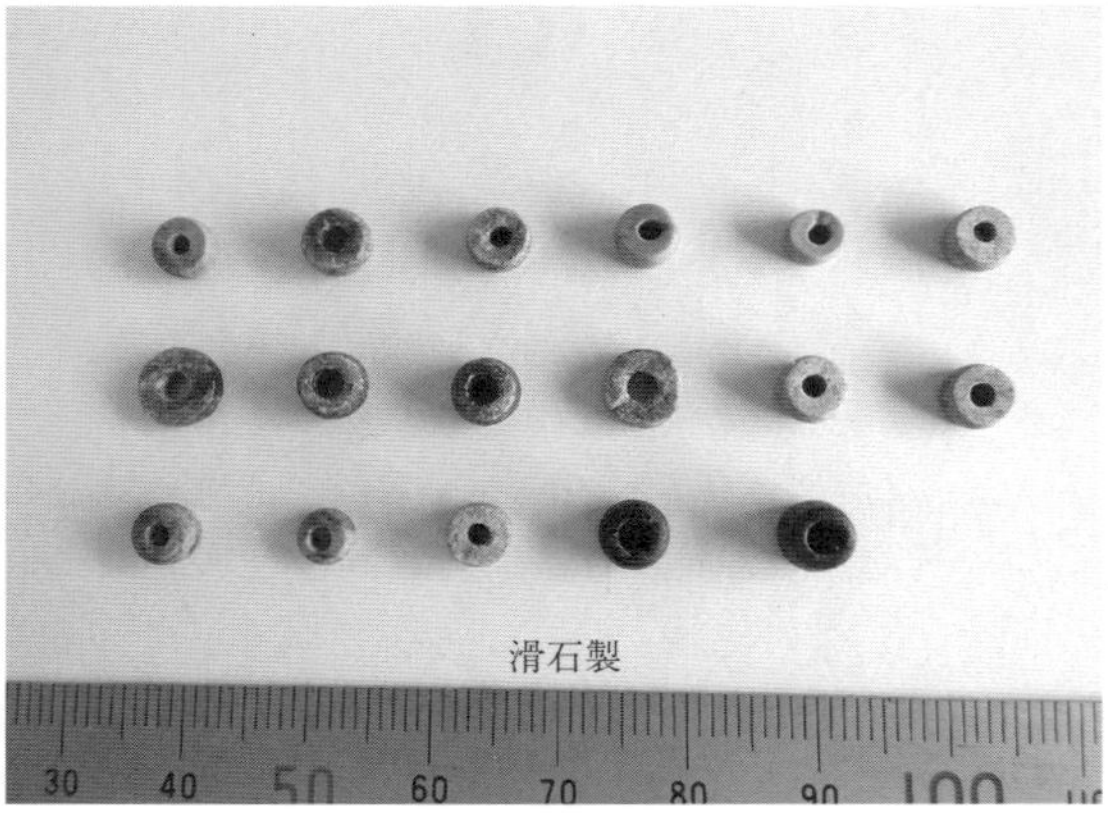

図10　入の沢遺跡出土の臼玉

が運ばれてきたものだということです。材質にいくつか種類があります。これは、素材ガラスを作るときにどのような原料を組み合わせたかというパターンの違いで、基本的には製作地の違いを反映しています。材質が異なるガラスが時期をずらして日本列島に順次入ってくるものですから、それを調査することによって様々なことがわかってきています。

入の沢遺跡だけではなく、古墳時代前期の資料は水色のガラス小玉が大部分です。水色の玉はいずれも銅を使って着色しているのですが、図11と図12とでは材質が異なっています。よく見ると図12の方が少し透明感が乏しく、図11の方が透明感が強いことがわかります。図11はカリガラスと呼ばれているもので、図12はソーダガラスです。この二つは輸入してくる時期が異なっていて、カリガラスは弥生時代後期初頭、古墳時代前期初頭の二回、大量にまとまって入ってきます。ソーダガラスの方は古墳時代前期後半に初めて入ってくる新しいタイプです。入の沢遺跡ではその両方が混じった状態ですが、カリガラスの方がかなり多い組み合わせになっています。この二種類が大部分ですが、そのほかに着色剤としてコバルトを使っている紺色の玉とか、銅を使っていますが作り方が異なるものがあります。図13下段のものは特殊なもので、考古学的には注目されますが、時間の関係で説明は省略します。

(五)　琴柱形《ことじがた》石製品

最後に、図14は琴柱形石製品と総称される遺物の中で、とくに本村型《ほんむらがた》と呼んでいるタイプのものです。いわゆる滑石製で、玉などといっしょに連ねて使用したものと考えられます。この琴柱形

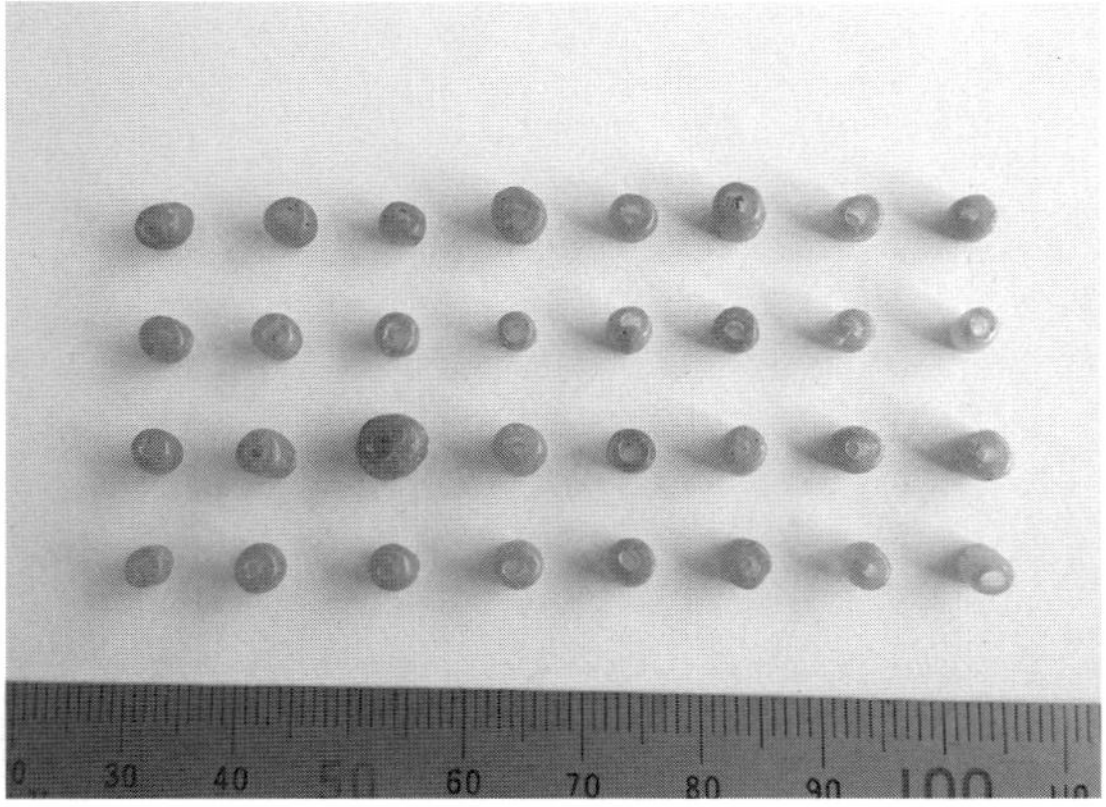

図 11　入の沢遺跡出土のガラス小玉１

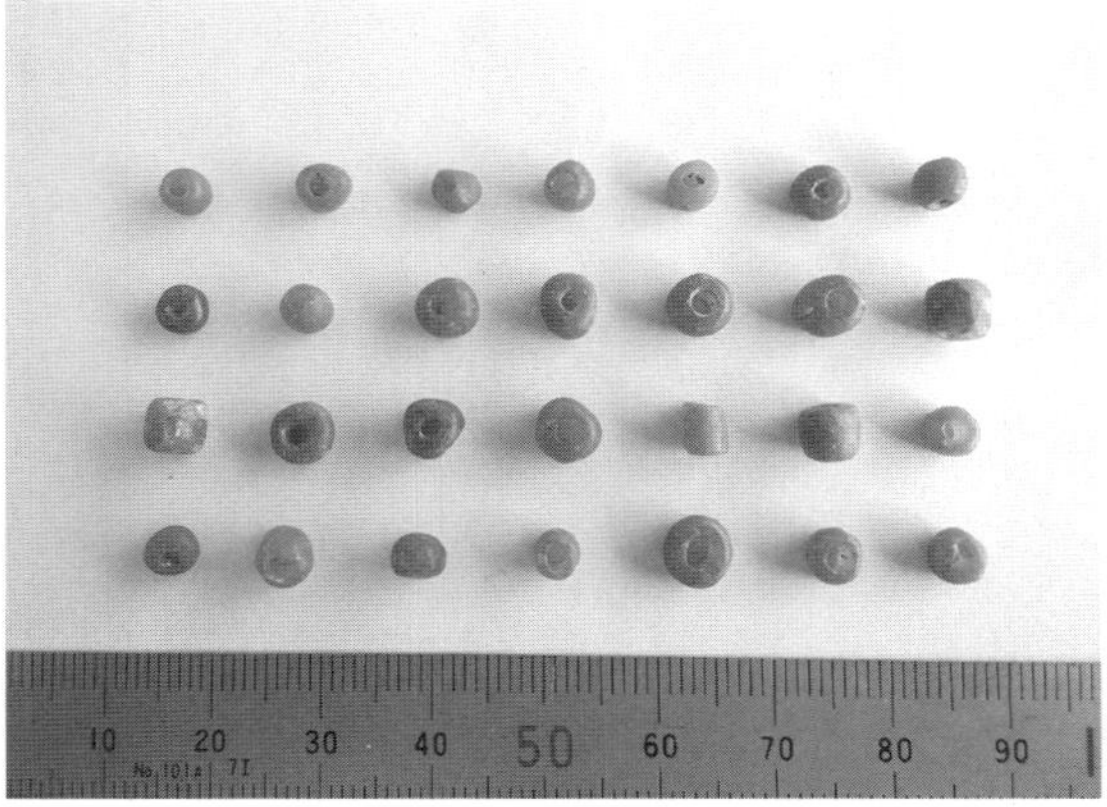

図 12　入の沢遺跡出土のガラス小玉２

図 13　入の沢遺跡出土のガラス小玉３

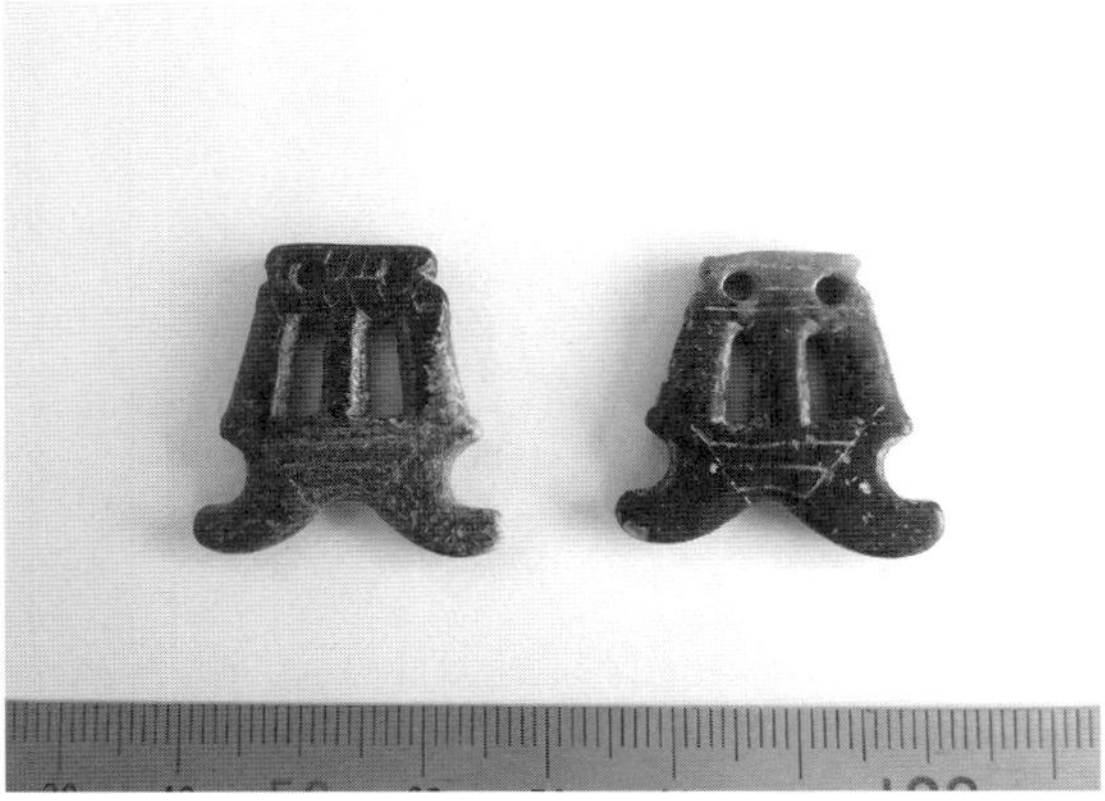

図 14　入の沢遺跡出土の琴柱形石製品

石製品にはほかの玉類と大きく異なる点がありまして、古墳の埋葬施設からは今のところ一点も出土していないことが指摘できます。この琴柱形石製品が注目されるのは、群馬県の南西部の玉作り遺跡でのみ製作が認められ、製作地がはっきり確定されるということです。したがって、入の沢遺跡の例も群馬県から運ばれてきたということになります。

二　入の沢遺跡出土玉類の組成的特徴

個別に説明してきましたが、これらのものをまとめますと、全体の特徴が浮かび上がってきます。時期的なことで言うと、大きく三つぐらいの重要な構成要素があります。一つ目は、翡翠製の半玦形勾玉とか鉄石英の管玉のように弥生時代の古い時期に作られた玉です。これらは点数が少なくて、全体に占める割合が低いです。二つ目は古墳時代前期に作られ、もしくは日本列島に流入してきたもので、少なくとも前期末までに出土量が急減してしまう種類です。たとえば水晶製勾玉とか、領域Kや領域Fを指向する管玉とかカリガラスのガラス小玉です。三つ目として、前期末に出現して中期につながっていく種類です。滑石製の勾玉、臼玉、棗玉、もしくは領域Lを指向する管玉です。以上のような、三つのグループに大別することができます。

ただし、入の沢遺跡から出土した玉類の中には、古墳時代中期になってから初めて出現するような種類は一点も含まれていませんでした。全体をあわせますと、入の沢遺跡の玉類のセットが最終的に成立するのは古墳時代前期末のきわめて限られた時期に特定することができます。また、このような多くの玉が作られた地域やセットが成立した地域という系譜的な問題に焦点をあわせますと、まず、石製の玉とガラス小玉を分けて話をする必要があります。石製の玉に関しては、過半数のものが関東周辺で作られたと考えられるものでした。もちろん関東では玉作りの内容が地域によって異なっており、群馬県の南西部のように滑石製品を集中的に作る地域、相武地域のように緑色凝灰岩製の管玉を主に作っていて、一部水晶製品を作る地域、利根川の下流域のように滑石製と緑色凝灰岩製の管玉を混じえて作る地域という地域性があります。ただし、関東の中でかなり入り組んで流通しているようでして、消費地資料ではそのような明瞭な地域性はうかがえません。入の沢遺跡では、広く関東系の玉が中心になっているということができます。一方で、数としてはそれほど多くありませんが、畿内周辺で作られた可能性が高いものがいくらか混じってくるという点が、重要な特徴として指摘されます。

ガラス製の小玉に関しては、評価のために手順が必要となります。ガラス小玉はもともと列島外で作られたもので、ここで問題となる種類については畿内に集中して流入します。ただし、カリガラスの場合とソーダガラスの場合は少し時期がずれて入ってきます。後からソーダガラスが入ってきた前期後半には、濃尾地域よりも西の地域ではほぼ一斉にカリガラスからソーダガラスへの転換が急速に進みます。それに対して、東海東部より以東の地域ではあまりソーダガラスがたくさん流入しないという場合が多くて、結構カリガラスが残ってきます。もちろんソーダガラスが加わることも多いのですが、全体的にはカリガラスが多数派のセットとなっている古墳が前期後半でも多いという状況です。もともとガラス小玉として輸入した窓口が畿内にあるとしても、入の沢遺跡に流入してくる前の段階として、いったんカリガラスからソーダガラスへの転換が少し遅れ気味になる関東や東海を経たうえで形成されたセットが入の沢遺跡に持ち込まれたと考えることができます。

三　入の沢遺跡出土玉類と他地域の資料

最後に、他地域の資料と比較したいと思います。中心となりますのは東北地方の資料です。

私が把握している資料は、表1にまとめておきました。

いくつかの事例をお見せします。

図16が、宮城県角田市の西屋敷《にしやしき》1号墳の資料です。こちらに滑石製の管玉があります。領域Kの典型的な大きさです。緑色凝灰岩製のものもあります。欠損品も入っていますが、領域Lに入る畿内系のものである可能性が高いです。特殊なものとして佐渡の猿八産の碧玉を使っていますが、弥生時代に作られたものとは規格が違うものが二点だけ混じっています。ガラス小玉はソーダガラスが多かったと思います。

図17は、入の沢遺跡にもっとも近い大塚森《おおつかもり》古墳から出土したガラス小玉などです。管玉は非常に風化を受けて本来の全長を失っていますが、緑色凝灰岩製で、おそらく領域Kの規格をもっています。ガラス小玉は五〇数点ありますが、すべてカリガラス製でした。

表1　東北地方南部の前期古墳出土玉類の組成

遺跡	所在地	勾玉	管玉						ガラス小玉						その他
			総数		緑色凝灰岩				総数	引き伸ばし法			連珠		
										カリガラス		ソーダガラス			
				猿八産碧玉	北陸系／関東系	関東系	畿内系	滑石		中アルミナ	高アルミナ	高アルミナ	高アルミナプロト	鋳型法	
		翡翠		（領域Se）	領域F	領域K	領域L	領域K		PⅠ	PⅡ	SⅡB	SⅤB		
										コバルト	銅	銅	銅	コバルト	
遠見塚古墳（東槨）	宮城		1						4		2			1	
沼向5号墳	宮城								4			4			
八木山緑町SK1	宮城		6		5	1									
八木山緑町SK10	宮城		6		2			4							
宇賀崎1号墳	宮城														琥珀玉1
大塚森古墳（東棺）	宮城								2		2				
大塚森古墳（西棺）	宮城		1			1			53		53				
西屋敷1号墳	宮城	2	15	2		1	3	7	26		7	19			
横山1号墳（第2）	山形		1					1							
成島1号墳	山形		7		4	2	1								
会津大塚山古墳（南棺）	福島	1	79		52	27			61+	20			41+		琥珀算盤玉2
会津大塚山古墳（北棺）	福島		40		40										
森北1号墳	福島		2		2										
本屋敷1号墳（後方）	福島		1						6						
本屋敷4号墳（第1）	福島								2						
愛谷古墳	福島														滑石臼玉29

図18・19は、八木山緑町《やぎやまみどりちょう》遺跡の土壙墓から出土したものです。報告書では弥生時代のお墓として記載されているのですが、出土した玉をみると明らかに古墳時代前期のものなので、ここに加えさせていただきます。SK1とSK10の二つの埋葬施設からそれぞれ六点ずつ出土しています。図19には滑石製が四点あって、いずれも典型的な領域Kの規格です。緑色凝灰岩製の二点は、領域Fに入ります。

図20～24は、会津大塚山《あいづおおつかやま》古墳から出土した玉で、かなり様相が異なっています。翡翠製の勾玉が出土しています。この勾玉は、大型でなめらかな形状をしています。ガラス小玉は、コバルト着色のものが多くあります。図20の右端の連が、先ほど入の沢遺跡例で説明を省略した特殊な作り方をしたソーダガラスです。管玉は点数が多いにもかかわらず、規格と石材が揃ったものがセットで出土しています。図21～23は南棺のもので、三セットぐらいあります。図23のセットは大きさが製作後に調整されているので、本来よりも短めに見えていますが、本来は上段の左端に近い大きさをもっていたと思います。このように、石材

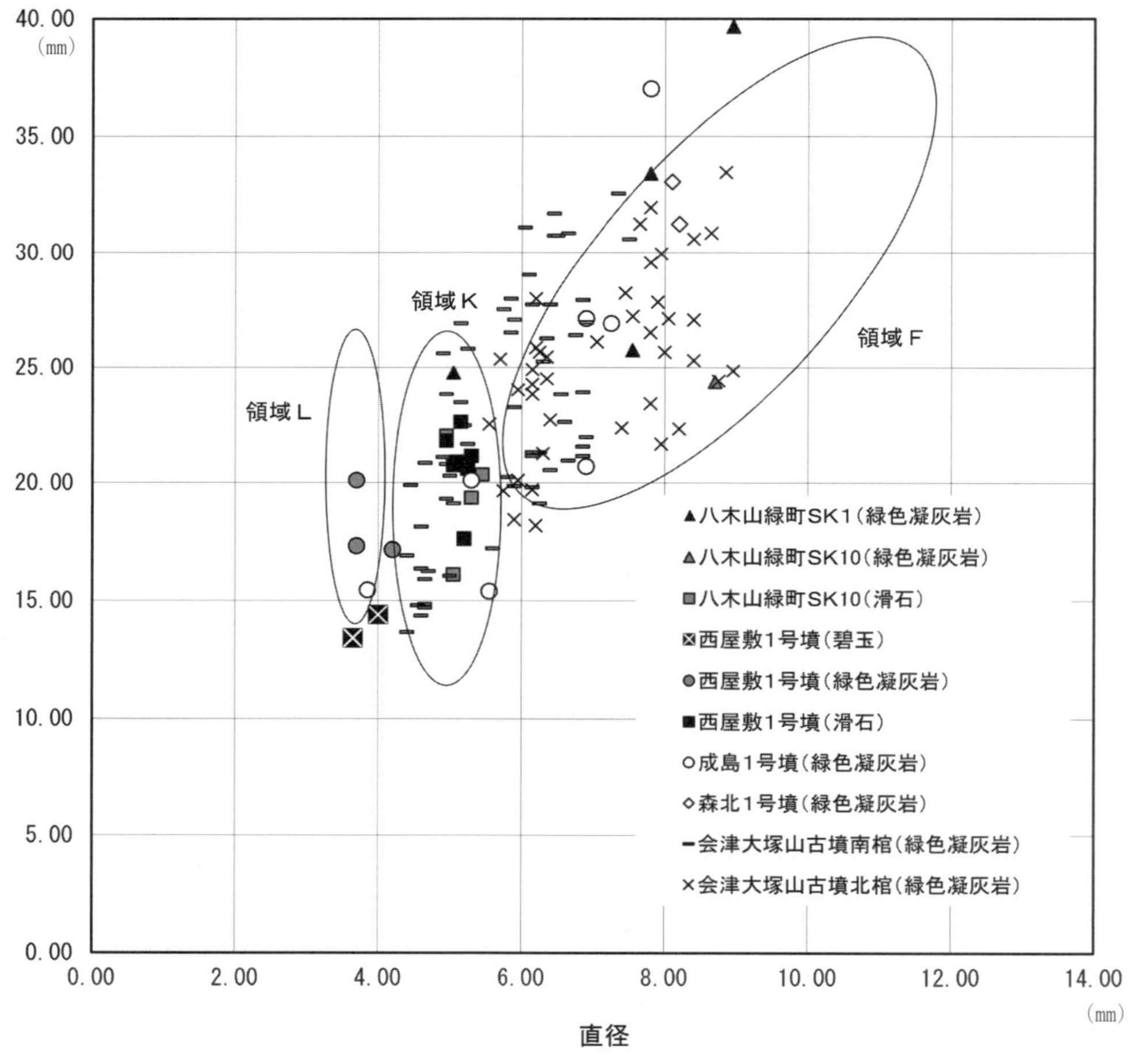

図15　東北地方南部の前期古墳出土管玉の法量分布

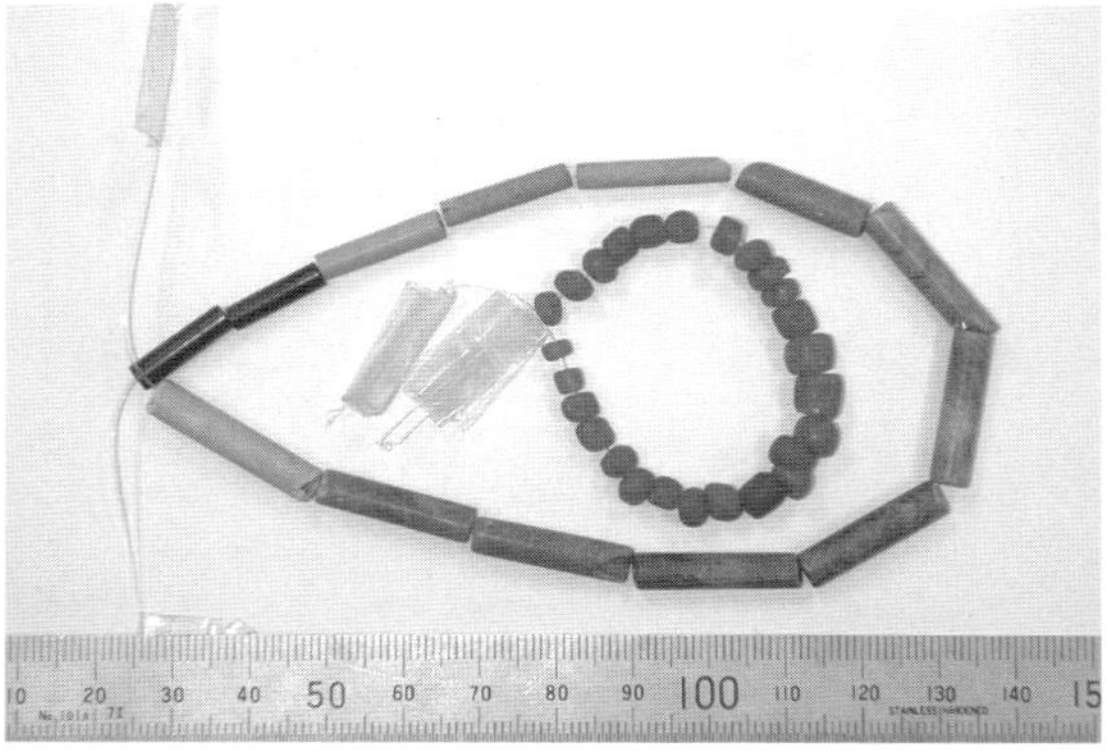

図16　西屋敷1号墳出土の玉類
（角田市教育委員会所蔵）

図17　大塚森古墳西棺出土の玉類
（東北学院大学所蔵）

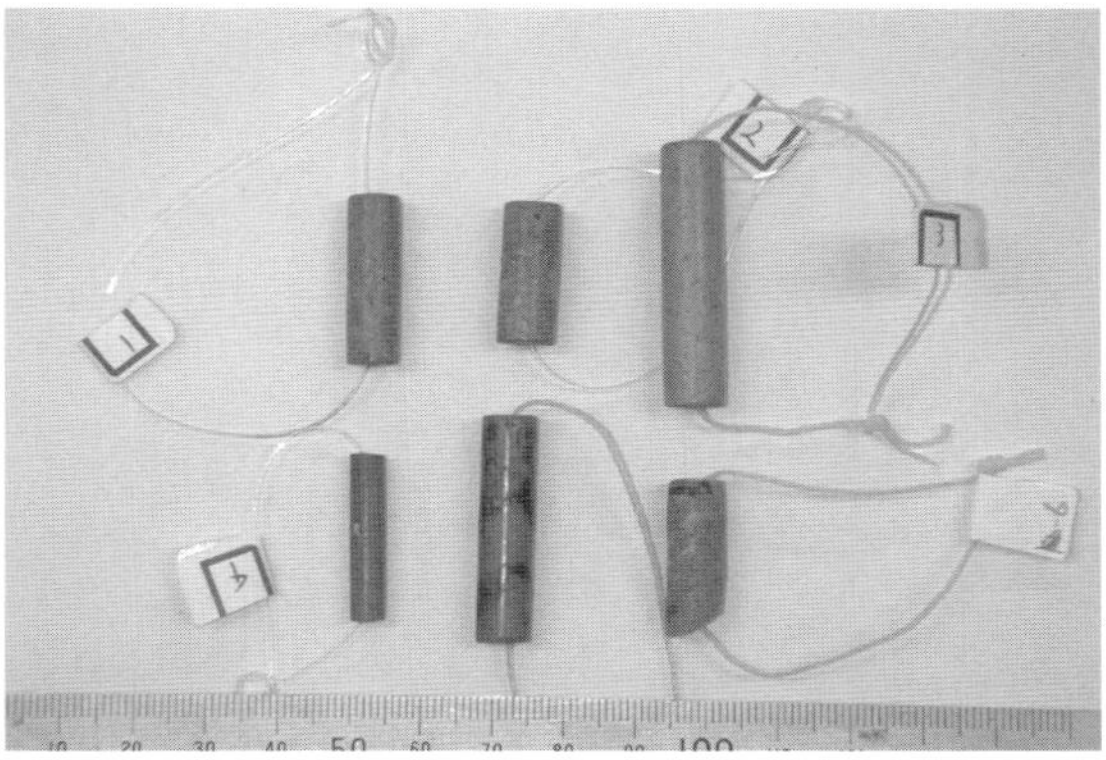

図18　八木山緑町遺跡 SK1 出土の玉類
（仙台市教育委員会所蔵）

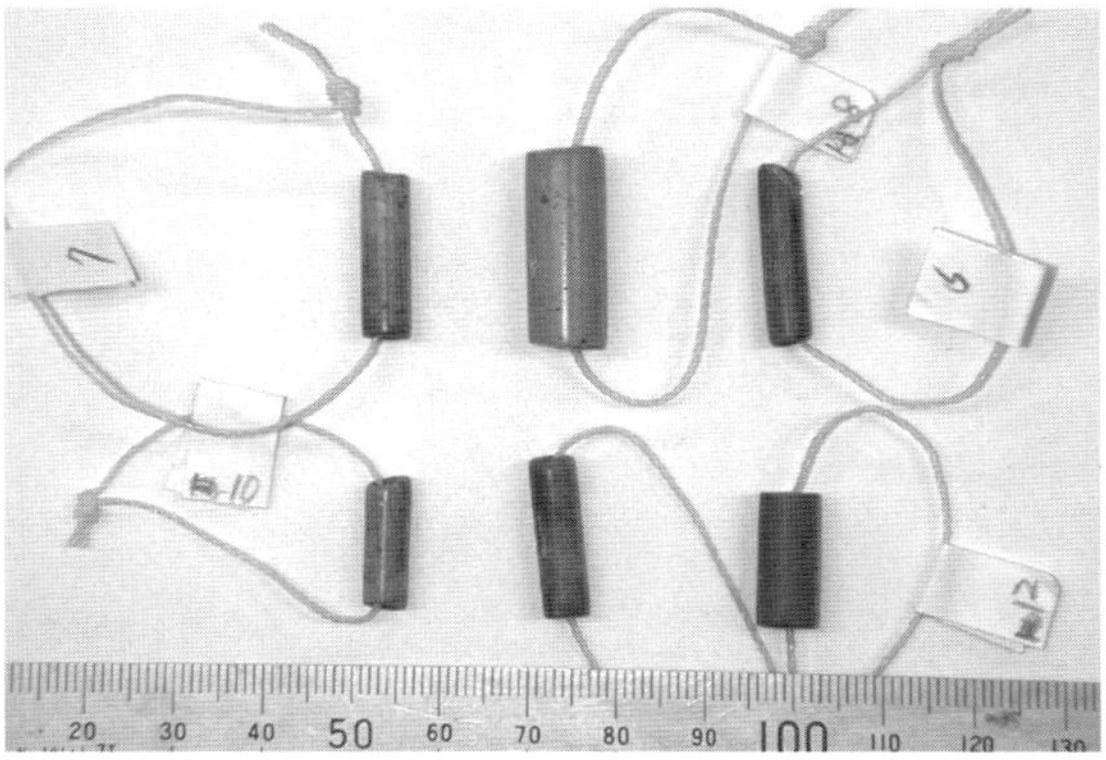

図19　八木山緑町遺跡 SK10 出土の玉類
（仙台市教育委員会所蔵）

も大きさも揃ったセットをもっているという違いがあります。

図25は山形県成島《なるしま》1号墳出土資料です。すべて緑色凝灰岩製です。領域Fの規格が多いのですが、二点は領域Kに入る玉です。

このように見ていった場合、東北地方の前期古墳から出土する玉類の全体的な特徴として、まず前期でも後半に位置付けられるものが大部分である点が指摘できます。表1で挙げた事例の中では、山形県横山《よこやま》1号墳のようにもう少し古い時期ではないかと言われている古墳もあるのですが、玉から見ると新しく考えてもよいのかなと考えています。また、表1の下に挙げたいわき市愛谷《あいや》古墳は中期前半に降るかもしれません。ただし、全体として中期前半の資料は非常に少ないという流通量の変動があります。また、ここでいくつかの事例を紹介しましたように、古墳ごとにセット関係がかなり異なっています。しかし、全体として集計しますと、入の沢遺跡で出土する玉とよく似た傾向、石製の玉でしたら関東産と思われるものが多数を占めていて、そこに他系統のものが加わるという状況になっています。また、多くの場合、出土する点数が少ないということも指摘できます。ただし、その中に会津大塚山古墳のように組み合わせ関係も、出土する点数も非常に異なっ

図 20　会津大塚山古墳南棺出土の玉類 1
（福島県立博物館画像提供）

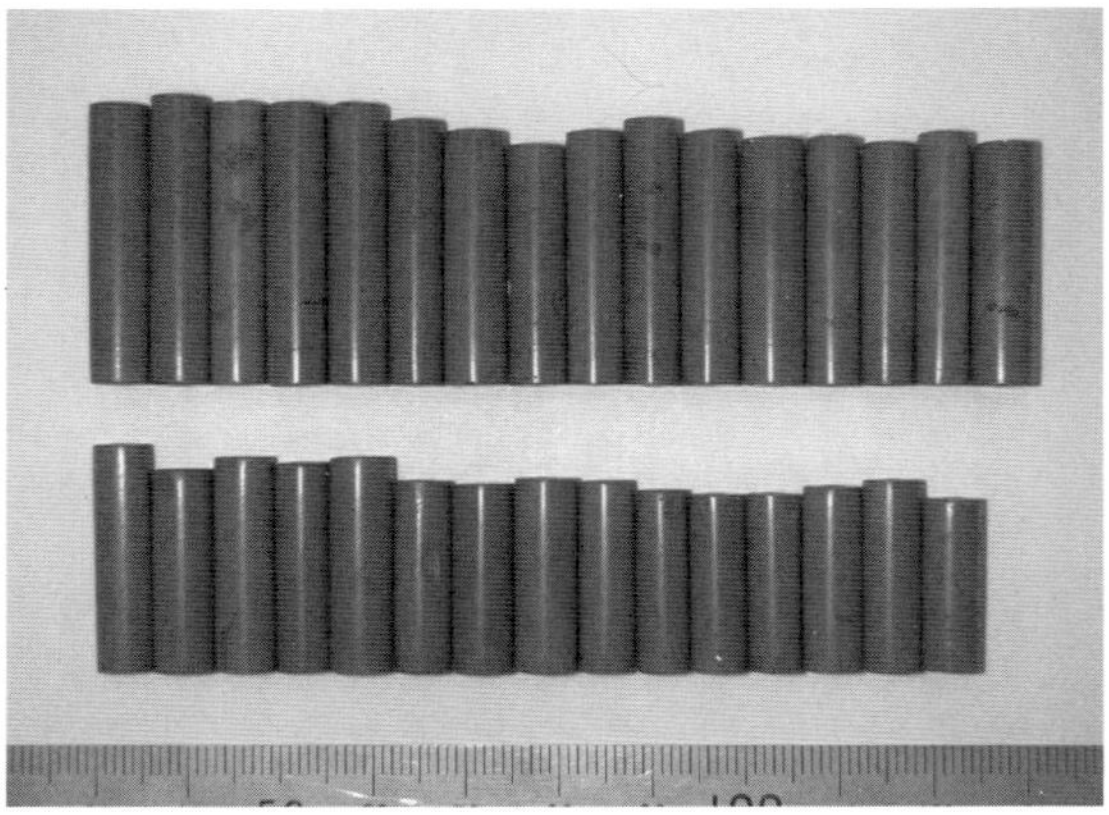

図 21　会津大塚山古墳南棺出土の玉類 2
（福島県立博物館画像提供）

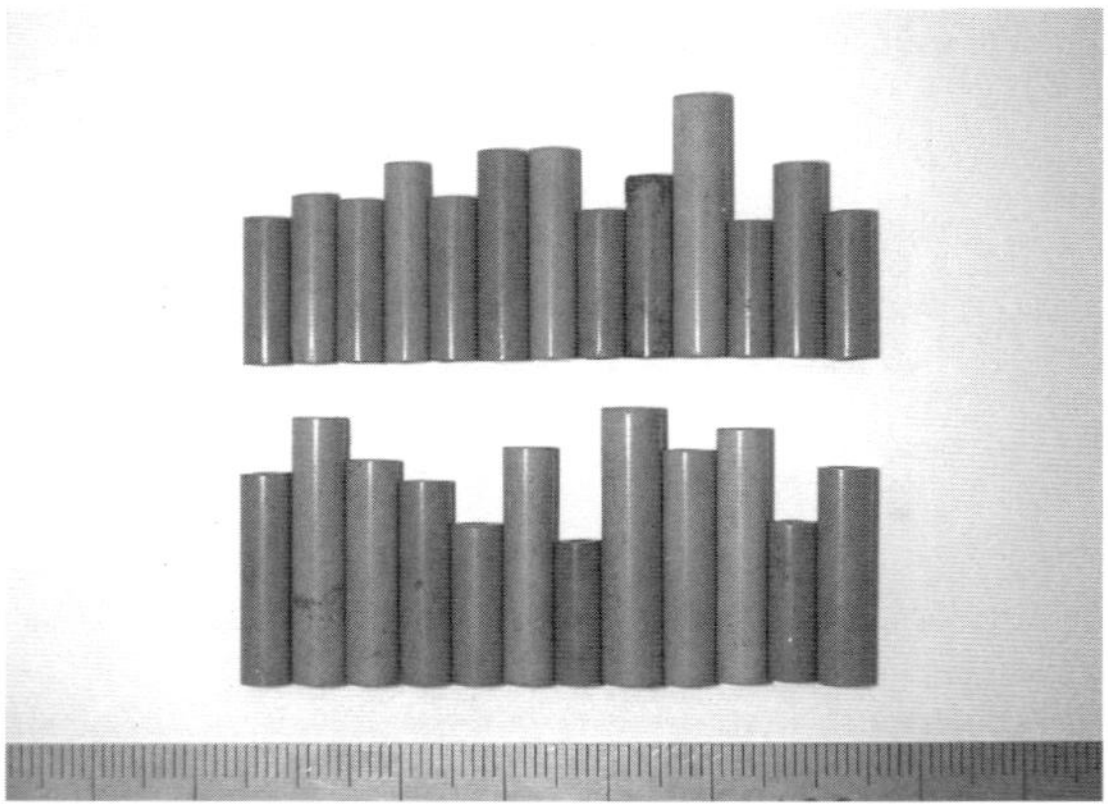

図 22　会津大塚山古墳南棺出土の玉類 3
（福島県立博物館画像提供）

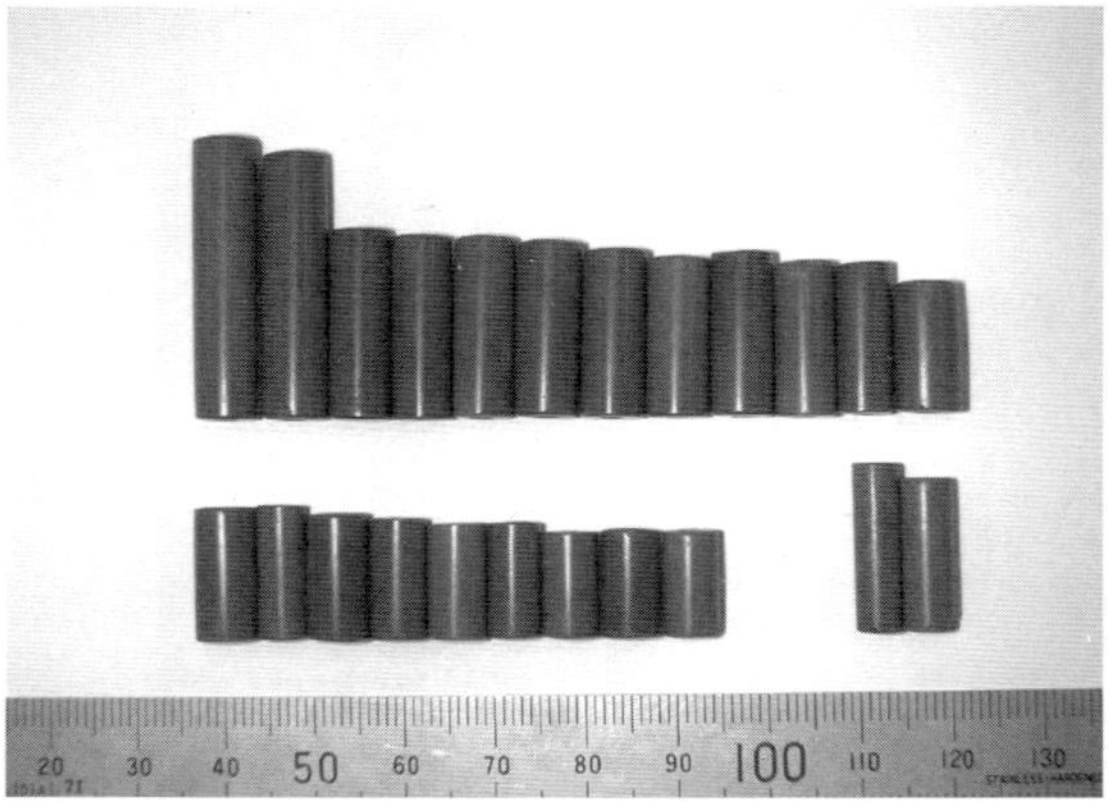

図 23　会津大塚山古墳南棺出土の玉類 4
（福島県立博物館画像提供）

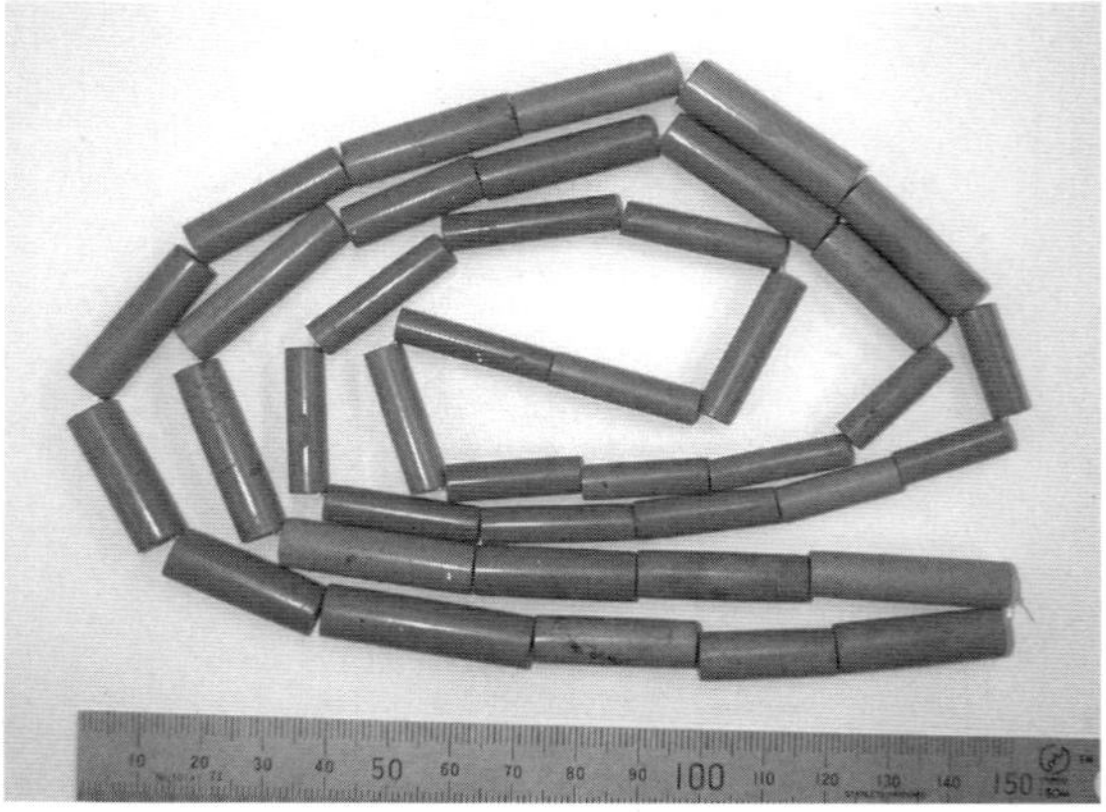

図 24　会津大塚山古墳北棺出土の玉類
（福島県立博物館画像提供）

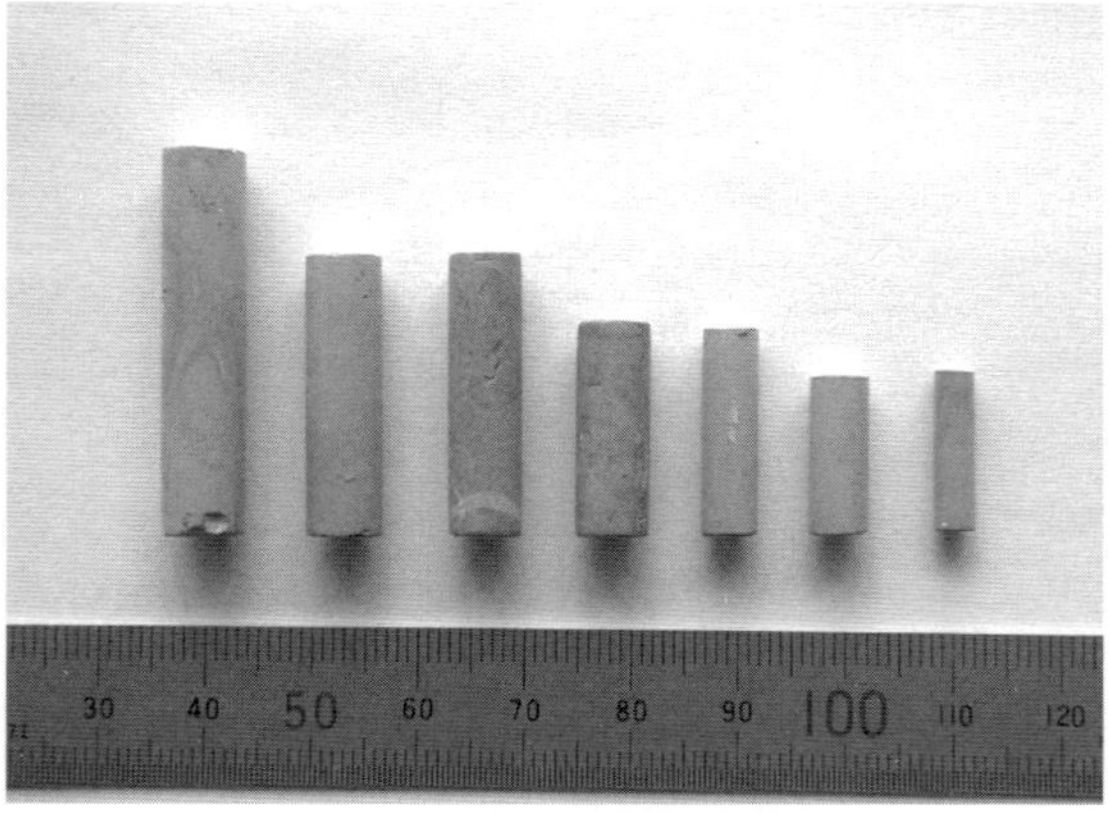

図 25　成島 1 号墳出土の玉類
（米沢市教育委員会所蔵）

た特徴をもったものが含まれています。

　また、関東では、同じような特徴を示す玉類のセットが前期古墳から出土しています。地元で作られたと思われる領域Kや領域Fを指向する管玉に、銅着色のカリガラス製のガラス小玉が加わり、勾玉の中には滑石製の小型品が多く含まれるという特徴があります。この点で、入の沢遺跡を含んだ東北地方南部と関東の前期古墳から出土する玉類の構成はよく似ています。しかし、その違いとしては、関東の前期古墳から出土する玉類の方が一般的に点数が多い傾向があります。製作地から近いということを反映していると思います。

　ところが、畿内や北部九州などの西日本では、同じように勾玉や管玉、ガラス小玉が出土するといっても種類が全然異なります。図26・27に、代表的な例として奈良県メスリ山古墳の写真を挙げました。図26の管玉は、青味の強い色調をしています。これは実は日本列島で作られた管玉ではありません。最近わかってきたのですが、中国大陸、おそらく朝鮮半島の北の方もしくは中国に入るかなというぐらいの地域で作られた管玉です。石材としては碧玉でも緑色凝灰岩でもないようで、現状では仮称として産地分析研究の中で与えられた未定C群という名称を使用しています。また、この未定C群という素材を使った管玉はいずれも穿孔の道具が石のまま変わらず、鉄器にならないという点も大きな違いとしてあります。日本列島で作られる管玉は、弥生時代中期までは、すべて石針と呼んでいる石製のシャープペンシルの芯のようなものを使って穿孔しているのですが、後期に入ると一斉に鉄製の錐に置き換わることがわかっています。ところが、未定C群の素材を使っている管玉だけは、最後まで鉄製錐による穿孔には変わりません。

　メスリ山古墳では全然違うタイプの管玉も出ています。この図27上段の濃緑色の石材のものは、島根県の玉造《たまつくり》温泉の裏にある、花仙山《かせんざん》という山で産出する碧玉であります。製作地は当然山陰地域である可能性が高いです。下段の緑色凝灰岩製品に関しては、前期後半の北陸地域で作られた典型的な管玉で領域Fという規格になります。西日本で出土する管玉は、この三種類のグループがほとんどです。

　図28は、大阪府紫金山《しきんざん》古墳の玉類で三種類の玉があります。紫金山古墳の管玉は、未定C群製のみです。今回は勾玉はあまり示しま

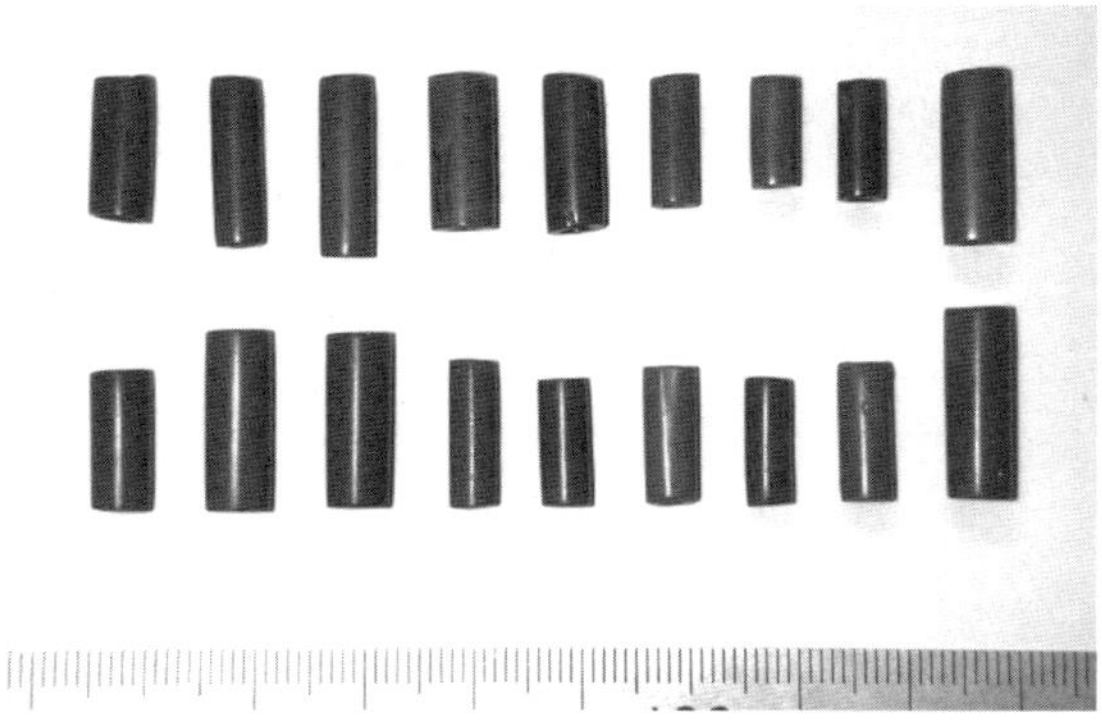

図26　奈良県メスリ山古墳出土の玉類1
（奈良県立橿原考古学研究所附属博物館所蔵）

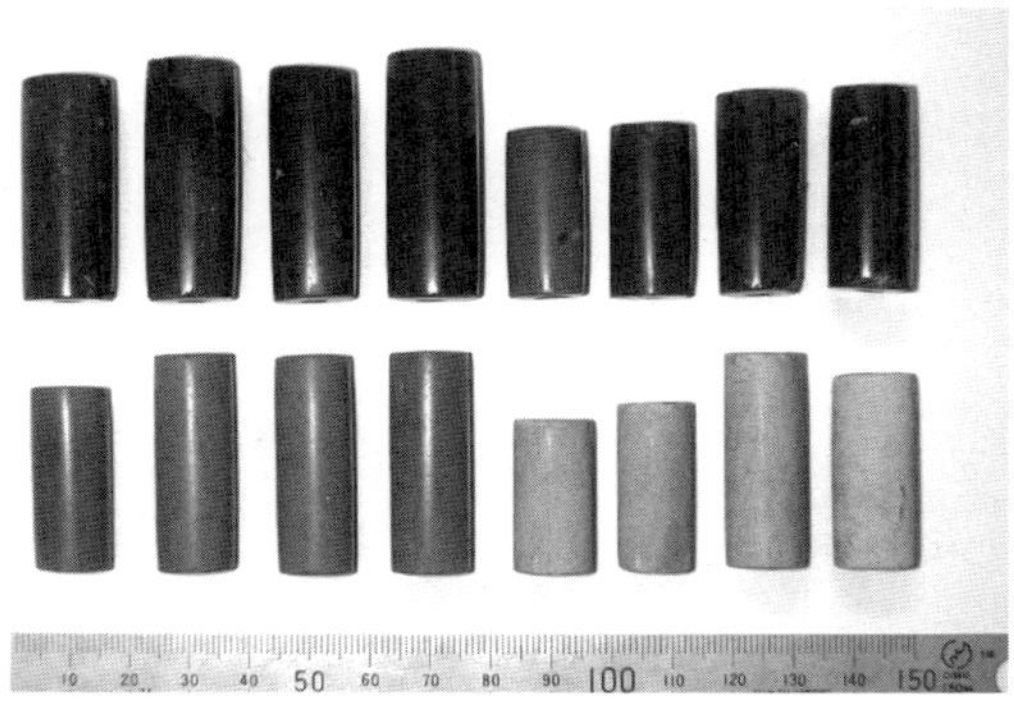

図27　奈良県メスリ山古墳出土の玉類2
（奈良県立橿原考古学研究所附属博物館所蔵）

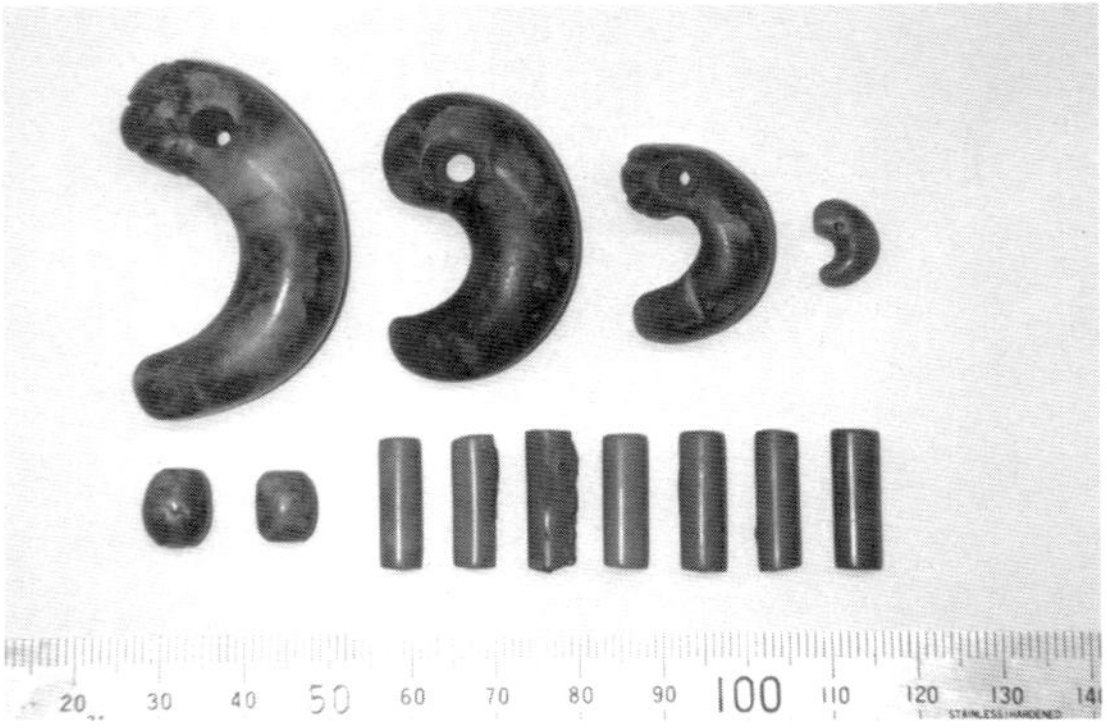

図28　大阪府紫金山古墳出土の玉類
（京都大学総合博物館所蔵）

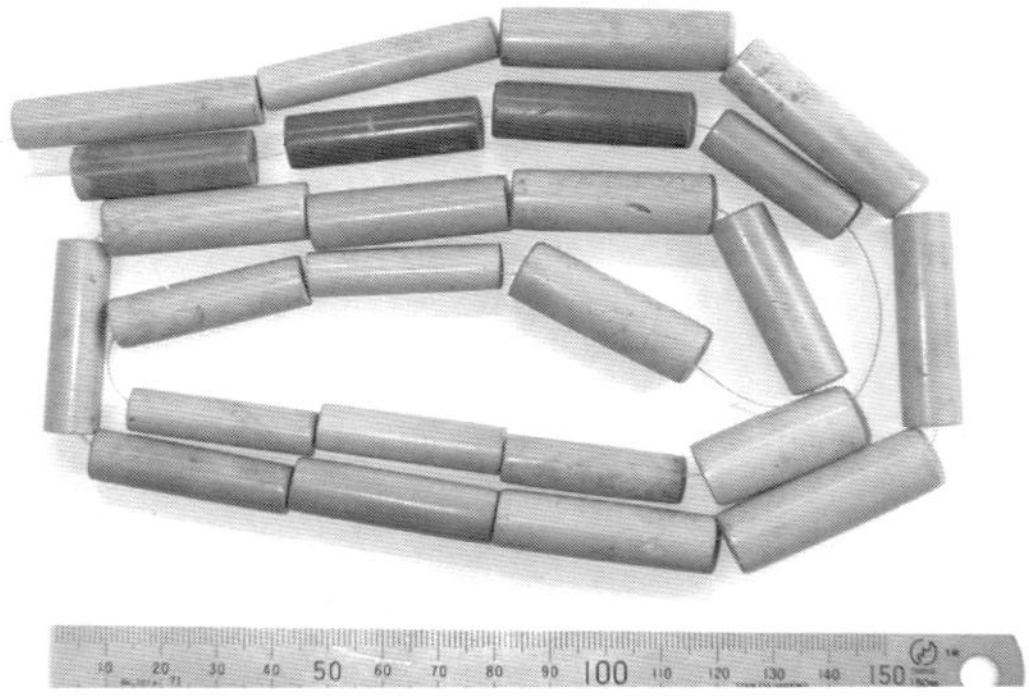

図29　奈良県新沢500号墳出土の玉類1
（奈良県立橿原考古学研究所附属博物館所蔵）

図30　奈良県新沢500号墳出土の玉類2
（奈良県立橿原考古学研究所附属博物館所蔵）

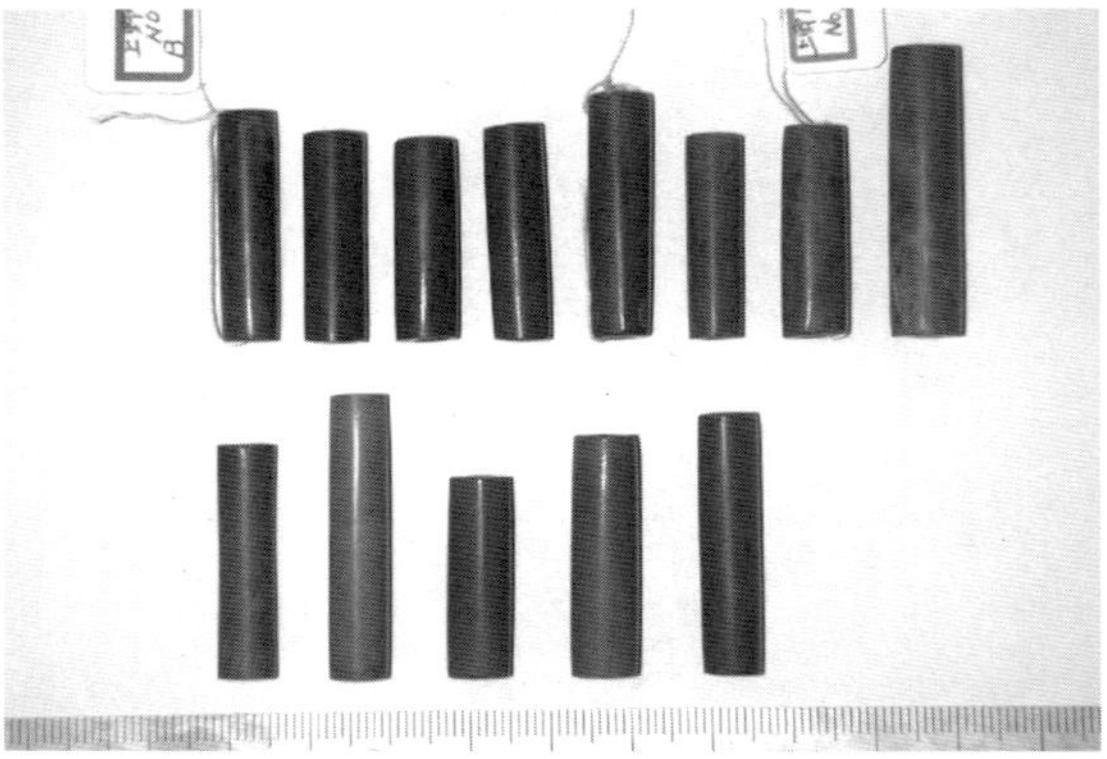

図31　島根県上野1号墳出土の玉類
（島根県教育庁埋蔵文化財調査センター所蔵）

せんでしたが、翡翠製品が多くて、丁字頭という刻みをもっているものが多いです。

図29・30は、奈良県新沢《にいざわ》五〇〇号墳という時期が近い事例ですが、管玉は北陸系の緑色凝灰岩製です。領域Fに入る規格をもっています。

図31は島根県上野《うえの》1号墳の資料ですが、こちらでは島根県の花仙山から産出する碧玉を使っている管玉がセットとして多く出土しています。

以上のように、関東や東北地方で出土する領域Kに入る中間的な大きさの管玉はほとんど混じってきません。このように比較をしていきますと、入の沢遺跡から出土した玉類は全体として関東産の比率が高く、関東の前期古墳出土の玉類と類似性が高いと考えられます。ただ、ほかの古墳では前期の間には畿内で作られたような玉類が加わることが少ないのに対して、入の沢遺跡ではそういうものがある程度混じっているので、畿内産の玉類がどういう形で持ち込まれているのかが重要な問題になってくると考えています。竪穴住居になぜこういった玉がまとめてたくさん放置されていたのかとか、それがなぜこの地域に運ばれてきたとかいった問題は討議の時間に議論されるかと思います（第三章）。

古墳時代前期の倭国北縁の社会—宮城県北部の様相—

髙橋誠明

入の沢遺跡が位置する宮城県北部の古墳時代前期の様相をご紹介いたします。

ここでは、宮城県北部の古墳時代全般の特徴を紹介したうえで、前期の様相を説明いたします。様相の説明にあたっては、宮城県北部には河川とその流域に広がる平野部により一定のまとまりのある地域が認められますので、それらの地域区分を行なったうえで、古墳時代前期を前葉、中葉、後葉の三つの段階に分けて、遺跡の分布と内容がどのように変化したのかについて紹介します。

一　宮城県北部の古墳時代の特徴

宮城県北部の古墳時代の特徴として第一に挙げられるのが、古墳時代を通して古墳の築造が認められる最北の地域であるということです。古墳時代中期の五世紀頃、一時的に岩手県で古墳の築造が認められますが、古墳時代前期から終末期まで継続的な築造が認められるのは、宮城県北部が最北の地域となっています。このことから宮城県北部が大和王権を中心とする倭国の北縁の地域であったということが考えられます。

この地域は、古墳や集落の様相から六つの段階に整理することができます。第一段階は三世紀後半から五世紀初頭頃で、古墳文化が伝播し、大型古墳の築造や平面形が方形の竪穴住居で構成される集落が造営されます。ところが、第二段階の五世紀前半頃になると古墳や集落の様相がわからない状況になります。そして、第三段階の五世紀中葉から六世紀初頭頃には、再び大型古墳の築造や集落の造営が認められるようになります。なお、この地域での大型古墳は全長五〇メートル前後以上のものです。第四段階は六世紀頃であり、集落の様相が不明で、古墳の築造は認められますが小型のものに限られます。第五段階の七世紀前半頃も集落の様相はわかりませんが、小型の円墳や横穴墓からなる群集墳の築造がこの段階から始まっているものと考えられます。そして、第六段階の七世紀中葉から八世紀初頭頃になると群集墳が爆発的に築造され、集落の造営も認められるようになります。

このような状況は、南から波及する古墳文化の波打ち際的な様相を示しているものと思われ、倭国の北縁の地であり、古墳文化の最前線であるフロンティアとしての様相が宮城県北部に現われているものと考えられます。

また、この地域では古墳文化と北方の文化である続縄文文化との交流が認められることも特徴として挙げられます。では、続縄文文化とはどのような文化なのかというと、北海道を中心とする狩猟、漁労または植物採集などを生活の中心とした文化で、弥生時代末期には東北地方にも文化が波及していたことが続縄文文化に関わる遺物の出土からわかります。東北地方で出土する続縄文文化の遺物は、続縄文土器や皮革加工に使われていたと考えられる黒曜石製石器（スクレイパー）などが認められます。これらの遺物が古墳文化の遺物とともに同一の遺跡で出土することから、古墳文化と続縄文文化は隔絶された関係にはなく、相互関係をもって交流していたと考えられます。宮城県北部でも、各地の遺跡で古墳文化の遺物とともに続縄文土器や黒曜石製石器の出土が認められます。なお、石器の素材である黒曜石の多くは、鳴瀬川《なるせがわ》支流の田川上流域にある黒曜石産出地「湯の倉」（図1星印）のものであることがわかっています。

宮城県北部の古墳時代前期は、先ほど説明いたしました第一段階にあたりますので、この段階の様相について説明してまいります。

二　宮城県北部の地勢と地域区分（図1）

対象地域は、仙台平野の北に位置する富谷丘陵より北の地域であり、岩手県から流れる北上川とその支流である迫《はさま》川、江合《えあい》川の流域、鳴瀬川とその支流である吉田川の流域となります。なお、北上川の支流となっている江合川は、もとは独立した河川で、東松島市に流れる定《じょう》川が旧河道となり仙台湾に注いでいました。

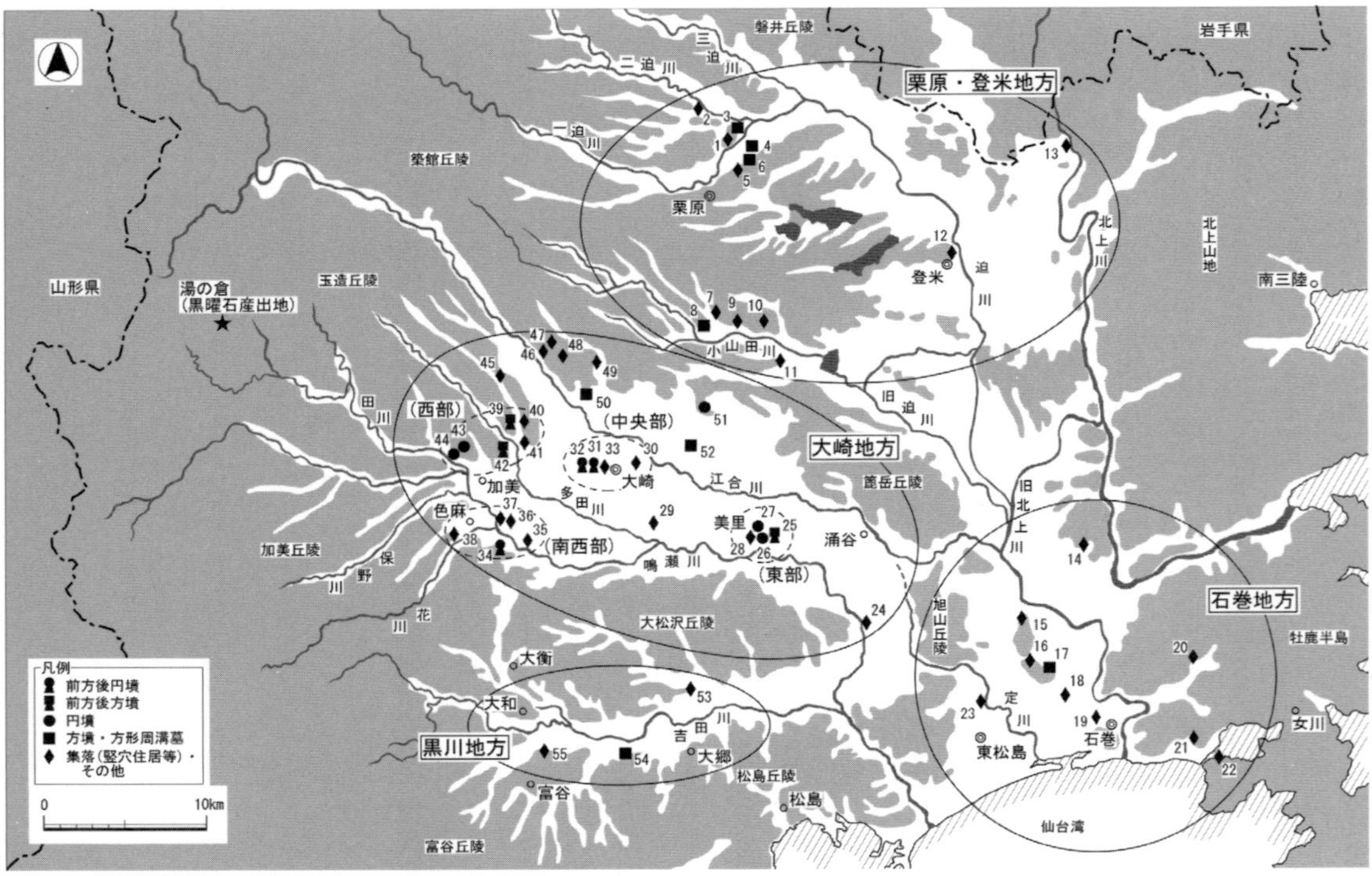

図1　宮城県北部の古墳時代前期の主な遺跡　分布図（筆者作成）

表 1　宮城県北部の古墳時代前期の主な遺跡

地域	No.	遺跡名	所在地	主な検出遺構	主な出土品	時期	参考文献
栗原・登米地方	1	入の沢遺跡	栗原市築館城生野	竪穴住居 44 軒，壕，塀	土師器，砥石，銅鏡，鉄器，装身具，炭化米	前期後葉	
	2	長者原遺跡	栗原市栗駒泉沢	竪穴住居 1 軒	土師器，土製紡錘車，土玉	前期	栗駒町教委 1995
	3	伊治城跡	栗原市築館城生野	方墳 3 基（12～13m），居宅，竪穴住居 1 軒	土師器，続縄文土器（北大 I），土錘，砥石	前期後葉	築館町教委 1992・1998
	4	鶴ノ丸遺跡	栗原市志波姫八樟	竪穴住居 5 軒，方形周溝墓 3 基（14～10m）	土師器，砥石	前期中葉	宮城県教委 1981
	5	御駒堂遺跡	栗原市志波姫堀口	竪穴住居 1 軒	土師器	前期	宮城県教委 1982
	6	宇南遺跡	栗原市志波姫八樟	竪穴住居 4 軒，方形周溝墓 1 基（9m）	土師器	前期中～後葉	宮城県教委 1979・1980c
	7	下折木遺跡	栗原市高清水影の沢	散布地	土師器，黒曜石製石器	前期	佐藤 1994
	8	東館遺跡	栗原市高清水東館	方形周溝墓 1 基（15m）	土師器	前期後葉	宮城県教委 1980b
	9	寺浦遺跡	栗原市瀬峰寺浦	竪穴住居 1 軒	土師器，黒曜石剥片	前期	栗原市教委 2006
	10	大境山遺跡	栗原市瀬峰大境山	竪穴住居 11 軒	土師器，黒曜石製石器，砥石	前期中葉	瀬峰町教委 1983
	11	泉谷遺跡	栗原市瀬峰中泉谷	散布地	土師器，黒曜石製石器	前期	瀬峯町教委 1984
	12	佐沼城跡	登米市迫町佐沼	竪穴住居 5 軒，溝 1，塀 1，掘立柱建物 1 棟	土師器，管玉，土錘，土玉，砥石	前期後葉	迫町教委 1995
	13	大泉遺跡	登米市中田町上沼	散布地	土師器，続縄文土器（後北 C2・D）	前期	宮城県教委 1993
石巻地方	14	新田東遺跡	石巻市飯野	竪穴住居 1 軒	土師器，管玉，砥石，（伝世品：珠文鏡，ガラス玉）	前期	宮城県教委 2003
	15	須江糠塚遺跡	石巻市須江	竪穴住居 7 軒	土師器，土錘，鉄鏃，砥石	前期後葉	河南町教委 1987
	16	関ノ入遺跡	石巻市須江	竪穴住居 2 軒	土師器	前期後葉	河南町教委 2004
	17	新山崎遺跡	石巻市蛇田	方形周溝墓 3 基（14～10m），井戸 1 基，土器集中遺構	土師器（外来系），土錘，砥石	前期前～後葉	石巻市教委 2000a
	18	新金沼遺跡	石巻市蛇田	竪穴住居 36 軒	土師器（外来系），続縄文土器（後北 C2・D），土錘，ガラス玉	前期前～中葉	石巻市教委 2003
	19	田道町遺跡	石巻市田道町	竪穴住居 10 軒，土壙 6 基，井戸 1 基	土師器，土錘	前期中～後葉	石巻市教委 1995
	20	竹の花遺跡	石巻市高木	散布地	続縄文土器（後北 C2・D）	前期	石巻市教委 1993
	21	鹿松貝塚	石巻市渡波	竪穴住居 2 軒	土師器	前期	石巻市教委 2000b
	22	梨木畑貝塚	石巻市渡波	土器集中地点，人骨 2 体（男女）	土師器，続縄文土器（後北 C2・D），土錘	前期中葉	石巻市教委 2004
	23	赤井遺跡	東松島市赤井	土壙 2 基	土師器	前期中～後葉	矢本町教委 2001
大崎地方	24	館ノ山遺跡	美里町木間塚	竪穴住居 1 軒	土師器	前期後葉	美里町教委 2010
	25	京銭塚古墳	美里町素山町	前方後方墳 1 基（66m）		前期中葉？	小牛田町 1970
	26	保土塚古墳	美里町桜木町	円墳 1 基（47m）	土師器	前期後葉	大谷 2014
	27	蜂谷森古墳	美里町北浦	円墳 1 基（27m）		前期後葉？	小牛田町 1970
	28	山前遺跡	美里町北浦	壕，竪穴住居 25 軒	土師器（外来系），黒曜石製石器，木製品（鍬・鋤・杵・砧）	前期中～後葉	小牛田町教委 1976
	29	矢根八幡遺跡	大崎市古川師山	竪穴住居 2 軒，土壙 1 基	土師器	前期中～後葉	大崎市教委 2015
	30	留沼遺跡	大崎市古川幸町	竪穴住居 2 軒，灌漑水田	土師器，土玉，木製品（階段状）	前期後葉	宮城県教委 1980a，古川市教委 1999
	31	青塚古墳	大崎市古川塚目	前方後円墳 1 基（90m）	土師器（底部穿孔壺）	前期後葉	大崎市 2006
	32	伊勢堂古墳	大崎市古川塚目	前方後円墳 1 基（25m）	土師器（底部穿孔壺）	前期後葉	大崎市 2006
	33	塚の目遺跡	大崎市古川塚目	竪穴住居 15 軒，水田，壕？	土師器	前期後葉	佐佐木 1977
	34	熊野神社古墳	色麻町四竈	前方後円墳 1 基（63m）		前期後葉？	藤原ほか 1999
	35	原江遺跡	加美町下新田	竪穴住居 2 軒	土師器	前期前葉	中新田町教委 2002
	36	地蔵車遺跡	加美町下新田	水田，畑	土師器	前期後葉	加美町教委 2011
	37	元宿遺跡	加美町四日市場	竪穴住居 4 軒	土師器	前期	中新田町教委 2002
	38	色麻古墳群	色麻町四竈	竪穴住居 3 軒	土師器，黒曜石剥片	前期中葉	宮城県教委 1983
	39	氷室 B 古墳群	大崎市古川南沢	前方後方墳 1 基（32m），方墳 1 基（7m），円墳 1 基（21m）	土師器	前期中葉	大崎市 2006
	40	高幌遺跡	大崎市古川南沢	竪穴住居 2 軒，土壙 1 基	土師器	前期中～後葉	古川市教委 2001
	41	神明遺跡	大崎市古川保柳	竪穴住居 6 軒，土壙 2 基	土師器	前期前・後葉	大崎市教委 2011
	42	熊野堂遺跡	加美町上狼塚	前方後方墳 1 基（36m）	土師器	前期中葉	渡邊 1995
	43	大塚森古墳	加美町米泉	円墳 1 基（52m）	土師器（底部穿孔壺），鉄鏃，管玉，ガラス小玉，靫	前期後葉	辻 2008
	44	大黒森古墳	加美町米泉	円墳 1 基（38m）	土師器（底部穿孔壺）	前期後葉	大谷 2014
	45	木戸脇裏遺跡	大崎市岩出山南沢	散布地	土師器，続縄文土器（後北 C2・D），黒曜石製石器	前期	阿部ほか 2008
	46	村山遺跡	大崎市岩出山下野目	散布地	土師器，続縄文土器（後北 C2・D），黒曜石製石器	前期	興野・遠藤 1970
	47	新田 A 遺跡	大崎市岩出山下野目	散布地	続縄文土器（後北 C2・D）	前期	興野・遠藤 1970
	48	一本松遺跡	大崎市岩出山下野目	散布地	土師器，続縄文土器（後北 C2・D），黒曜石製石器	前期	佐藤 1983
	49	野崎遺跡	大崎市古川雨生沢	竪穴住居 2 軒	土師器	前期後葉	大崎市教委 2008
	50	天神前遺跡	大崎市古川小林	方墳 4 基（9～15m）	土師器	前期後葉	
	51	新田柵跡	大崎市田尻八幡	円墳 1 基（20m）	土師器（底部穿孔壺）	前期	田尻町教委 2001
	52	成田遺跡	美里町成田	方形周溝墓 1 基（11m），溝 1	土師器，土玉，砥石	前期後葉	美里町教委 2008
黒川地方	53	鶴館遺跡	大郷町大松沢	竪穴住居 5 軒，土壙 2 基，壕3，土塁 1	土師器，土玉	前期中～後葉	大郷町教委 1994・2011
	54	郷ノ目遺跡	大和町鶴巣	方形周溝墓 2 基（14～13m）	土師器（底部穿孔壺）	前期中葉	大和町教委 1991
	55	下草古城跡	大和町鶴巣	遺物集中地点	土師器（外来系）	前期前葉～中葉	宮城県教委 1996

各流域には一定のまとまりを持った平野部があることから、この平野部を中心に地域区分を行ないます。迫川（一迫川《いちはさま》）とその支流の小山田川《おやまだ》、二迫川《にはさま》、三迫川《さんはさま》の流域は栗原市や登米市の地域であり、ここを栗原・登米地方とします。栗原・登米地方では、栗原市入の沢遺跡（図1の遺跡番号1。以後、遺跡番号のみとする。）が位置する一迫川と二迫川が合流する地域と、小山田川の流域に遺跡の集中する地域が認められます。北上川と江合川の下流域は石巻市、東松島市の地域で、ここを石巻地方とします。江合川と鳴瀬川の中上流域は大崎市、涌谷町、美里町、加美町、色麻町の地域にあたり、ここを大崎地方とします。大崎地方は大型古墳の築造が認められる地域で、大型古墳の分布から四つの小地域が認められます。鳴瀬川の中流域である美里町中心部の地域を東部、大崎平野の中央、江合川と鳴瀬川に挟まれた大崎市中心部の地域を中央部、鳴瀬川の支流である多田川や田川の流域である加美町北部から大崎市西部の地域を西部、鳴瀬川の上流域である加美町南部から色麻町の地域を南西部とします。そして、鳴瀬川の支流である吉田川の流域は大郷町や大和町、大衡町の地域で、黒川地方とします。

三　宮城県北部の古墳時代前期の様相

次に前期前葉、中葉、後葉の各段階の様相について説明していきます（図1）。

（一）前期前葉

前期前葉は石巻地方と黒川地方、そして大崎地方の南西部と西部に遺跡の分布が認められます。

石巻地方では、石巻市新金沼《しんかなぬま》遺跡（18）で前葉から中葉にかけての三六軒の竪穴住居が発見され（図2）、同市新山崎《しんやまざき》遺跡（17）では方形周溝墓が発見されています。

これらの竪穴住居や方形周溝墓では、在地の土師器とともに東海地方の影響を受けた南関東地方に系譜を持つ外来系土器が出土しています（図2）。東北南部では、古墳時代成立期の土器群に関東地方や東海地方の影響を受けた土器が出土し、これらの地域の影響のもとに古墳社会が成立したことが今までも指摘されていることから、宮城県北部の古墳社会も同様であったと考えられます。

また、新金沼遺跡の竪穴住居では続縄文土器も出土し（図2）、古墳文化と続縄文文化との交流が認められる遺跡となっています。出土した続縄文土器は、後北《こうほく》C2・D式と型式分類される土器です。この土器の特徴は形態が北海道の土器と酷似する一方で、胎土は共伴する在地の土師器や外来系土器と差異が認められないことです。このことから、この土器が外部から持ちこまれたものではなく、続縄文文化の人が遺跡内で続縄文土器を製作したことが想定され、異なる文化を持った人々が同一集落内に共存したと考えられています。

黒川地方では、大和町下草古城《しもくさこじょう》跡（55）から多量の土師器が出土しており、周辺に集落の存在が考えられています。出土した土師器の中には、北陸地方に系譜を持つ外来系土器も認められます。

大崎地方では、南西部の加美町原江《はらえ》遺跡（35）と西部の大崎市神《しん》明《めい》遺跡（41）で前葉に位置付けられる土師器が出土していることから、周辺に集落の存在が考えられます。

前葉の遺跡は沿岸部の石巻地方と、内陸部の黒川地方や大崎地方の南西部、西部に分布が認められることから、古墳文化の波及は沿

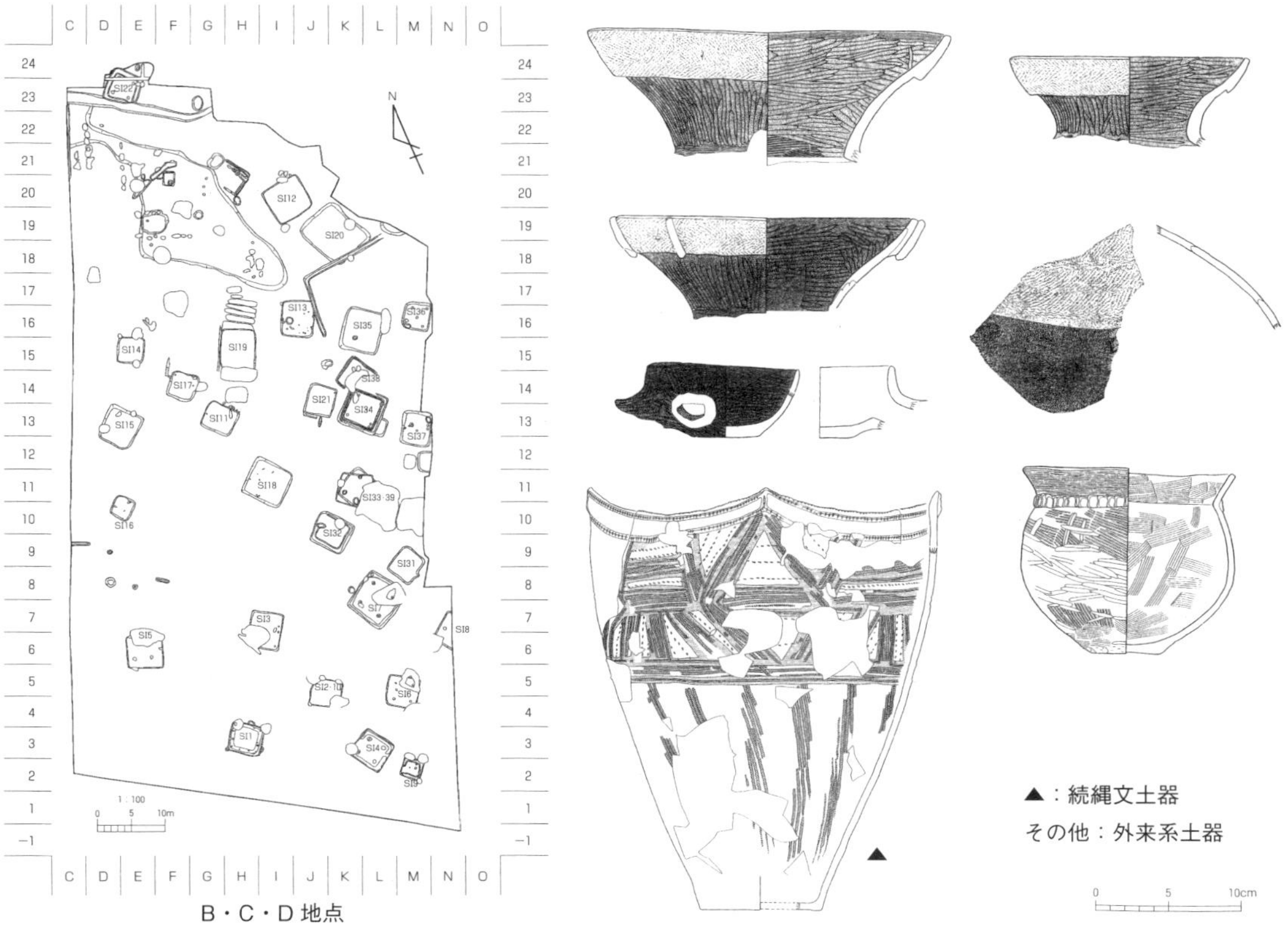

図２　石巻市新金沼遺跡　遺構配置図（左）・出土遺物（右）
（石巻市教育委員会 2003『新金沼遺跡』石巻市文化財調査報告書第 11 集）

岸部からの海のルートと、内陸部の陸のルートがあったのかもしれません。

（二）前期中葉

前期中葉になると、遺跡の分布が石巻地方、大崎地方、黒川地方に加えて栗原・登米地方にも広がり、大型古墳の築造や拠点的な集落の造営が認められるようになります。

栗原・登米地方では、栗原市鶴《つる》ノ《の》丸《まる》遺跡（４）、同市宇南《うなん》遺跡（６）、同市大境山《おおざかいやま》遺跡（10）で中葉から後葉にかけての竪穴住居や方形周溝墓が発見されています。

大境山遺跡では黒曜石製石器が住居から出土し、古墳文化と続縄文文化の交流が考えられる遺跡です。

石巻地方では、前葉から続く新山崎遺跡（17）、新金沼遺跡（18）と、中葉から認められる石巻市田道町《たみちちょう》遺跡（19）、同市梨木畑《なしきはた》貝塚（22）があります。

田道町遺跡では中葉から後葉の竪穴住居が一〇軒発見されています。

梨木畑貝塚では伸展葬の成人男女の人骨が発見されており、男性が身長一六二センチ、女性は身長一四九センチで、人骨の特徴から二体には血縁関係がある可能性が指摘されています（図３）。また、女性の人骨には頭骨にアイヌ的な特徴が認

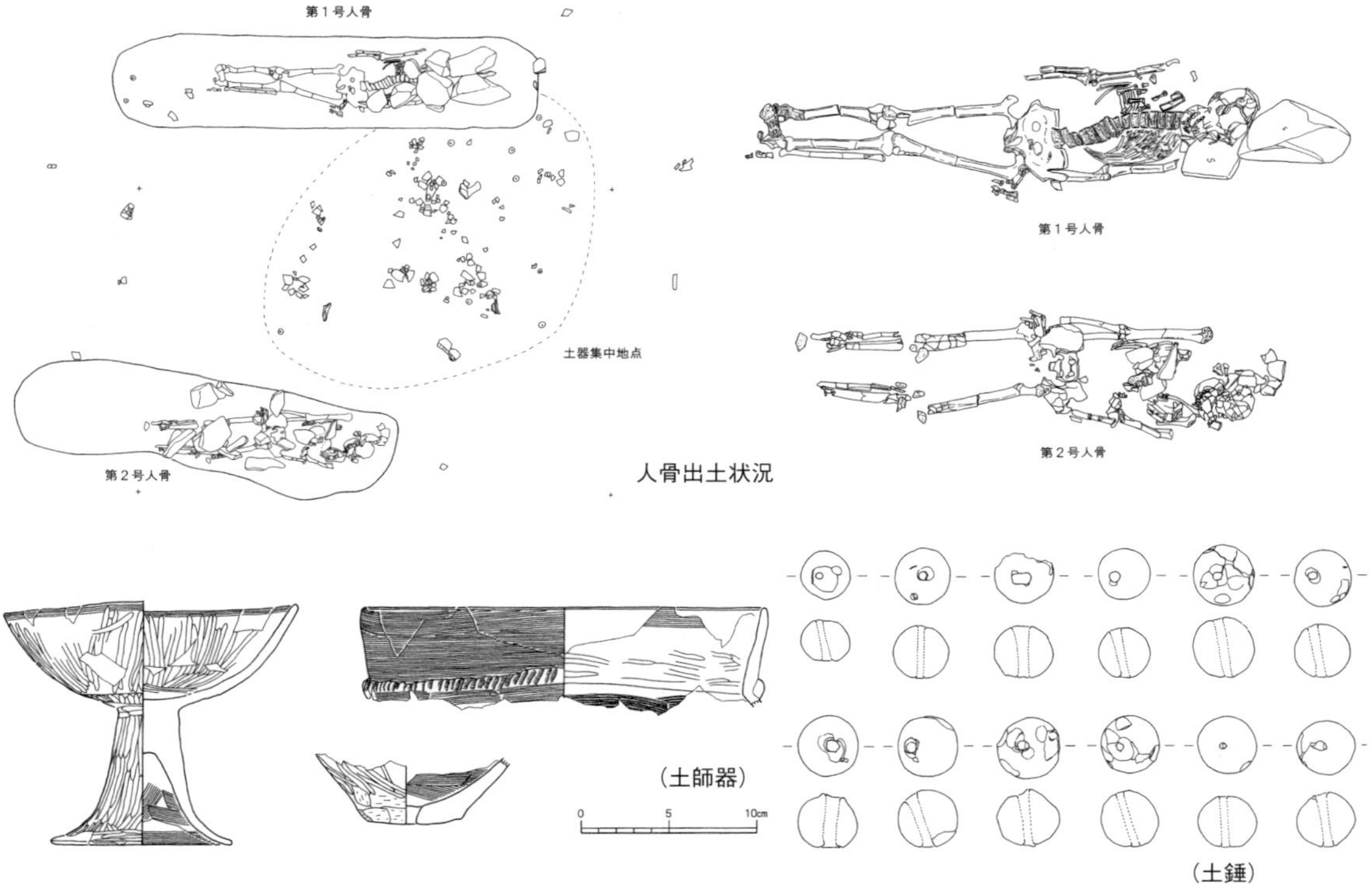

図３　石巻市梨木畑貝塚　人骨出土状況図・出土遺物
（石巻市教育委員会 2004『梨木畑貝塚』石巻市文化財調査報告書第 12 集）

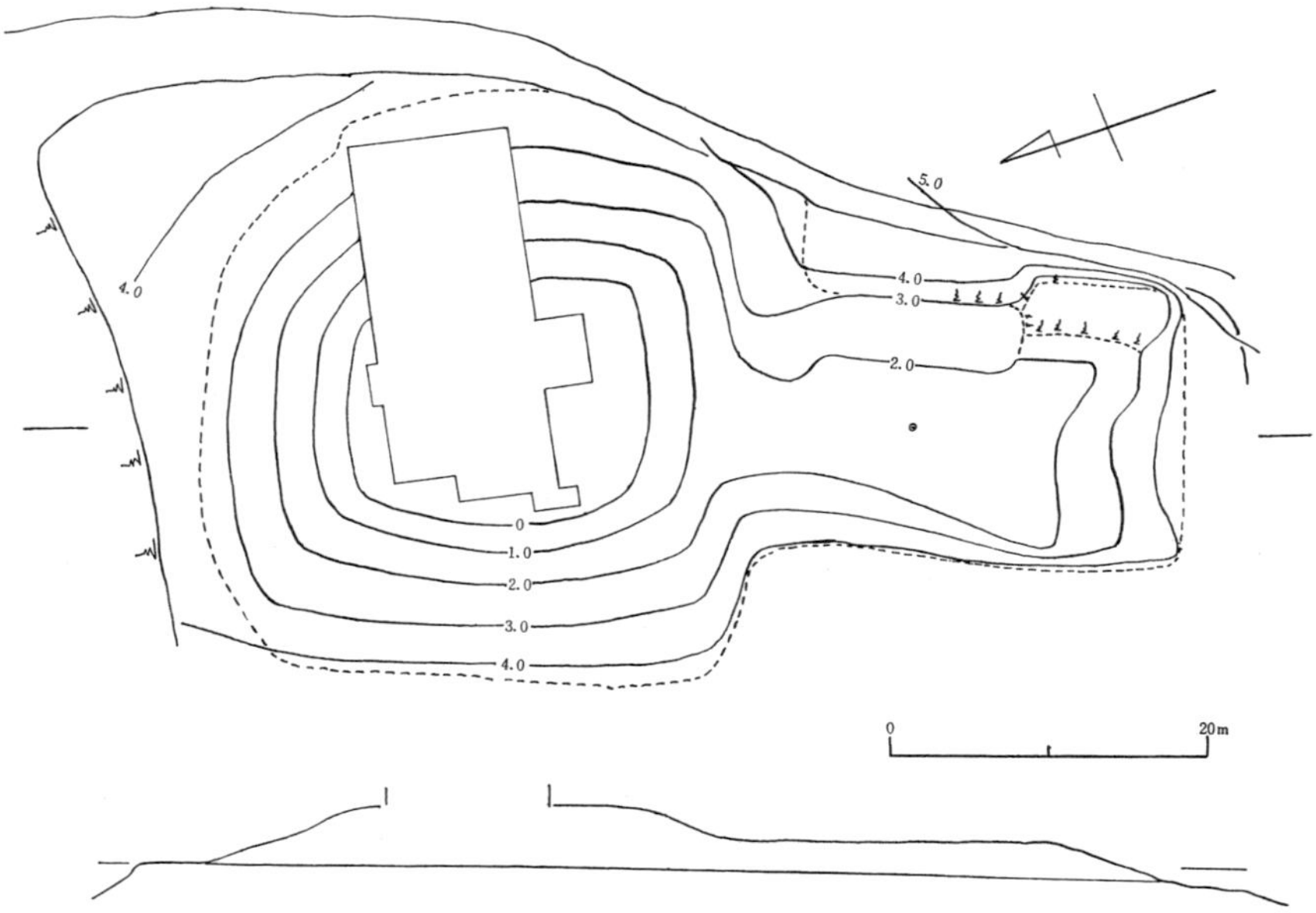

図４　美里町京銭塚古墳　全体図（小牛田町 1970『小牛田町史』上巻）

められています。女性の人骨は基本的には和人的な特徴が認められるものですが、アイヌ的な様相は無視できない特徴であると指摘されており、続縄文文化と古墳文化の人々の婚姻関係も想定されるかもしれません。なお、梨木畑貝塚では続縄文土器も出土しています。

このほかに東松島市赤井《あかい》遺跡（23）では中葉から後葉の土師器が出土しており、周辺に集落の存在が考えられています。

大崎地方では、東部、南西部、西部などに遺跡が分布し、東部には大型古墳の築造や拠点的な集落の造営が認められます。

東部は、美里町京銭塚《きょうせんづか》古墳（25）と同町山前《やままえ》遺跡（28）があります。

京銭塚古墳は主軸長が約六六メートルの前方後方墳で、鳴瀬川を南に望む標高約二〇メートルの独立丘陵上に立地しています（図4）。

山前遺跡は中葉から後葉のこの地域の拠点的な集落で、京銭塚古墳の西約一・二キロに位置する標高約二五メートルの河岸段丘上に立地しています（図5）。遺跡では、集落が立地する河岸段丘の南辺を区画する上幅三～六メートル、深さ一～四メートルの壕が約二五〇メートルの範囲で発見され、その内部で竪穴住居が二五軒発見されています。壕や竪穴住居で出土する遺物には、畿内や東海地方などの影響を受けた外来系土器や、続縄文文化との交流を示す黒曜石製石器が認められます。大規模な壕で区画するという防御的な性格や外来系土器の存在から、山前遺跡はこの地域を治めた首長に関連する集落であったことが考えられ、黒曜石製石器の出土は首長レベルでの続縄文文化との交流があったことが考えられます。また、京銭塚古墳との位置関係から、山前遺跡の造営に関わった首長は京銭塚古墳に葬られた首長であると考えられます。

西部では、大崎市氷室《ひむろ》B古墳群（39）と加美町熊野堂《くまのどう》遺跡（42）で前方後方墳が、大崎市高幌《たかほろ》遺跡（40）で中葉から後葉の竪穴住居が発見されています。

氷室B古墳群の前方後方墳は主軸長が約三二メートルで、墳丘の残る前方後方墳としては国内で最も北に位置するものです。また、熊野堂遺跡の前方後方墳は墳丘が削平され残っていませんが、主軸長は約三六メートルとなります。

南西部では、色麻町色麻《しかま》古墳群（38）で竪穴住居が発見されており、住居から黒曜石の剥片が出土しています。

黒川地方では、大和町郷ノ目《ごうのめ》遺跡（54）で方形周溝墓が発見され、集落には大郷町鶴館《つるだて》遺跡（53）があります。

鶴館遺跡は大崎地方東部の山前遺跡と同様に、黒川地方における中葉から後葉の拠点的な集落と考えられます。南側に吉田川を望む標高約四〇メートルの丘陵上に立地し、東西約一〇〇メートル、南北約八〇メートルの範囲を区画する上幅三～九メートル、深さ約二メートルの壕が発見されています（図6）。壕には掘り上げた土を利用した土塁も伴っています。区画の内部は削平を受けていることから詳細はわかりませんが、竪穴住居とみられる落ち込みがあることから、居住域があったと想定されています。

（三）前期後葉

続いて前期後葉の様相を見ていきますと、栗原・登米地方、石巻地方、大崎地方、黒川地方の各地域で遺跡の分布が認められます。

栗原・登米地方では、栗原市東館《ひがしたて》遺跡（8）で方形周溝墓が発

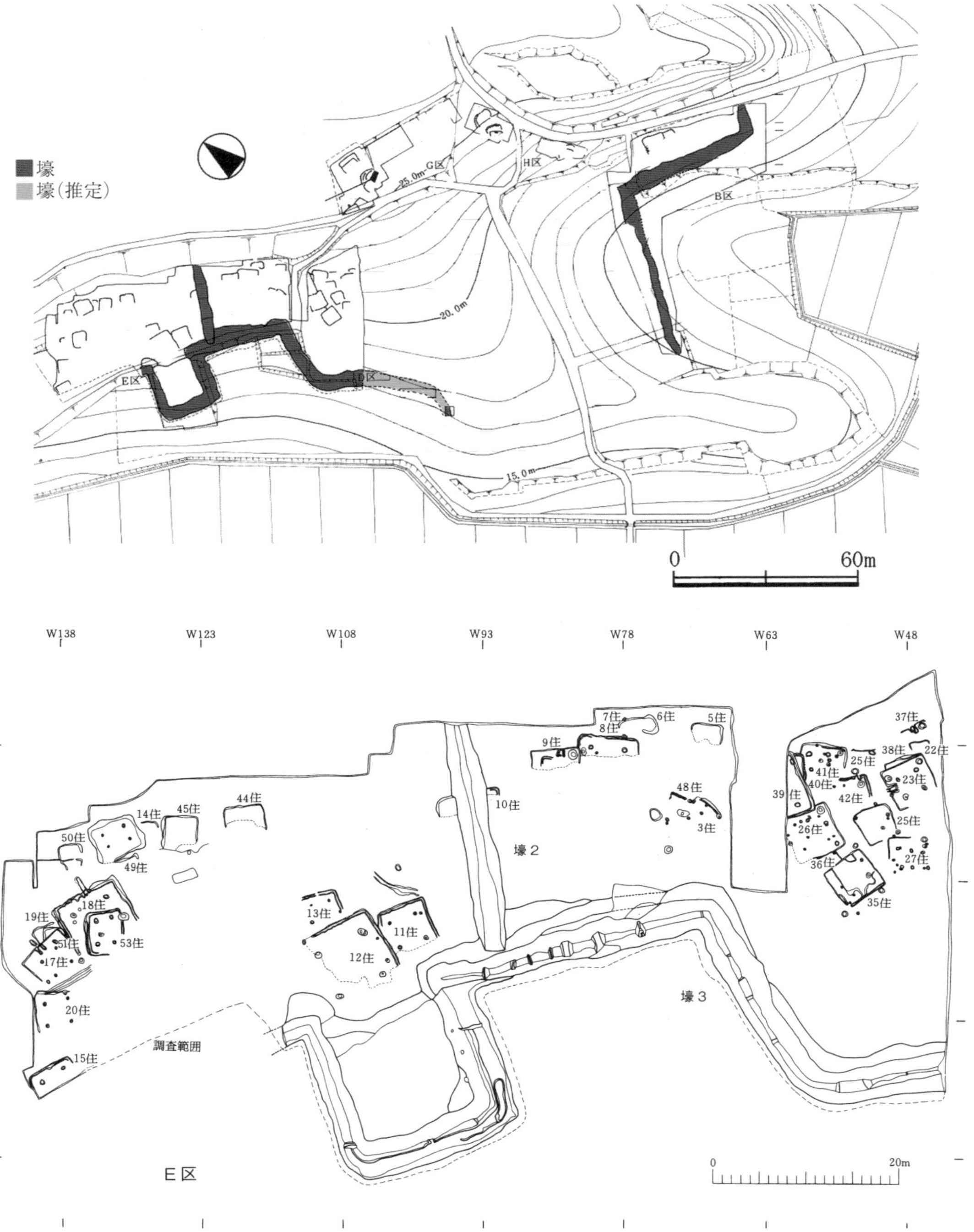

図５　美里町山前遺跡　全体図（上）・遺構配置図（下）
（上：小牛田町教育委員会 1976『山前遺跡』改変：大谷基氏作図、
下：小牛田町教育委員会 1976『山前遺跡』）

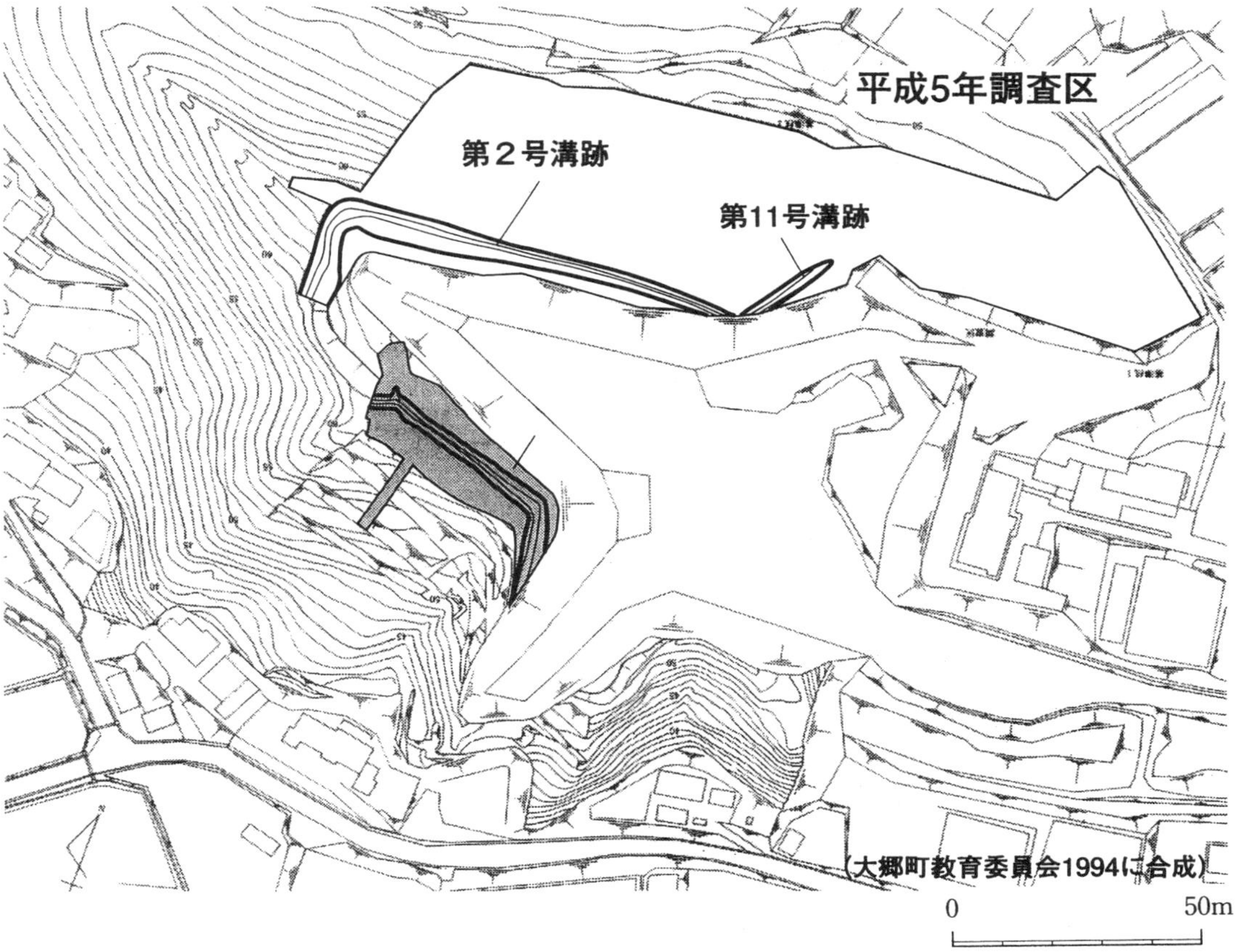

図６　大郷町鶴館遺跡　全体図
（大郷町教育委員会 2011『鶴館遺跡』大郷町文化財調査報告書第２集）

見され、集落では中葉から続く宇南遺跡（6）があります。また、首長に関連する集落や施設として今回のシンポジウムの主役である栗原市入の沢遺跡（1）と同市伊治城《いじじょう》跡（3）、登米市佐沼城《さぬまじょう》跡（12）があります。

伊治城跡は一迫川と二迫川が合流する地点の西側、標高約二二メートルの河岸段丘上に立地し、首長の居宅と想定される施設が発見されています（図7左）。施設は上幅二～三メートル、深さ約一メートルの溝により東西約三〇メートル、南北約七〇メートルの範囲を不整方形に区画されています。その内部はさらに溝によって南北の区画に分けられ、北の区画には溝に平行して塀も見つかっています。この区画溝からは土師器とともに続縄文土器が出土しており（図7右）、この施設で古墳文化と続縄文文化の交流が行なわれていたと考えられます。なお、伊治城跡で出土した続縄文土器は北大I式と型式分類される土器です。

佐沼城跡は東側に迫川を望む標高約一〇メートルの丘陵上に立地しています（図8）。遺跡では上幅約三メートル、深さ約五〇センチの溝が約十九メートルにわたって発見され、溝に並行して塀が約三一メートルの長さで認められます。塀の途切れた部分には棟持柱を持つ掘立柱建物が発見されており、出入口に関連する施設と想定されて

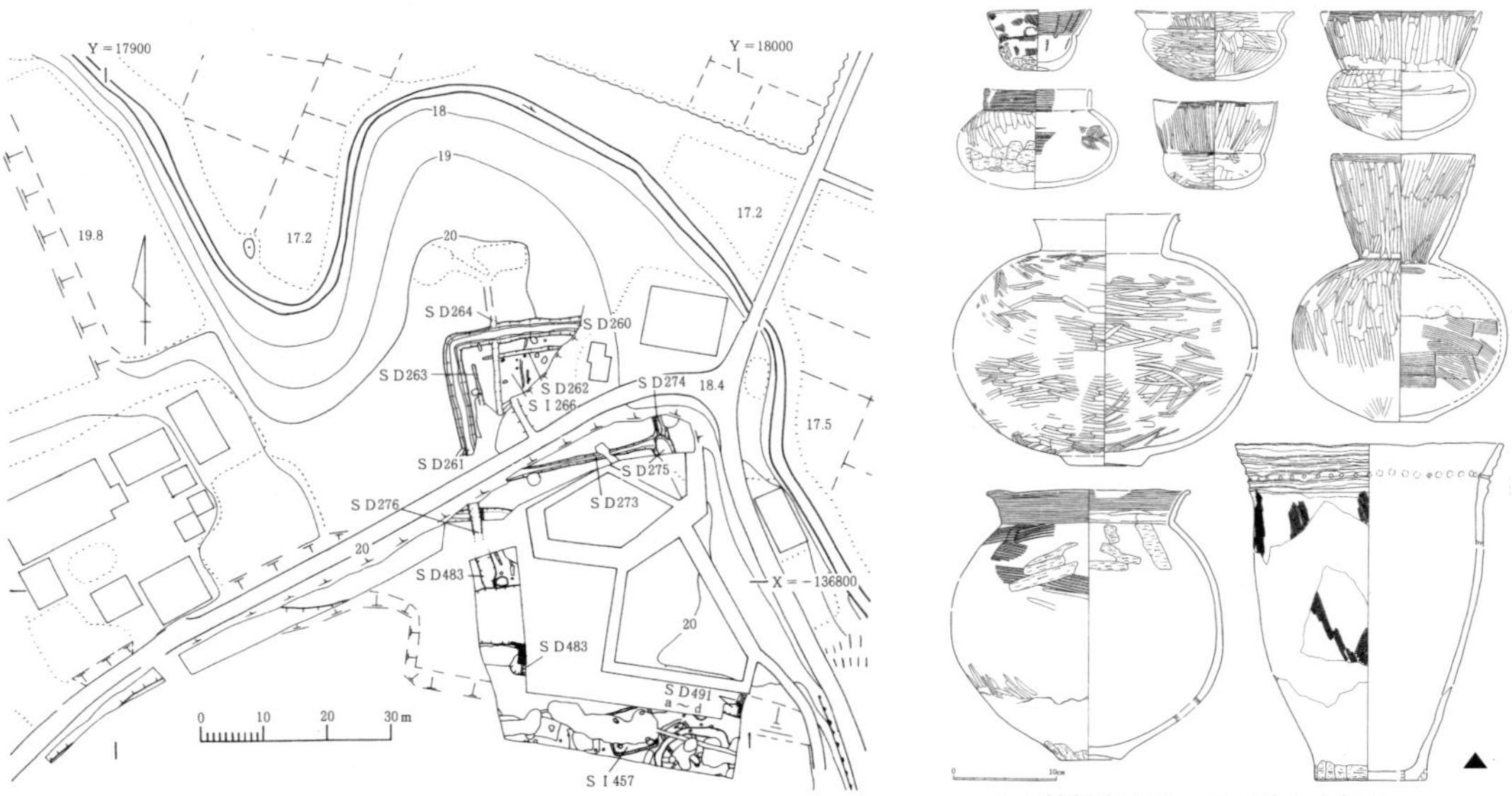

▲：続縄文土器　その他：土師器

図７　栗原市伊治城跡　古墳時代前期遺構配置図（左）・出土遺物（右）

（左：築館町教育委員会 1998『伊治城跡』築館町文化財調査報告書第 11 集、
右：築館町教育委員会 1992『伊治城跡』築館町文化財調査報告書第５集）

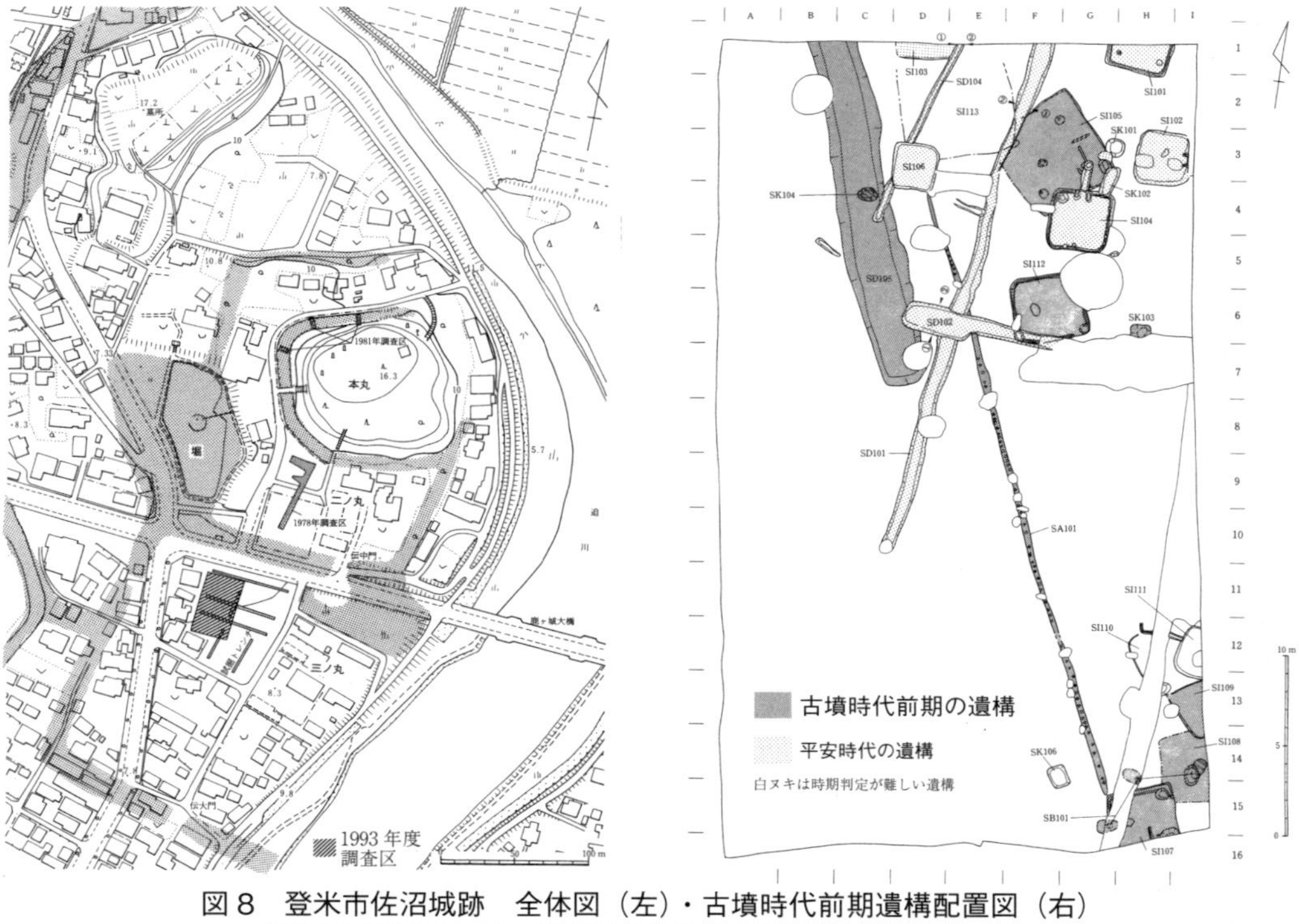

図８　登米市佐沼城跡　全体図（左）・古墳時代前期遺構配置図（右）

（迫町教育委員会 1995『佐沼城跡』迫町文化財調査報告書第２集）

います。発見された五軒の竪穴住居が溝の東側で認められることから、溝や塀は東側の集落を外部から区画する施設と考えられています。

石巻地方では、石巻市須江糠塚《すえぬかづか》遺跡（15）と同市関ノ入《せきのいり》遺跡（16）で竪穴住居が発見され、新山崎遺跡（17）や田道町遺跡（19）、赤井遺跡（23）は中葉から続く遺跡です。

大崎地方では、東部、西部、南西部に加えて中央部でも遺跡の分布が認められるようになり、各地で大型古墳の築造が認められます。

東部では、山前遺跡が中葉から引き続き拠点的な集落として存在しています。古墳は直径約四七メートルの円墳である美里町保土塚《ほどづか》古墳（26）と直径約二七メートルの円墳の同町蜂谷森《はちやもり》古墳（27）が築造され、この地域では中葉に前方後方墳が築造されたものが、後葉になると円墳が築造されるようになります。

西部では、中葉から続く高幌遺跡（40）や神明遺跡（41）で竪穴住居が発見されています。古墳は直径約五二メートルの円墳である加美町大塚森《おおつかもり》古墳（43）や直径約三八メートルの円墳の同町大黒森《だいこくもり》古墳（44）が築造され、東部と同様に中葉で前方後方墳が築造されていたものが、後葉になると円墳が築造されるようになるという特徴が認められます。

大塚森古墳は葺石を持つ三段築成の円墳で、埋葬施設には二基の木棺が安置されており、木棺は白色粘土に包まれた粘土槨構造となっています（図9）。埋葬施設からはブレスレットとして使用されたガラス小玉や、矢を入れる靫《ゆぎ》が発見されています。

南西部では、加美町地蔵車《じぞうぐるま》遺跡（36）で水田や畑が発見され

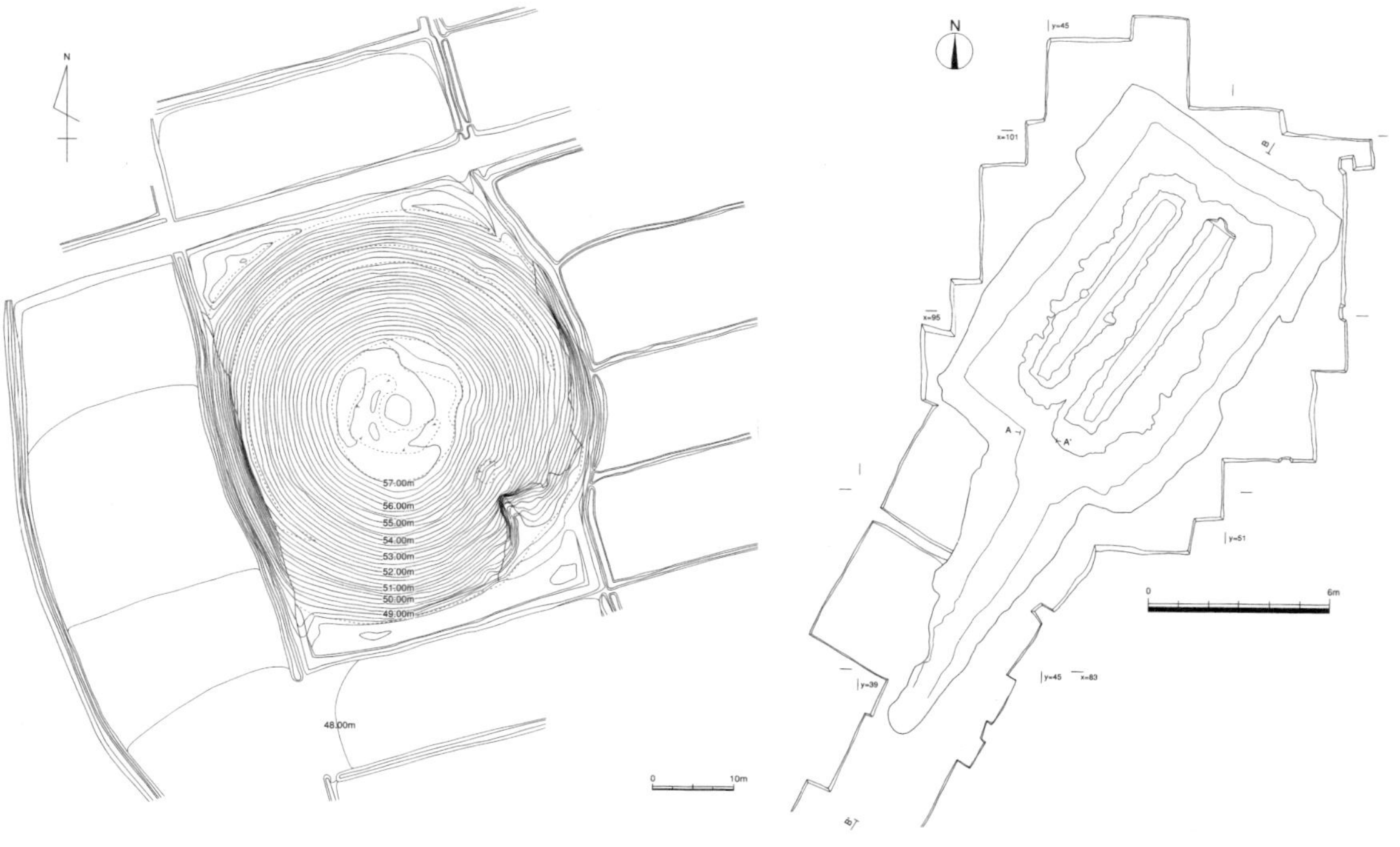

図9　加美町大塚森古墳　全体図（左）・埋葬部（粘土槨）平面図（右）
（辻秀人 2008「大塚森古墳の研究」『東北学院大学論集　歴史と文化』第 43 号）

ており、周辺に集落の存在が考えられます。古墳は全長約六三メートルの前方後円墳である同町熊野神社《くまのじんじゃ》古墳（34）があります。

中央部では、宮城県北部最大の古墳である大崎市青塚《あおつか》古墳（31）が築造され、隣接して拠点的な集落である同市塚《つか》の目《め》遺跡（33）が造営されます。

青塚古墳は標高約二三メートルの自然堤防上に立地する、全長約九〇メートルの前方後円墳です（図10）。

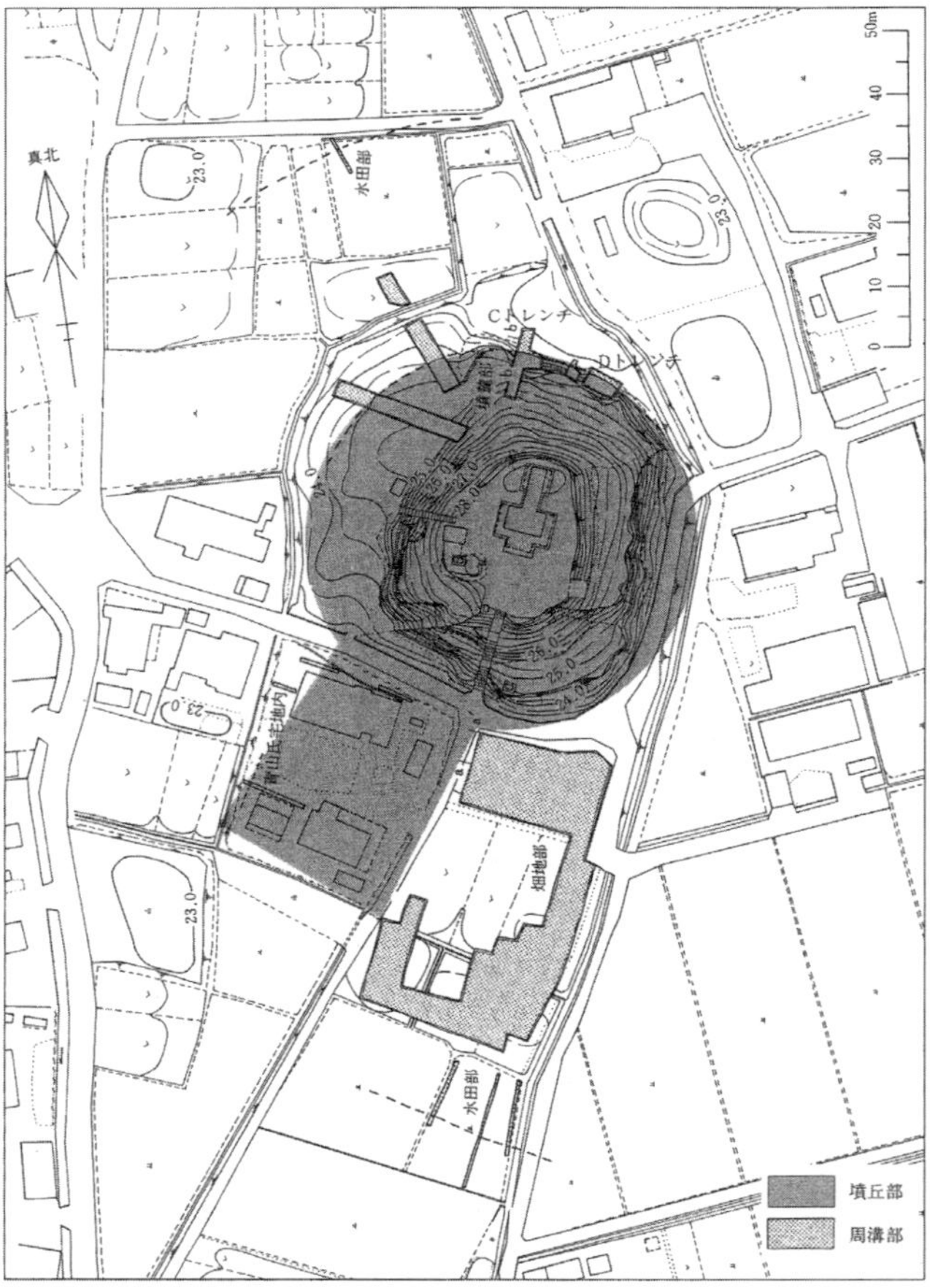

図10　大崎市青塚古墳　全体図
（古川市 2006「古川市史」第6巻 資料Ⅰ 考古）

青塚古墳と同じ自然堤防上に立地する塚の目遺跡は、中央部における拠点的な集落であり、米軍の航空写真や耕地整理前の現地調査から周囲を上幅約三メートル、深さ約一メートルの壕で区画された集落であったとの指摘があります。塚の目遺跡は、青塚古墳に葬られた首長が造営した集落と考えられます。

また、中央部の大崎市留沼《とめぬま》遺跡（30）では竪穴住居とともに灌漑施設を持つ水田が発見されています（図11）。灌漑施設は河川から用水を取り込む上幅四～三メートル、深さ約一メートルの基幹水路と上幅約一メートル、深さ約四〇センチの分水路があり、温度調整を行ないながら用水を水田に供給していたものと考えられます。

大崎地方では、これらのほかに大崎市天神前《てんじんまえ》遺跡（50）や美里町成田《なりた》遺跡（52）で方形周溝墓や方墳が、大崎市矢根《やね》八幡《はちまん》遺跡（29）や同市野崎《のざき》遺跡（49）、美里町館ノ山《たてのやま》遺跡（24）で竪穴住居が発見されています。

黒川地方では、鶴館遺跡が中葉から引き続き拠点集落として造営されています。

四　宮城県北部の古墳時代前期の様相と課題

宮城県北部では、前期前葉に位置付けられる墳墓や集落が石巻地方や大崎地方、黒川地方で認められることから、東北南部の他地域と同様に古墳時代が始まってまもなく古墳社会が成立したと考えられます。石巻地方の新金沼遺跡や黒川地方の下草古城跡から出土した土器群に、関東地方や北陸地方に系譜を持つ外来系土器が認めら

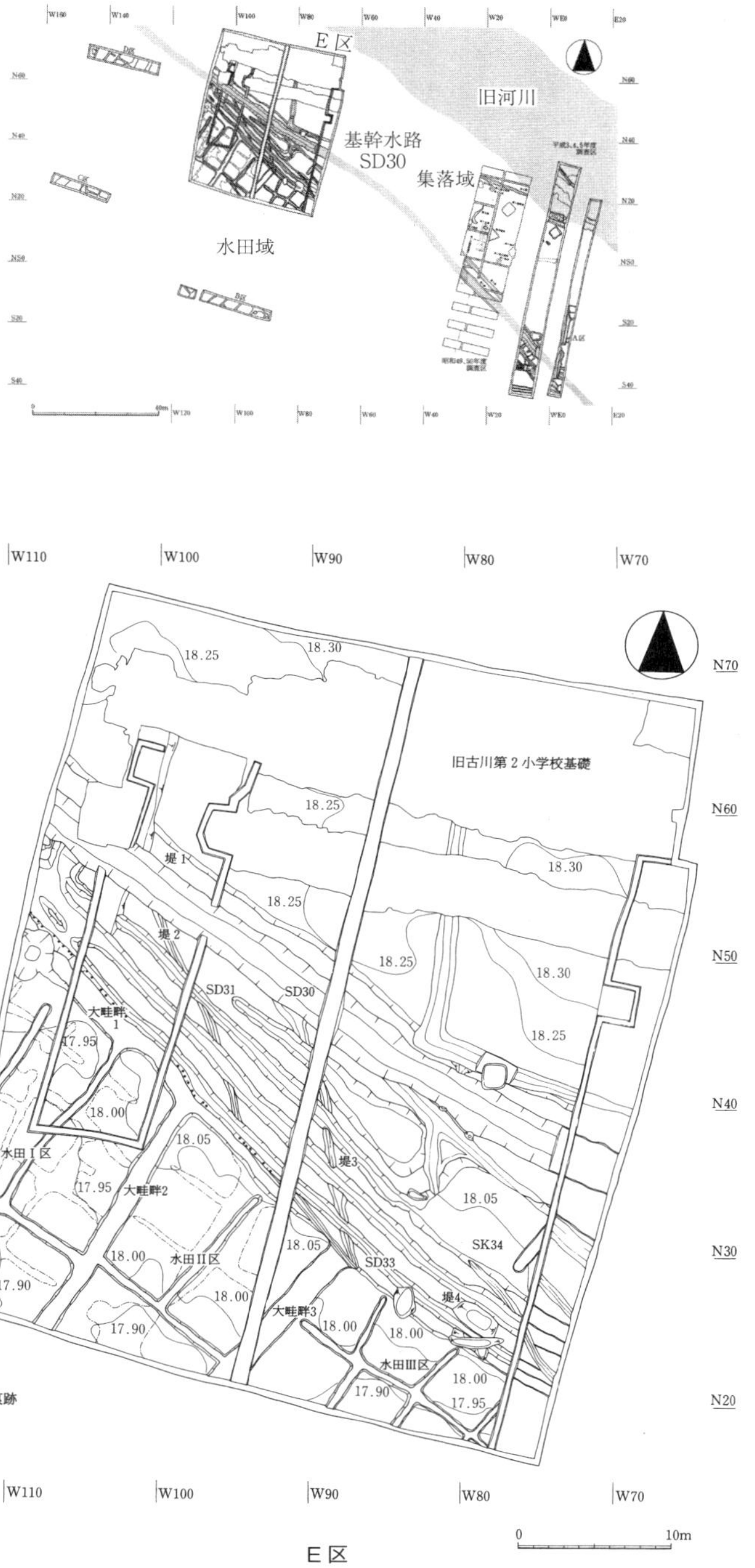

図11　大崎市留沼遺跡　全体図（上）・灌漑施設と水田配置図（下）
（古川市教育委員会 1999『留沼遺跡』宮城県古川市文化財調査報告書第 25 集）

れる状況も東北南部の他地域と同様で、宮城県北部の古墳社会もこれらの地域の影響下に成立したものと思われます。石巻地方の新金沼遺跡で続縄文文化という異なる文化を持った人々が同一集落内で共存したと考えられることは、弥生時代末期から続く北方文化との交流を保ちながら宮城県北部の古墳社会が成立したと理解できます。

前期中葉は、遺跡の分布が栗原・登米地方にも広がります。各地で続縄文文化との交流が認められることは、北方文化との交流関係を保ちながら、古墳社会が順調に発展したものと考えられます。大崎地方東部の山前遺跡や黒川地方の鶴館遺跡では、大規模な区画施設を持つ拠点的な集落が出現します。このことは高度な土木技術や労働力を持つ首長が出現したことを示し、山前遺跡に隣接する大型の前方後方墳である京銭塚古墳の築造も首長の出現を示すものと考えられます。

前期後葉には、大崎地方の中央部にも墳墓や集落が造営されるようになります。この地域は江合川や鳴瀬川支流の氾濫地帯で、その堆積作用により肥沃な平野部が形成され、江合川から鳴瀬川にかけてみられる旧河道沿いには数多くの自然堤防が発達しています。この自然堤防上に宮城県北部最大の古墳である前方後円墳の青塚古墳と拠点的な集落である塚の目遺跡が造営され、留沼遺跡といった周辺の後背湿地で灌漑施設による水田経営が行なわれたことから、高度な土木技術や労働力とともに高度な治水技術を持った首長が出現したことが考えられます。

栗原・登米地方では、伊治城跡や佐沼城跡で溝や塀といった区画施設を持つ地域首長に関連すると考えられる施設が確認され、伊治城跡で続縄文土器が出土する状況から、大崎地方の山前遺跡と同様に後葉においても首長レベルでの続縄文文化との交流があったと考えられます。

このように、宮城県北部では前期前葉の古墳社会の成立以降、続縄文文化との交流を保ちながら順調に発展してきたことがわかります。しかし、前期後葉に最大の古墳が築造されることを頂点に、続く中期前半（宮城県北部の第二段階）には古墳や集落の様相が不明になり、その後も前期古墳を超える規模を持つ古墳の築造は認められない状況となります。この状況は宮城県北部に限ったことではなく、東北南部の各地でも認められる状況ですが、この現象がどのような意義を持つのかが課題の一つです。また、前期中葉から後葉に認められる大規模な区画施設を持つ拠点的な集落の出現はどのような意義を持つのか、そして、その区画施設が持つ防御的な性格は何に対するものなのか、ということも課題です。このたびの入の沢遺跡の調査成果から、これらの課題を解決する糸口が見えてくることを期待したいと思います。

「入の沢遺跡」の頃の東北北部社会

八木光則

皆さん、こんにちは。私のテーマは入の沢遺跡の頃の東北北部社会ということで、今までお話のありました東北南部以南とはまったく異なる日本列島の北の文化についてお話しします。

本日は大きく三つのテーマを設けております。一つ目は多様な日本列島の状態を示す東北北部から北海道の続縄文文化についてお話しします。二つ目に東北北部の続縄文文化の様相について、主に四世紀頃と五世紀頃に分けてお話しします。大雑把な時期区分で、四世紀は古墳時代前期あたり、五世紀は古墳時代中期あたりということになります。入の沢遺跡は前期でも終わりの方に近いということですので、五世紀のことも取り上げています。最後のまとめとして、入の沢遺跡と東北北部社会との関わりについて、皮革加工、鉄器、玉類の交易といった視点から申し上げたいと思っています。

一　東北北部から北海道の続縄文文化

(一) 古墳寒冷期

さて、この時代は非常に寒い時期で、古墳寒冷期と呼ばれていた時代です。図1を見ていただくとわかりやすいと思います。

弥生時代は、寒い時期もありましたが暖かい時期もあって、総じて不安定な寒冷期でした。古墳時代に入ると一貫して寒い時期になり、古墳時代が終わるとだんだんと暖かくなっていきます。古墳寒冷期は低温で、さらに寒いだけではなく、雨も多くて洪水も頻発すると言われています。大変暮らしにくい時代であったと言えます。そういう時代背景、気候状況であったということをまずご理解いただきたいと思います。

(二) 続縄文文化

そのような中で続縄文文化が展開されます。続縄文文化という名称は、もともと本州が弥生時代に移行した後に北海道には稲作が伝わらず、縄文時代が続いていたという意味で付けられました。北海道では、本州の弥生時代から古墳時代に相当するかなり長い時期が続縄文時代と呼ばれています。そのうちの前半期が、弥生時代併行期になります。この時期には竪穴住居で生活しており、一般的な定住社会といってよいでしょう。ところが後半期、古墳時代併行期になると竪穴住居がなくなってしまいます。テントのようなもので移動しながら生活をする、それを遊動生活と言いますが、遊動の社会に変化していきます。同じ続縄文文化ですが、前半と後半では大きく違うということになります。

東北地方にも、後半期の続縄文土器が分布し、土壙墓と呼ばれる地面に丸い穴を掘って、そこに埋葬する墓があります。そういうものが北海道に共通することから、東北地方にも北海道の続縄文文化が南下してきたと一般的には捉えられています。しかし、私はそれに対して異論を唱えておりまして、古墳文化と続縄文文化との二者択一的な対置という見方だけでは東北北部社会は理解できないだろうと考えています。そういう意味では、この時期の東北北部社会について、いずれは適切な名称が付けられるのではないかと期待しています。

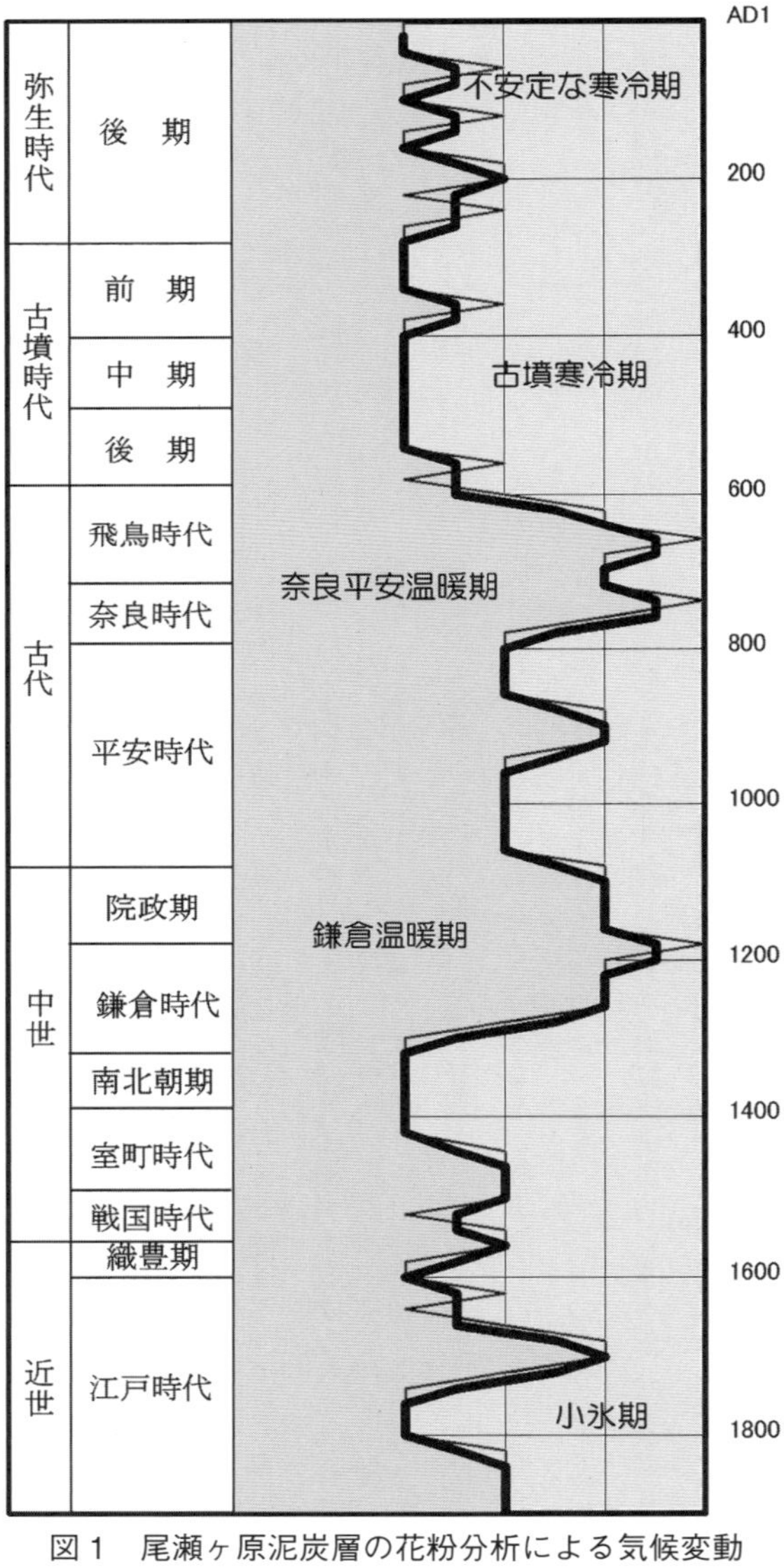

図１　尾瀬ヶ原泥炭層の花粉分析による気候変動

（三）非定住・非農耕・非階級社会

さて、東北北部社会、北海道も含めてですが、どういう社会かといえば、非定住、非農耕、非階級の社会です。入の沢遺跡のある栗原地方も含めて東北南部以南では、竪穴住居で生活していて、当然ですが農耕も行なっていたと考えられます。古墳も造られています。階級というものが生まれてきた証拠です。そういう社会です。ところが東北北部は竪穴住居がないことから、遊動生活の社会とみられます。そうしますと、種まきから収穫まで一定の場所にとどまっていなければいけない農耕を行なえないということになります。墳墓も、地面に穴を掘る土壙型の家族墓であるため、階級は成立していません。したがって非定住、非農耕、非階級の社会です。東北南部以南とは大きく異なります。

具体例を見ていきたいと思います。図2は、岩手県岩泉町豊岡《とよおか》Ⅴ遺跡です。弥生時代末期の遺跡で、小さな竪穴が造られています。直径二〜三メートルの小さな窪みです。その真ん中に焼けたところがあります。おそらくそこで火を焚いて生活していたと考えられます。ただ、規模が小さい、柱穴がないということから、簡単な住居であったと思われます。このほかには軽米町大日向《おおひなた》Ⅱ遺跡でも一基だけ確認されているにすぎず、竪穴住居が衰退していく過程を示す例といえます。
図3は札幌市のK135遺跡です。薄い着色部分は、テントのようなものがあったのではないかと想定されている場所です。この遺跡では柱穴が多数検出されました。大きい柱穴を結んでみると、不整形な五本柱のテントが想定されます。濃い部分は焼け土です。その中には、魚の骨や獣の骨の残骸が残されていたものもあります。テントで生活しながら、外で調理をしていたと考えられます。したがって、移動性の高い生活をしていたということがわかります。これが遊動生活の居住形態です。

次に墳墓の形態をみてみます。図4左に北海道の例を、真ん中に

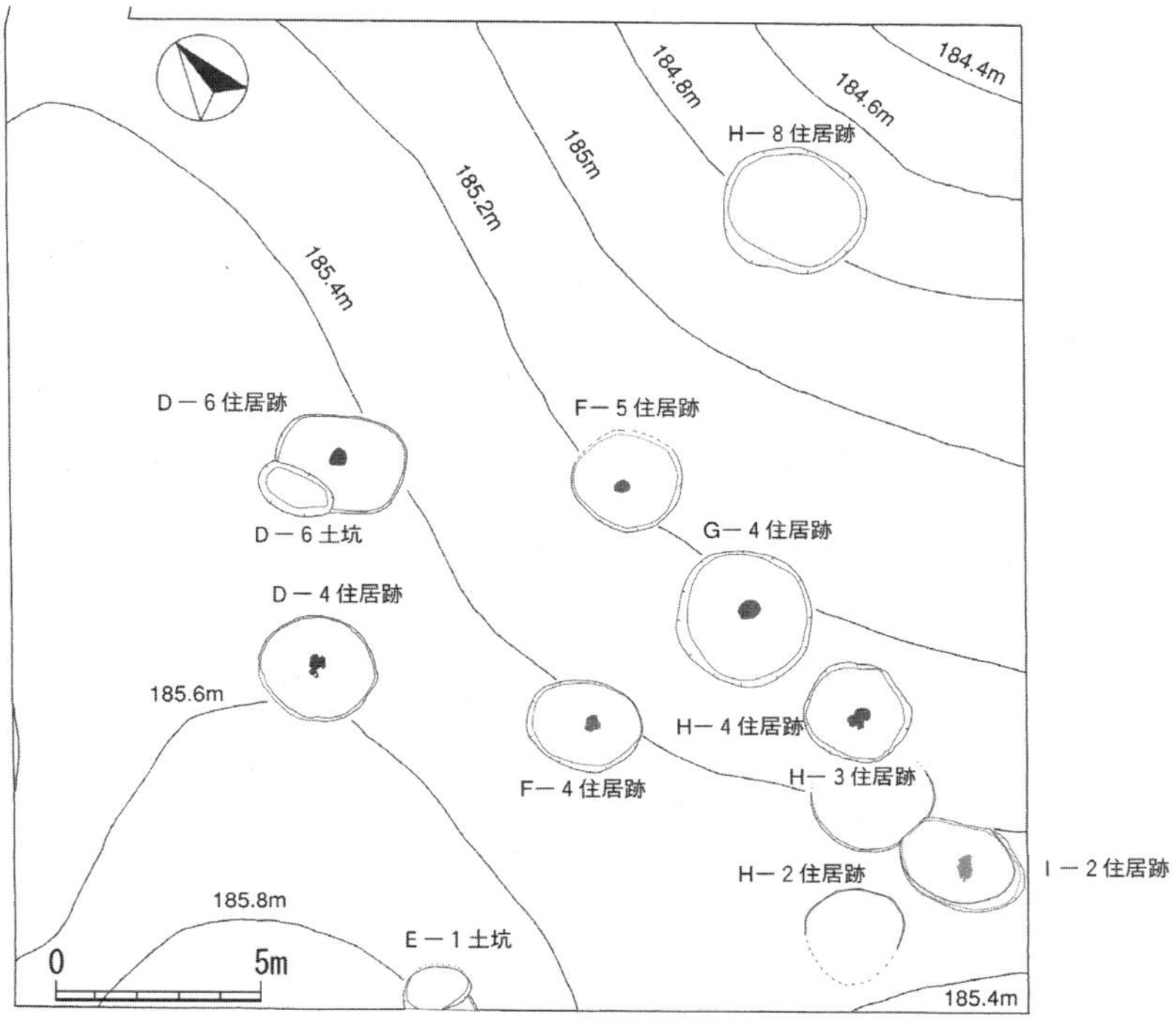

図2　岩泉町豊岡Ⅴ遺跡の竪穴

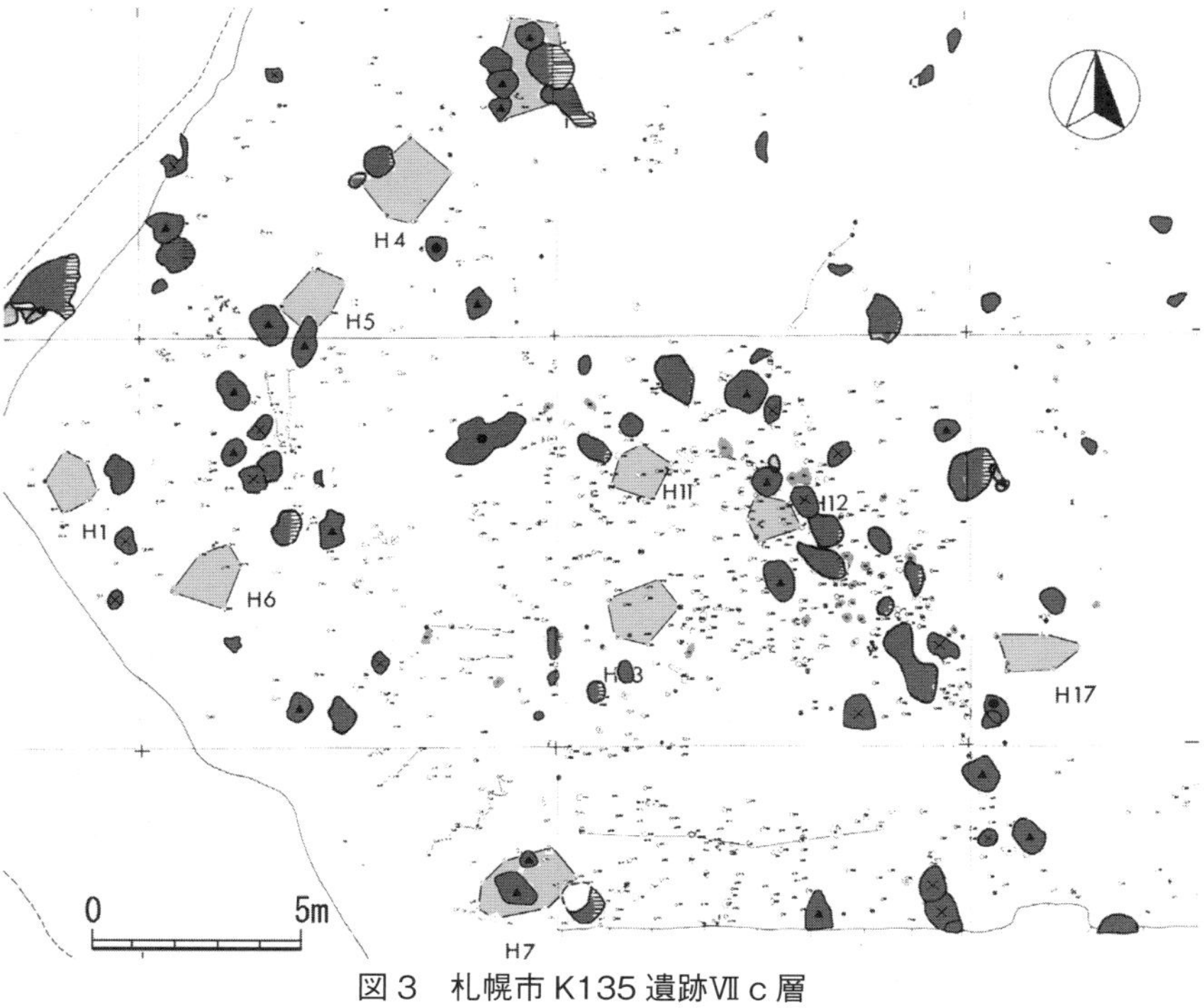

図3　札幌市K135遺跡Ⅶc層

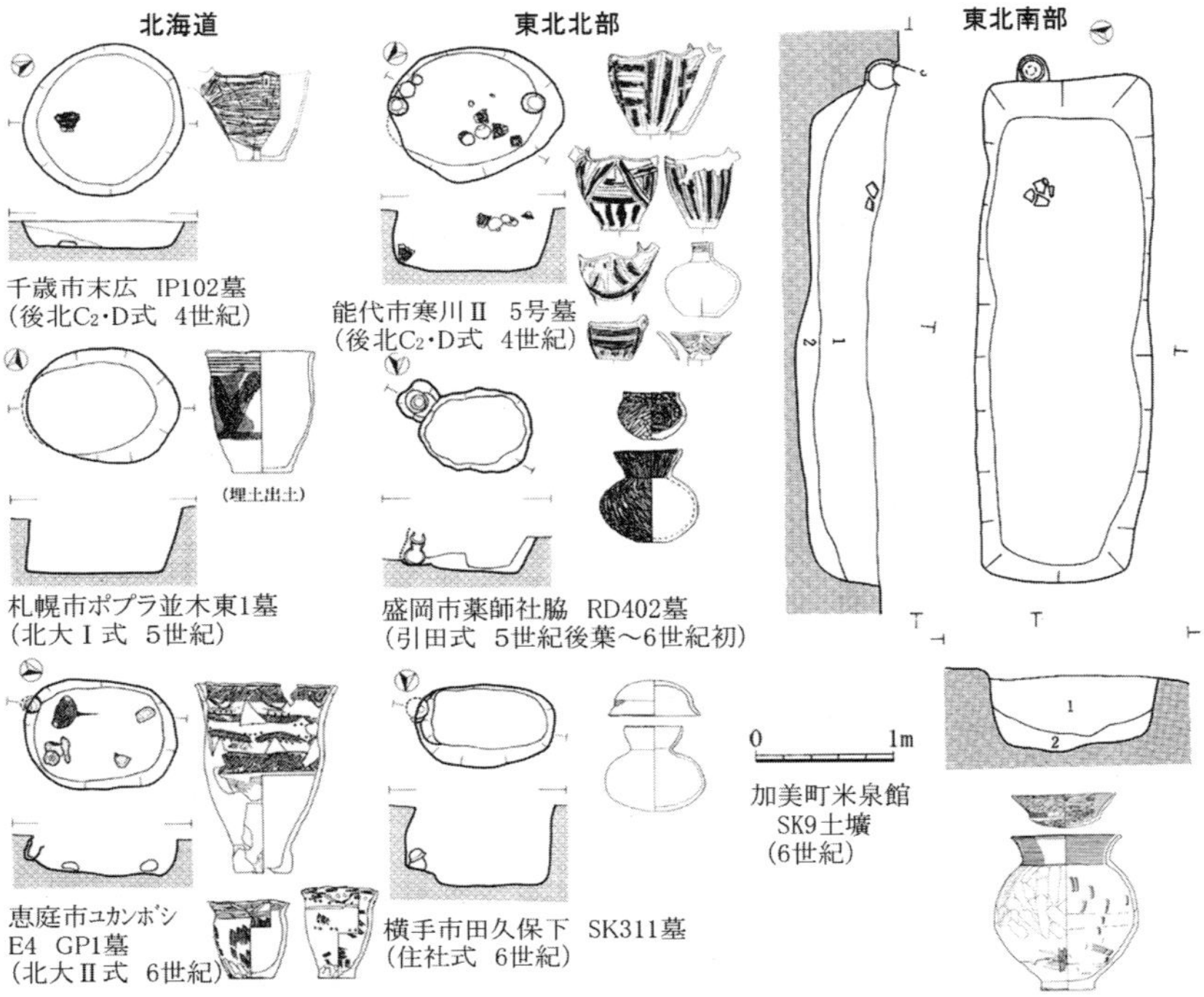

図４　北海道〜東北北部・南部の墳墓の比較

東北北部の例、右に東北南部の例を示しました。一段目は古墳時代前期に相当する時期、二段目が五世紀、古墳時代中期に相当します。北海道では最初はだいたい円形です。底の方に土器を一つ副葬品のように置くこともありました。東北北部でも似たような形が見られますが、異なるのは楕円形の両側に丸い穴が掘られている点です。おそらくは墓標のような柱を立てていたのだろうと思います。そして土器などが副葬されます。

五世紀になりますと墓の隣に別の小さな穴を掘り、土器を埋納します。しかも丁寧に二つの土器を重ねて埋納するような形をとっています。北海道にはこのような埋納例はみられません。北海道と東北北部、似たような土壙墓と呼ばれる穴を掘る墓なのですが、少しずつ形が異なり、葬送儀礼に差異が見られます。東北南部でも土器を重ねて埋納する例があります。東北北部と関わりのある人が埋葬されたと考えられます。

（四）北海道の続縄文文化

図５は北海道の続縄文土器の後半部分、後北《こうほく》C_2・D式の土器を１段階から５段階まで分類したものです。後北C_2・D式の「後北」は後期北海道式の略称、「C_2・D式」はそれを細分した名称です。道央部と道北部の二つの地域で比較していますが、大きく共通した枠組みのなかで地域性を持ちながら５段階に変遷することを示した図です。この図をもとに、東北北部の続縄文土器がどの段階に相当するのかを比較検討しながら話を進めたいと思います。

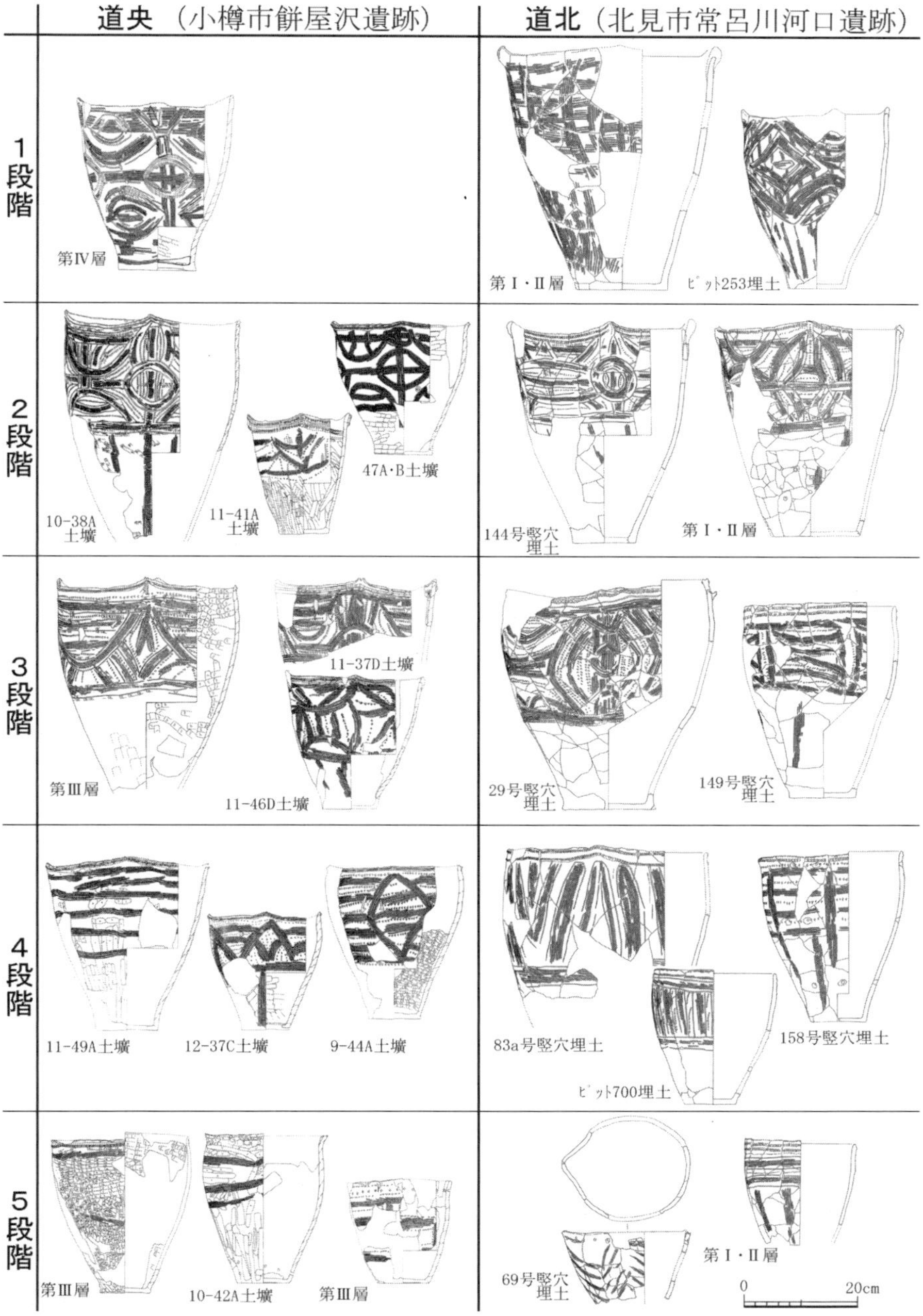

図５　北海道における後北 C_2・D 式土器の変遷

１段階ー道北で胴部上半に横方向の縄文を地文とする特徴があり、道央では地文がなく主たる文様帯が胴部下半まで施される。それぞれの地域の C_1 式の名残をとどめており、C_2・D 式に変遷する過程ととらえられる。

2～3段階ー全道的な斉一化が進行し、はっきりとした地域差が見られなくなる。道央では中央部の横位の帯縄文が全周し、道北では円形文の内部を貫通しないものが見られるなど地域性があるが、胴部上半に文様帯がおさまり、横位、縦位、弧状・円形の順に帯縄文や微隆起線文、刺突文が施文され、斉一性が強くなっている。

４段階ー再び道北・道東と道央・道南との地域差が明確になってくる。道北では細い笹葉状の帯縄文をＶ字状や不規則な斜めに並べた文様が主となり、道央では横位の帯縄文を基本にした文様が多くなってくる。

５段階ー帯縄文の簡素化や円形刺突文の登場で共通するが、文様の展開は両地域で異なってきている。

二　東北北部の続縄文文化の様相

(一)　四世紀頃の様相

さて、弥生時代後期、古墳時代に入る直前の頃、東北北部はどういう社会であったかについてお話ししたいと思います。弥生時代の中頃までは、東北地方にも竪穴住居はありました。ただ、盛岡より北の地域では山間部に遺跡が立地しています。あまり開けたようなところではありません。つまり、水田が営まれるような条件の立地ではないということになります。もし農業が営まれていたとしても、谷筋の小さな水田あるいは畑作だったのでしょう。弥生時代後期になりますと、標高二〇〇メートル以上の洞窟遺跡が多く確認されるようになります。図6の大きい丸で示したものが弥生時代の洞窟遺跡です。小さい丸は縄文時代です。縄文時代の方が多いのですが、弥生時代になってもかなりの数の洞窟が利用されていたことがわかります。洞窟遺跡はあまり調査が進んでいませんので、具体的なことはわかりません。山岳信仰などの場として洞窟に入っていったという考えもありますが、かなりの数がありますので、山岳地帯での狩猟のために入り込んでいたことを示すものと思われます。

後期後葉、弥生時代の最末期、この時期の弥生土器を赤穴《あかあな》洞窟から出土した土器を標識にして、赤穴《あかあな》式と呼んでいます。赤穴式段階では、先ほど見ました豊岡V遺跡など僅かな例を除いて竪穴住居は確認されていません。ですから、もうすでに後期後葉あたりで東北北部は遊動生活に移行していったのだろうと考えられます。

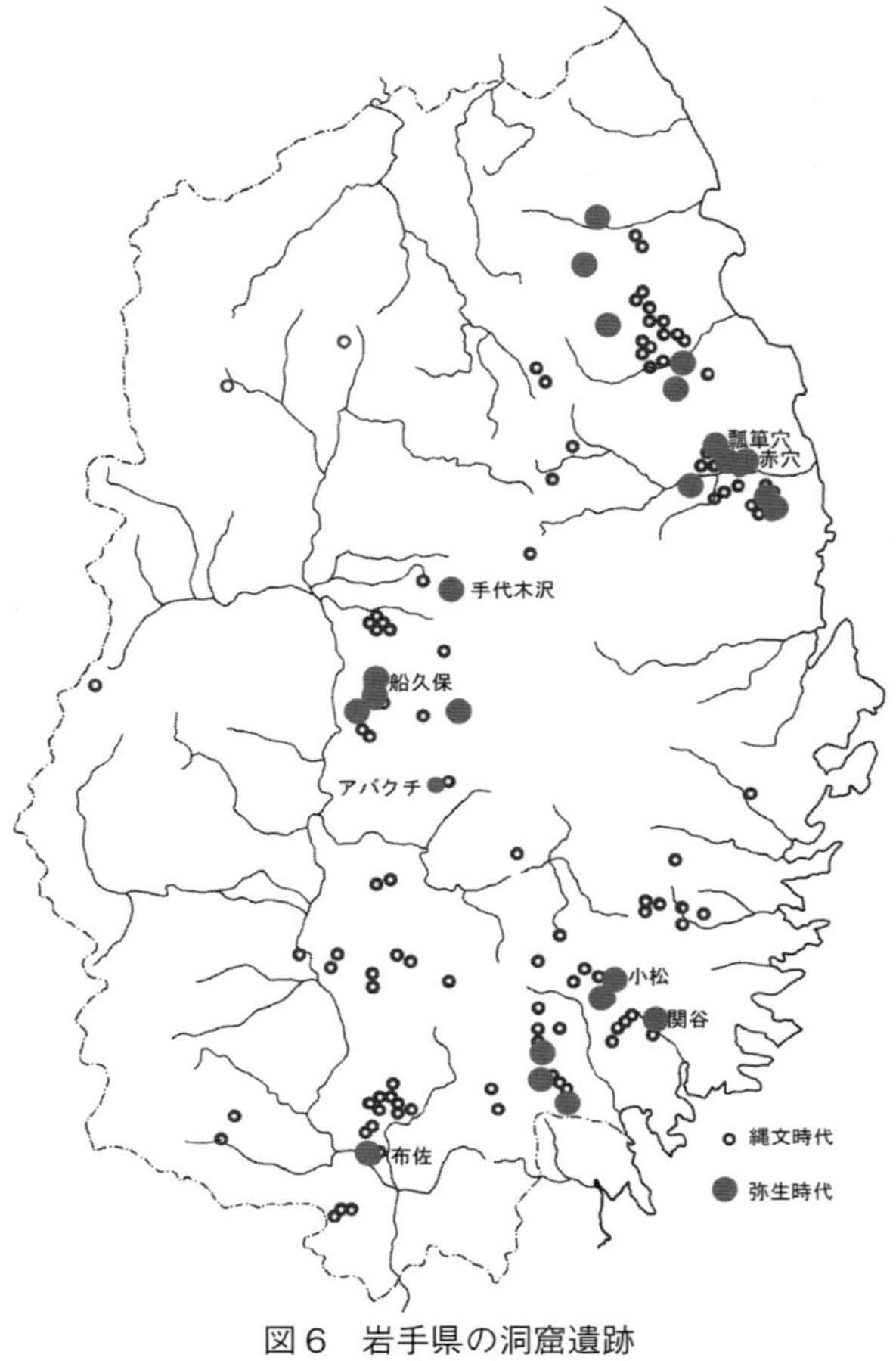

図6　岩手県の洞窟遺跡
北上高地の石灰岩洞窟を中心に、多くの洞窟遺跡が確認されている。縄文時代が多いが、104遺跡中弥生時代が27遺跡を占める。

そういった中で、南からは古墳文化の土師器、型式名では塩釜式が入ってきます。北からは続縄文土器後北C_2・D式が入ってきて、もともと東北北部にあった赤穴式と共存するようになります。赤穴式と後北C_2・D式も共存しますが、赤穴式と土師器の塩釜式のはっきりとした共伴例は確認されていません。そのことからすると、東北北部では赤穴式という弥生土器から塩釜式という土師器に比較的短時間のうちに移行していったのだろうと思われます。ただし、地域によっては赤穴式が後の時代まで残り

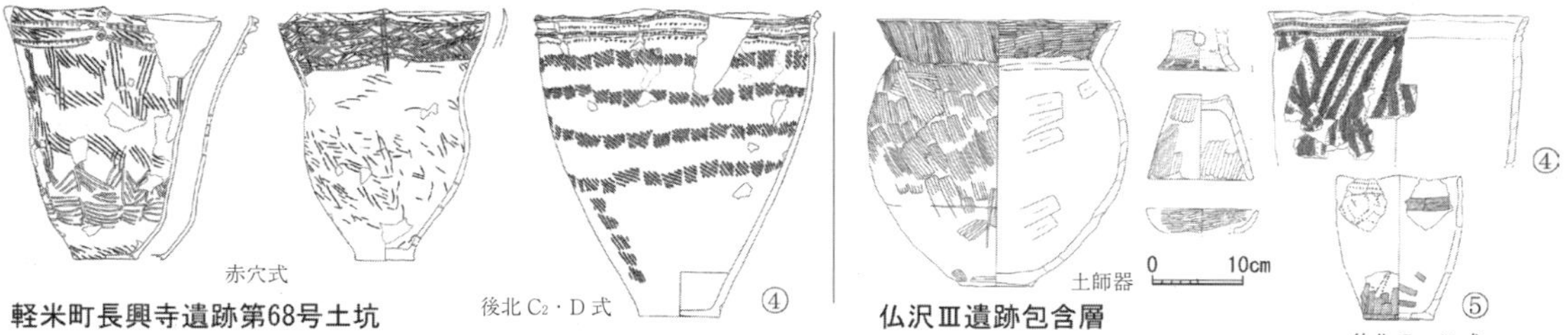

図7　赤穴式・塩釜式・後北C_2・D式土器の共伴

ます。つまり、弥生土器から土師器への転換というのは、東北北部においては地域差をもって時間的にずれて移行していったのです。

具体的に土器を見ていきます。図7左は県北の岩手県九戸村長興寺《ちょうこうじ》遺跡の土器です。左側二つが弥生土器の赤穴式、右が続縄文土器後北C_2・D式の影響をうけたものです。この後北C_2・D式は北海道続縄文土器変遷（図5）の4段階に相当します。北海道の4段階に相当する土器が、地元の赤穴式土器と共伴しています。これは墓と思われる遺構に副葬されていました。

図7右は盛岡市の隣、滝沢市の仏沢《ほとけざわ》Ⅲ遺跡から出土しました。土師器と続縄文土器が共伴しています。右側の土器は長興寺と同じ4段階あるいは5段階のものと考えられます。つまり同じような時期ですが、盛岡周辺は弥生土器の赤穴式ではなく、土師器塩釜式に変換していっているということがわかると思います。

図8はこれまでご説明した遺跡を含めて、関連遺跡を東北地方の地図に表わしたものです。後北C_2・D式土器は東北北部にまんべんなく出土するわけではないことがわかります。現在確認されている遺跡の分布をみると、一つは青森県西側の津軽や秋田県北、米代川の上流域に集中することがわかります。それからもう一つ集中する地域があります。それは下北半島から八戸周辺を経由して、馬淵川をさかのぼる、あるいは北上川を下り始めるような地域で、盛岡あたりまで集中する場所があります。このように二つの集中区が確認されます。

また三陸沿岸、米代川下流域の能代から雄物川流域の横手盆地にもやや集中する区域があります。

その中でもとくに下北から上北周辺では、北海道の2段階の土器がかなり多く見られます。ところが、八戸から盛岡周辺にきますと3段階が主流になってきます。つまり時間差をもって、北海道から東北北部に波及してきたのではないかと考えられます。

それから図8に示した二重丸は墓が確認されている遺跡です。東側では盛岡周辺と岩手の県北周辺に集中区が確認されます。もう一つ日本海側では、能代に寒川《さむかわ》Ⅱ遺跡という遺跡が見つかっています。この遺跡周辺までが後北C_2・D式が濃密に認められる地域です。ただ、この地域でとどまっているのではなく、点数は少ないものの、かなり南まで分布しています。それが、図8に描いた後北C_2・D式の南限の線で、この線まで後北C_2・D式の破片や個体が出土しています。先ほど髙橋さんが紹介された石巻市新金沼《しんかなぬま》遺跡も、後北C_2・D式を共伴し、この線より北に位置しています（本誌前節）。

このように北からの影響がある一方で、南から古墳文化の影響も北に及んできています。先ほど述べた弥生土器が土師器に変わっていくというのも大きな影響ですが、竪穴住居を伴う集落の分布は岩手県奥州市周辺、北上盆地の南の方まで伸びています。ただ日本海側ははっきりしていません。

　前方後円墳の分布は大崎平野から置賜盆地、越後平野、また竪穴住居を伴う集落の分布は胆沢の扇状地、奥州市周辺が北限です。豪族居館（最近はあまり使わなくなりましたが、入の沢遺跡のように壕を

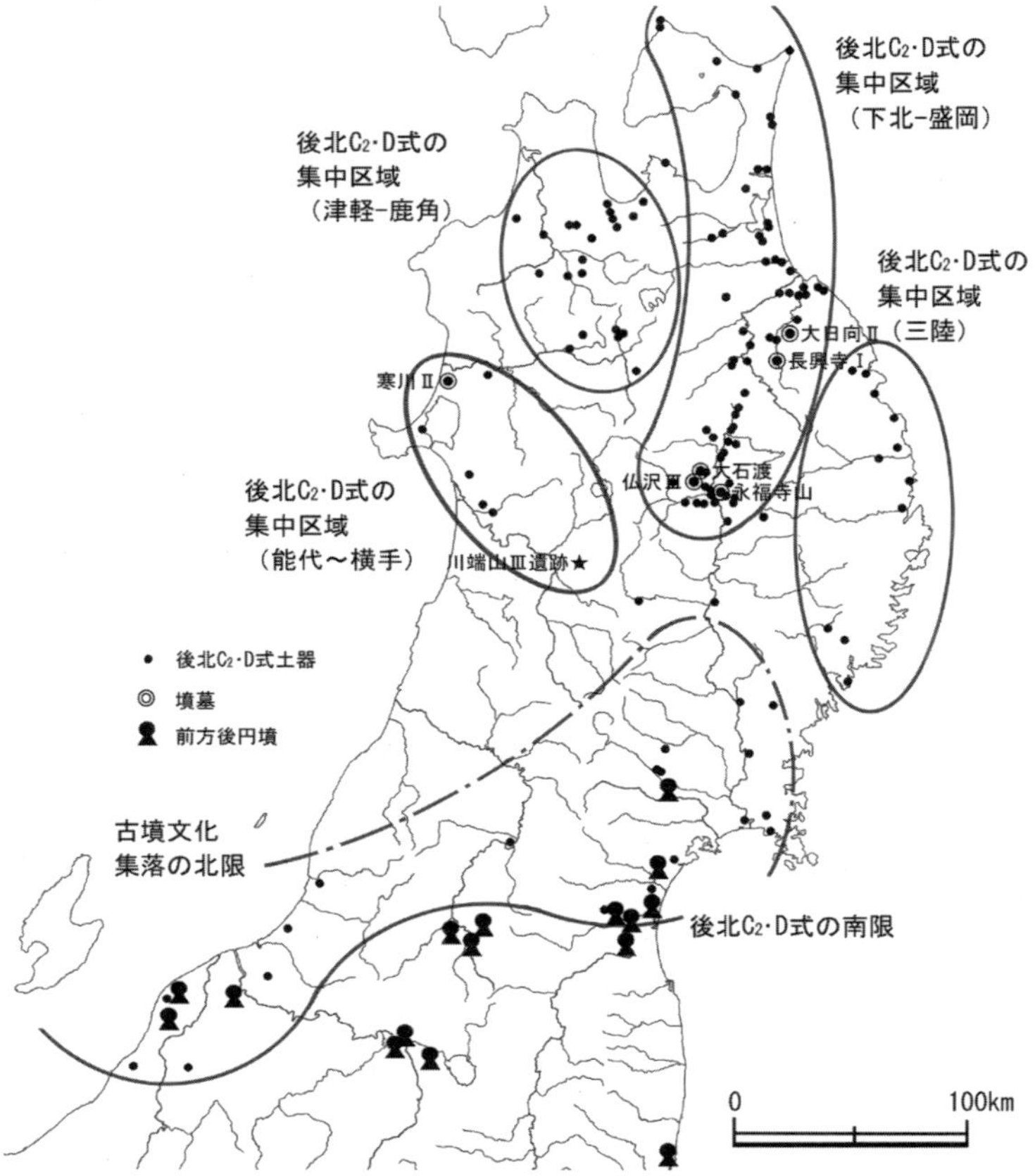

図８　後北 C_2・D 式土器の分布と４世紀頃の古墳文化の北限

伴う、あるいは塀を伴う集落、拠点的な集落という意味でご理解いただきたいと思います）の分布は、入の沢遺跡や伊治城跡などが存在する栗原が北限になっているということです。

　以上のように、入の沢遺跡は南北両文化の接触地帯と言えます。

（二）五世紀の様相

　次に、五世紀頃の話にうつりたいと思います。

　まず東北北部の後北 C_2・D式の変遷を確認しておきます。図9の②や③などは、北海道の2段階、3段階を表わしています。青森県では2段階目が多く、また秋田県寒川Ⅱ遺跡は、出土土器の器形が片口のような注口土器になっていて比較がしにくいのですが、2段階になるのだろうと思われます。そして岩手県、宮城県は3段階以降になっています。

　一方で、4段階、5段階は希薄になっています。つまり、東北北部では2段階からはかなり増えていきますが、4段階、5段階になるとだんだん少なくなる傾向が読み取れます。それが次の五世紀頃の話につながってきます。

　五世紀になりますと、続縄文土器が後北 C_2・D式から北大Ⅰ式に変わっていきます。この型式は、北海道大学構内で出土したので、「北大式」と名付けられ、Ⅰ・Ⅱ・Ⅲに細分されています。そのうち北大Ⅰ式はおよそ五世紀頃になります。東北地方の北大Ⅰ式は、下北や馬淵川・北上川流域で出土しますが、かなり少なくなっていきます。図10をみていただくと、北大Ⅰ式の分布は非常に散発的に

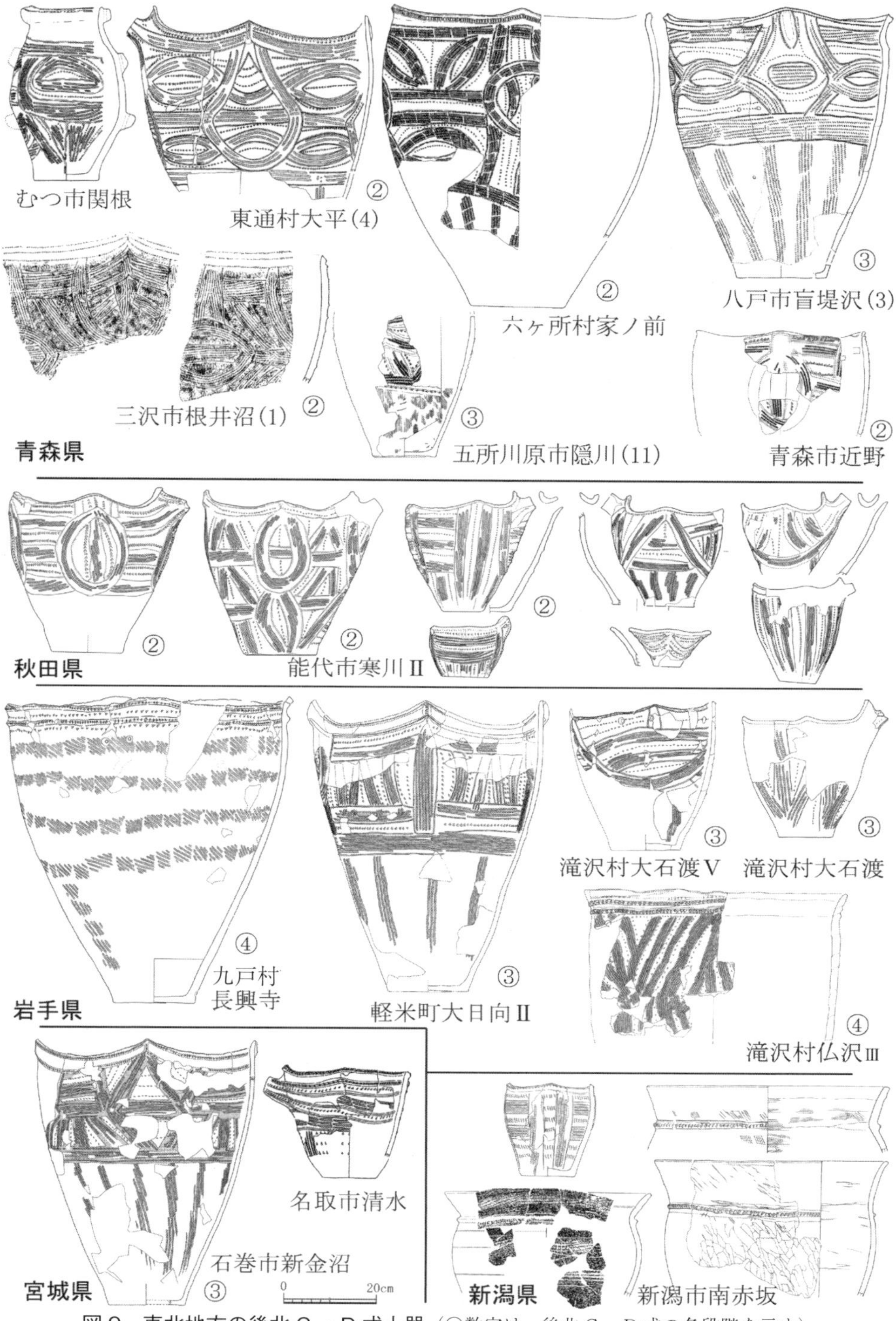

図9　東北地方の後北C_2・D式土器（○数字は、後北C_2・D式の各段階を示す）
2段階は北海道の文様意匠に近く、全道的な動きと連動している。3段階以降は地域性が明確化する。

なって、東側に偏ります。四世紀でみられた津軽の集中区（図8）は消えています。青森県には続縄文文化の遺跡は多いのですが、北大Ⅰ式を出土する遺跡はほとんど見られなくなります。秋田県でも少なくなりますが、唯一、由利本荘市宮崎《みやざき》遺跡で点のような形で分布しています。このように、北からの文化的な波及には地域性が顕著に見られます。

　北大式は、各遺跡で主体となることはありません。この段階では東北地方北部はすっかり土師器に変わっており、その中に少量入り込む程度です。したがって北海道との交流はきわめて限定的となり、東北北部の独自色が強まる時期と言えます。この時期に、黒曜石製石器が普及し始めるという大きな特徴が現われます。石器はスクレイパーなどです。黒曜石製スクレイパーは、使用痕跡の分析を通じて皮革加工、獣の皮の脂を掻き取る道具ではないかと言われています。

　黒曜石は北海道では一般的な石材で、縄文時代から多く使われています。北海道に黒曜石の良質な産地があるからです。縄文時代の東北では黒曜石を使うことは少なく、主に頁岩と呼ばれる石材を使っています。それがこの時期になってなぜか黒曜石を意識して使うようになります。最も密集するのが大崎平野で、次いで栗原地域です。この背景として、黒曜石の原産地である湯の倉が開発され、供給が拡大されたことが大きく影響していると考えられます。湯の倉の黒曜石は、黒い中に白い縞が入りますのですぐに判別できます。

　黒曜石も各遺跡で多く出土するかというとそうでもなく、数点の出土がほとんどです。その中で、数十点以上出土する遺跡があります。たとえば奥州市中半入《なかはんにゅう》遺跡、大崎市木戸脇裏《きどわきうら》遺跡などです。時期は六世紀末と下りますが、北上市の岩崎台地も同様の事例です。おおよそ北上川の中流域から下流域に集中しており、東北北部全域に存在していたわけではありません。集中する遺跡が限られることから、黒曜石使用の拠点ができあがってきたのではないかと思

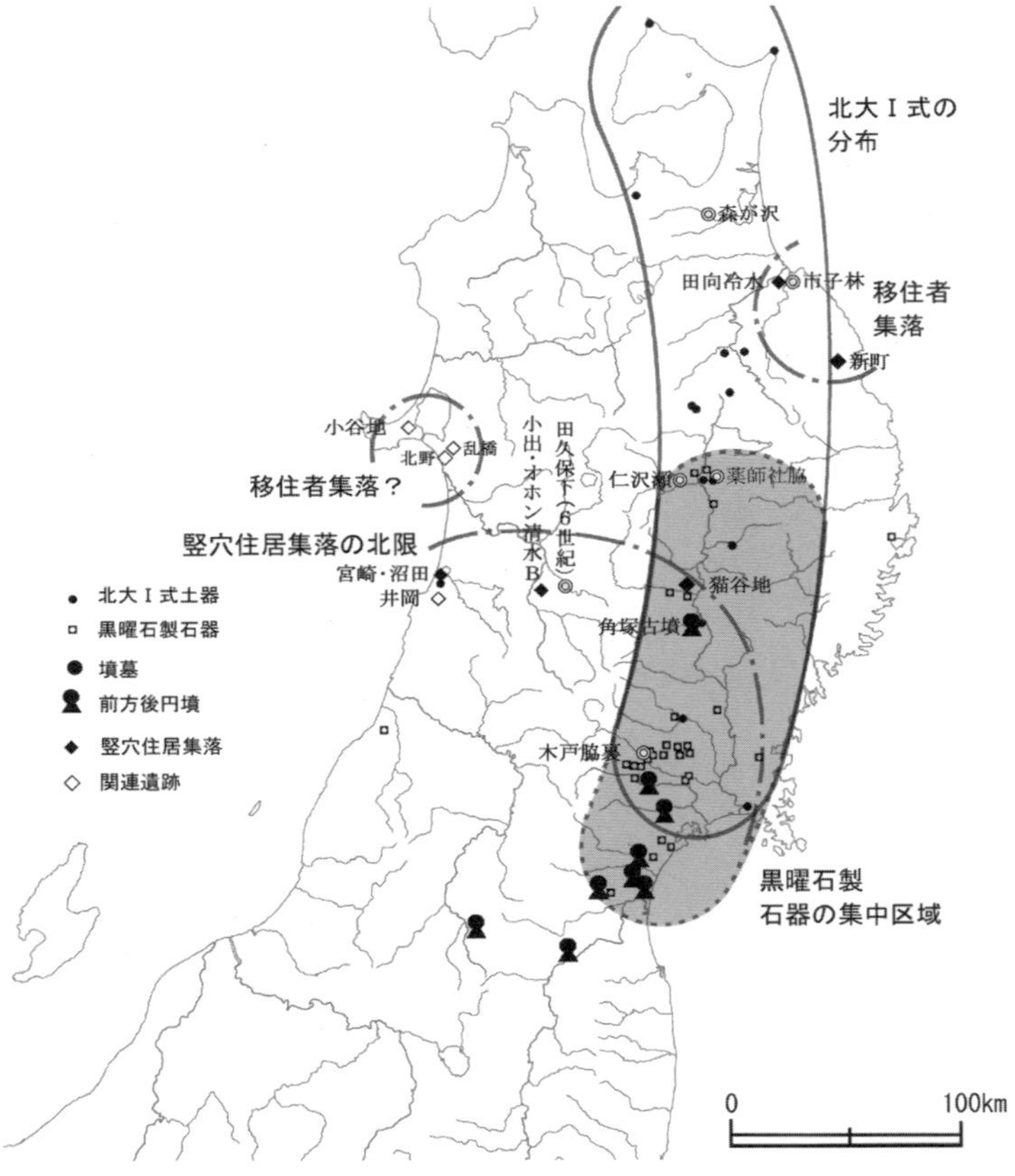

図10　北大Ⅰ式土器の分布と５世紀頃の古墳文化の北限

われます。集中区域には竪穴住居跡も確認されています。ですからこの時期、遊動生活を行なっていない人々にとって生業の一つとして狩猟、皮革加工が重視されていたことを示しているのではないかと思われます。考古学的な遺物で確認できるものは石器、土器などの無機質なものがほとんどですが、そういうもので当時の社会を復元すると、大崎・栗原を中心に皮革加工品の主たる生産地が形成されていたと言えると思います。

五世紀後半には古墳文化の北限が四世紀に比べて北上していきます。その端的な例として、前方後円墳が奥州市角塚《つのづか》古墳まで北上することが挙げられます。また、竪穴住居の分布もそれまで奥州市胆沢扇状地周辺までだったのが、北上市周辺まで広がりますし、日本海側でも横手市周辺まで北上します。また、それとは別におそらく海上のルートだと思いますが、久慈、八戸周辺にも飛び地的に移住者集落が形成されます。久慈市の新町《しんまち》遺跡は、四世紀までさかのぼるのかもしれません。南の古墳文化による積極的な北方志向が高まった時期と言えます。

前方後円墳の北限は角塚古墳のあたり、集落の北限はこの竪穴住居集落北限のラインです（図10）。それから点線の部分は、黒曜石製石器を一定量出土する、拠点と見られる遺跡がある範囲を示しています。

三　東北北部社会と入の沢遺跡

さて、三番目の話題、入の沢遺跡との関係について話させていただきます。くりかえしになりますが、東北北部を概観すると、皮革加工の黒曜石製スクレイパーがあることはあるのですが、四世紀頃はそれほど多くはありません。湯の倉産黒曜石も若干あるようですが、数量は少なく、広く普及はしていないという状況です。なお新潟県南赤坂《みなみあかさか》遺跡では流紋岩《りゅうもんがん》製スクレイパーも出土していて、黒曜石ではないものも使われています。また砂岩などの扁平な円礫《えんれき》、平たく丸い石を二つあるいは四つに分割した方割石《ほうかつせき》と呼ばれるものがありますが、それも皮なめしに使われていたのではないかと言われています。

入の沢遺跡あたりの住人は、その地理的位置から皮革の交易などを行なっていた可能性が考えられます。ただ、問題は先ほどの村上さんのご発表では、東北北部との関連を示す続縄文土器とか黒曜石製スクレイパーが出土していないということでした。まだ全部発掘されているわけではありませんので、そういうものが出土するのかもしれません。地理的な位置から、皮革加工集団との交易を視野に入れてはどうかと思います。

図11上は、札幌のK135遺跡出土のスクレイパーです。同じものが奥州市中半入遺跡、大崎市名生館《みょうだて》遺跡、そして横手市田久保下《たくぼした》遺跡で出土しています。それから形は崩れていますが、岩手県矢巾町徳《とく》丹城《たんじょう》跡で七世紀のものが出土していて、その段階まで黒曜石が意識されていたということがわかります。図12は新潟県南赤坂遺跡の流紋岩製スクレイパーです。黒曜石製の基本的なスクレイパーとは少し形が異なりますが、刃の部分が長くなっていて、この部分で脂を掻き取っていたのではないかと言われています。報告書で使用痕跡の分析をみますと、あまりはっきりした痕跡ではないようで、生皮ではなくて、ある程度加工されたものを南赤坂に運び込んで二次処理あるいはメンテナンスした道具ではないかということが推定さ

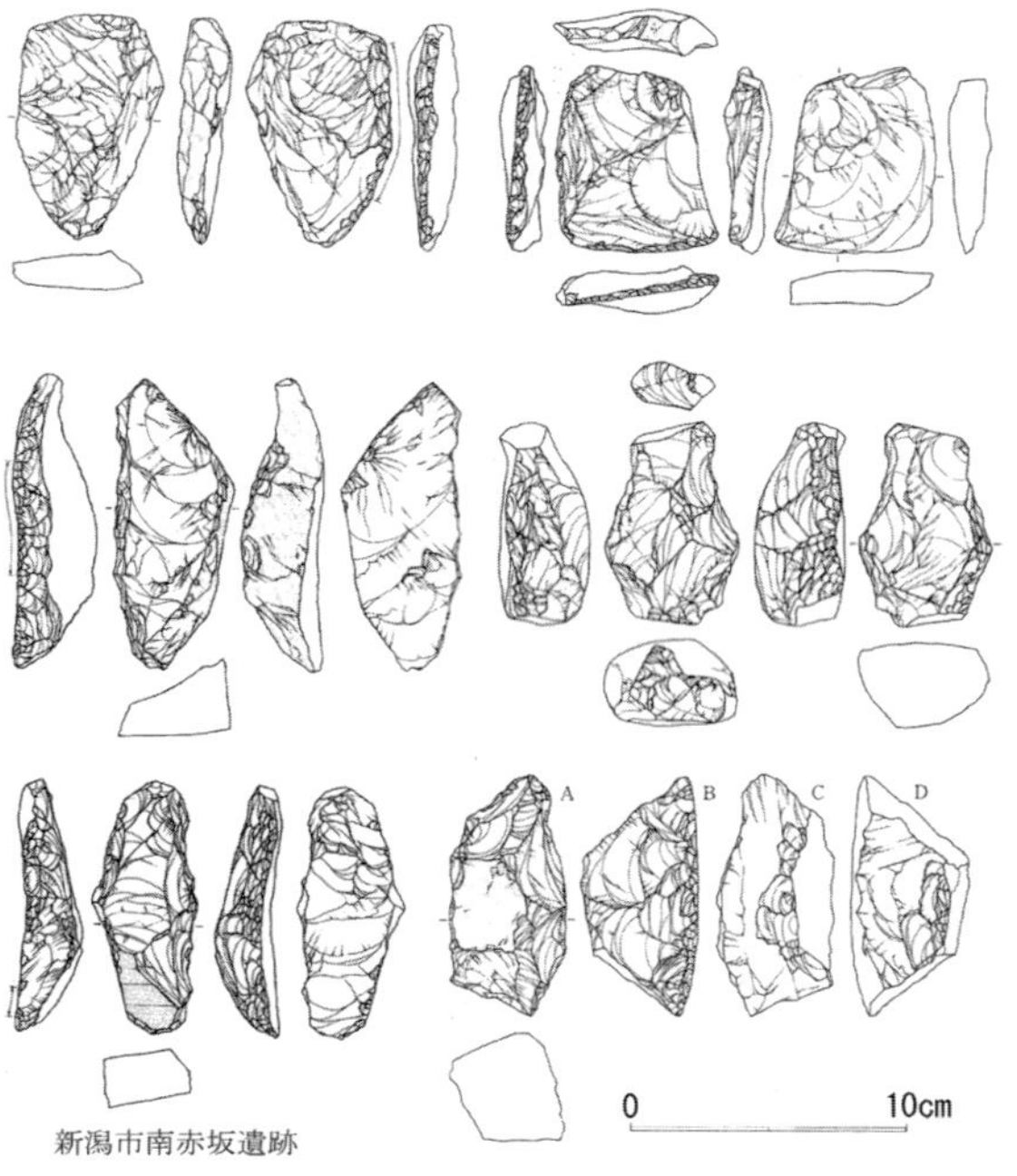

図12　流紋岩製スクレイパー

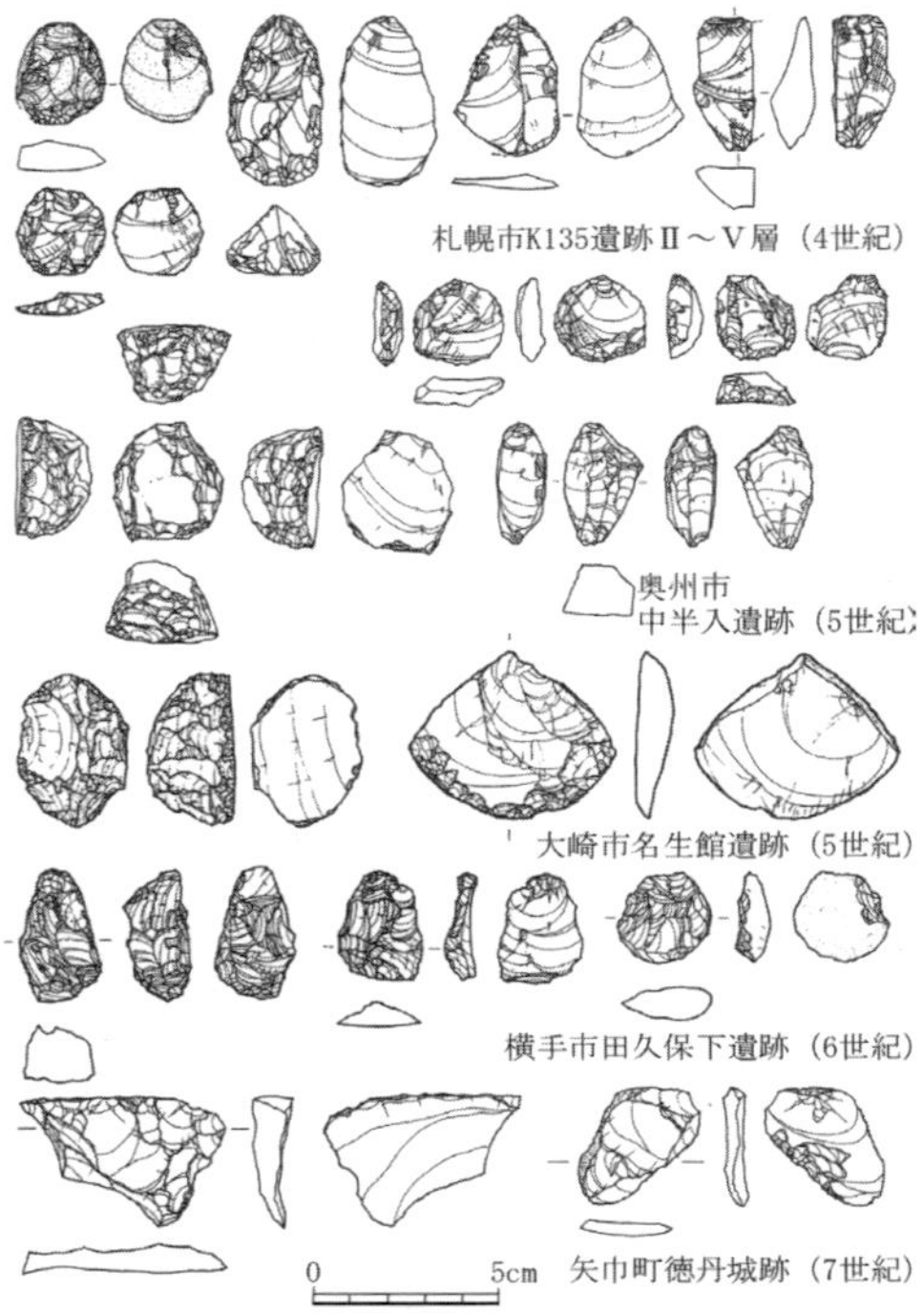

図11　各時期の黒曜石製スクレイパー（掻器）

れています。

方割石は図13に示したものです。扁平な石を割って、おそらくは割れたところを使って皮なめしをしたということです。図13上は青森県五所川原市隠川《かくれがわ》(11)遺跡、秋田県小坂町はりま館《だて》遺跡の方割石です。このように、北の要素をもつ遺跡があります。

一方で図14のように、南の要素をもつ遺跡もあります。左上の鉄斧やその右の刀子は、能代市の寒川Ⅱ遺跡の土壙墓に副葬されていたものです。その下は長興寺遺跡から出土したもので、鎌ではないかと言われていますが、かなり小さいのであるいは刀子かもしれません。少し曲げていますので、刀子にしては変なのですが、鎌と

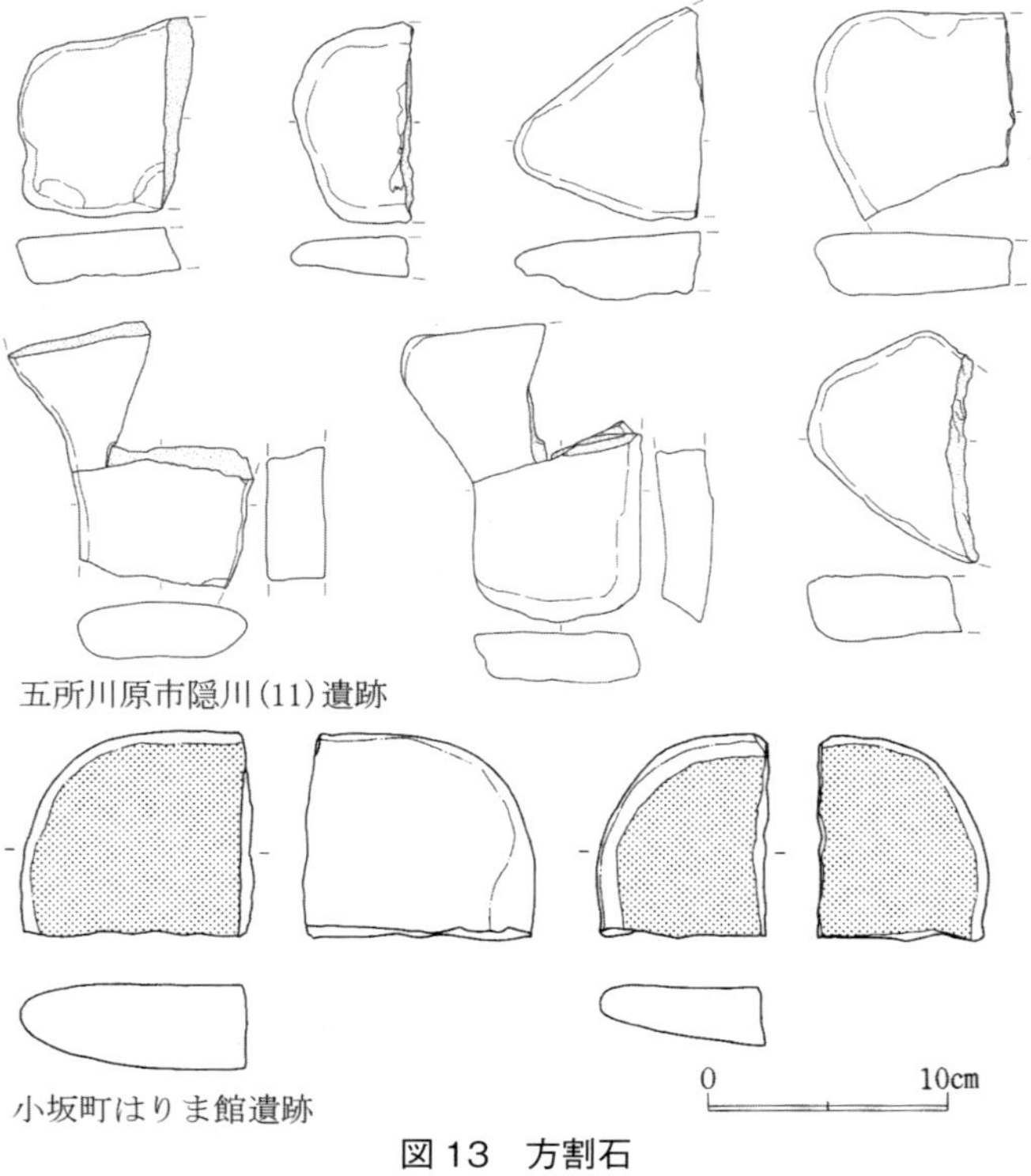

図13　方割石

しては小さすぎるようです。こういったものも墓に副葬されています。その下は盛岡市永福寺山《えいふくじやま》遺跡から出土した鎌です。このように、鉄製品が東北北部に少なからず入ってきています。これは四世紀段階のものですが、次の段階になればもっと増えていきます。図14の下は管玉と勾玉です。こういったものもあります。鉄製品も玉類も地元で作られたものではなく、基本的には東北南部以南で作られたものであることは間違いないと思います。

四　まとめ

最後のまとめになりますが、四世紀頃、東北北部の石器は黒曜石製スクレイパーや方割石にほぼ限られ、利器の鉄器化が進行します。玉類も副葬品として珍重されていました。このことから、鉄器や玉類を入手するための交易が展開されていた可能性が考えられます。五世紀頃になりますと、皮革加工集団という専業的な集団が成立し、皮革と鉄器との積極的な交易が展開されるようになります。そういった交易が盛んになってきた頃に、大崎・栗原という地域がその拠点として大きく発展していったのだろうと思われます。ただ、五世紀前半の空白期がありますので、そのあたりをどう理解していくのかがこれからの課題になると思います。東北北部社会と入の沢遺跡、まったく別の世界ですが、おそらくは交易を通じて接触を持っていたのではないか、入の沢遺跡はその一つの拠点だったのではないかと考えています。北の社会への文化的な圧力は、もしかすると政治的な圧力だったのかもしれません。入の沢遺跡はその発信源であったことが考えられます。五世紀後半頃には、交易などの王権側の対外政策が積極的になりますから、それとともに皮革加工や交易の拡大があって、この地域が前線基地としての役割を果たしていったのではないかと考えています。

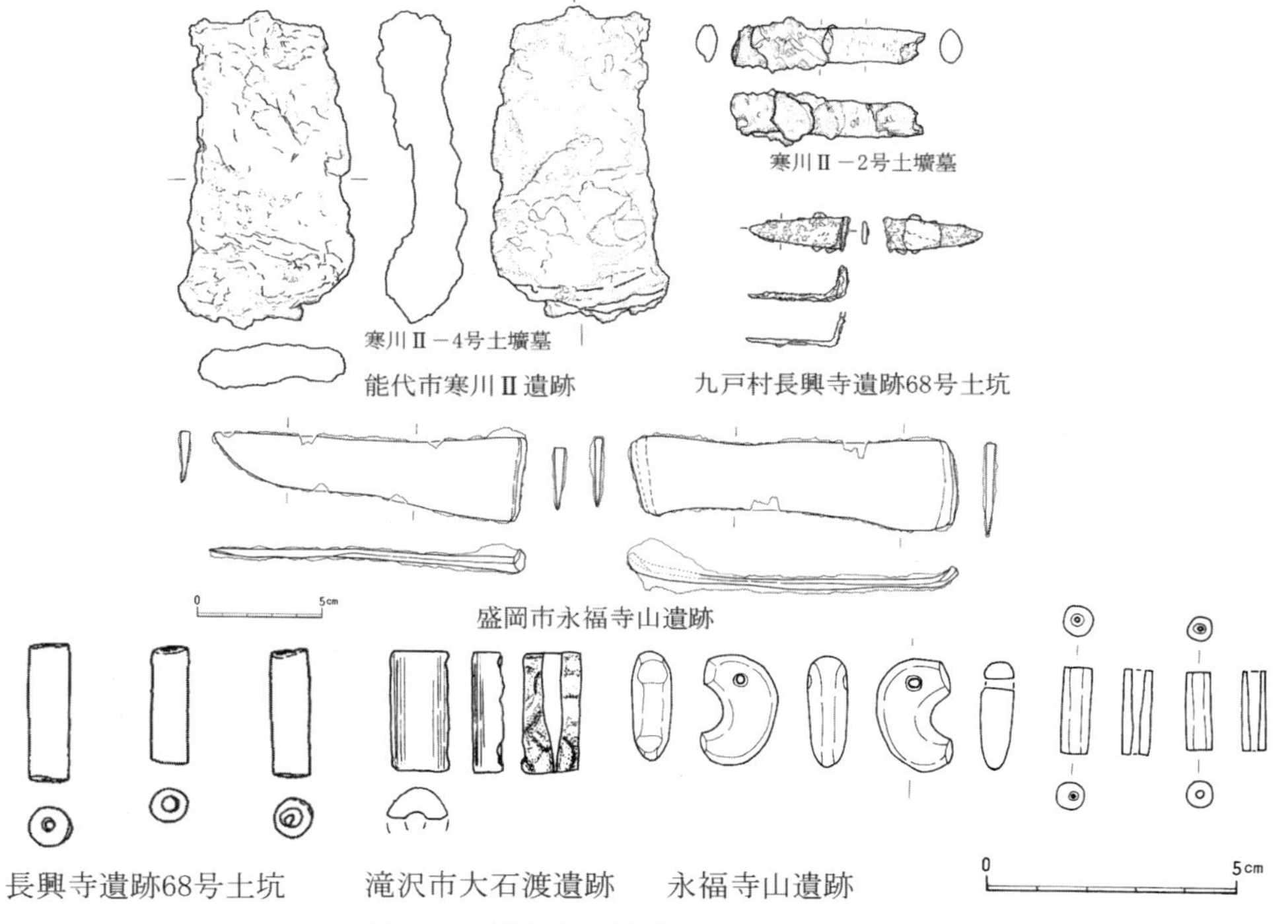

図14　4世紀頃の鉄器と玉類（後北C2・D式土器共伴）

図版出典

図1　阪口　豊　一九八四「日本の先史・歴史時代の気候」『自然』五月号のデータをもとに新規作成

図2　岩泉町教育委員会　二〇〇六『豊岡Ⅴ遺跡—平成一六年度発掘調査報告書—』岩手県岩泉町文化財調査報告四三集に加筆

図3　札幌市教育委員会　一九八七『K135遺跡—4丁目地点・5丁目地点—』札幌市文化財調査報告書XXXに加筆

図4　千歳市教育委員会　一九八一『末広遺跡における考古学的調査（上）』千歳市文化財調査報告書七、北海道大学　一九八七『北大構内の遺跡5—昭和59年度—』、恵庭市北海道埋蔵文化財センター　一九九二『恵庭市ユカンボシE4遺跡』北海道埋蔵文化財センター調査報告書七五、秋田県教育委員会　一九八八『一般国道7号八竜能代道路建設事業に係る埋蔵文化財発掘調査報告書—寒川Ⅰ遺跡・寒川Ⅱ遺跡—』秋田県文化財調査報告書一六七、花井正香　二〇〇二「薬師社脇遺跡—古墳時代の土壙墓について—」岩手考古学会第28回研究大会発表要旨』、秋田県教育委員会　一九九二『秋田ふるさと村建設事業に係る埋蔵文化財発掘調査報告書—田久保下遺跡ほか—』秋田県文化財調査報告書二二〇、宮崎町教育委員会　一九九六『米泉館跡』宮崎町文化財調査報告書五の挿図を編集

図5　八木光則　二〇一五「古墳時代併行期の北日本」『倭国の形成と東北』吉川弘文館

図7　㈶岩手県文化振興事業団埋蔵文化財センター　二〇〇二『長興寺Ⅰ遺跡発掘調査報告書』岩手県文化振興事業団埋蔵文化財調査報告三八八、滝沢村埋蔵文化財センター　二〇〇八『仏沢Ⅲ遺跡—平成二年度発掘調査報告書—』滝沢村埋蔵文化財センター調査報告書三の挿図を編集

図9　青森県史編さん考古部会　二〇〇五『青森県史資料編考古3　弥生～古代』、青森県教育委員会　一九九三『家ノ前遺跡・幸畑（7）遺跡Ⅱ—むつ小川原開発事業に係る埋蔵文化財調査報告書—』青森県埋蔵文化財調査報告書一四八、八戸市教育委員会　二〇〇一『盲堤沢（3）遺跡』八戸市埋蔵文化財調査報告書九二、三沢市教育委員会　一九八八『根井沼（1）遺跡緊急発掘調査報告書Ⅱ』三沢市埋蔵文化財調査報告書四、青森県教育委員会　一九九九『隠川（11）遺跡Ⅰ隠川（12）遺跡Ⅱ—国道101号浪岡五所川原道路建設事業に係る埋蔵文化財発掘調査報告—』青森県埋蔵文化財調査報告書二六〇、青森県教育委員会　二〇〇四『三内丸山（5）遺跡Ⅱ・近野遺跡Ⅶ—県立美術館及び県道里見丸山線建設事業に伴う遺跡発掘調査報告—』青森県埋蔵文化財調査報告書三七〇、秋田県教育委員会　一九八八『一般国道7号八竜能代道路建設事業に係る埋蔵文化財発掘調査報告書—寒川Ⅰ遺跡・寒川Ⅱ遺跡—』秋田県文化財調査報告書一六七、㈶岩手県文化振興事業団埋蔵文化財センター　二〇〇二『長興寺Ⅰ遺跡発掘調査報告書』岩手県文化振興事業団埋蔵文化財調査報告三八八、㈶岩手県文化振興事業団埋蔵文化財センター　一九九五『大日向Ⅱ遺跡発掘調査報告書—第2次～第5次調査—』岩手県文化振興事業団埋蔵文化財調査報告二二五、滝沢村教育委員会　一九九三『大石渡遺跡—縄文時代晩期の配石土壙と続縄文文化の墓地調査報告書—』滝沢村文化財調査報告書一二四、滝沢村埋蔵文化財センター　二〇〇八『仏沢Ⅲ遺跡—平成2年度発掘調査報告書—』滝沢村埋蔵文化財センター調査報告書三、石巻市教育委員会　二〇〇三『新金沼遺跡—高規格道路「三陸自動車道」建設に伴う発掘調査報告書—』石巻市文化財調査報告書一一、宮城県教育委員会　一九八一「清水遺跡」『東北新幹線関係遺跡調査報告書（5）』宮城県文化財調査報告書七七、巻町教育委員会　二〇〇二『南赤坂遺跡—縄文時代前・中期・古墳時代前期を主とする集落跡の調査—』の挿図を編集

図11　札幌市教育委員会　一九八七『K135遺跡—4丁目地点・5丁目地点—』札幌市文化財調査報告書XXX、㈶岩手県文化振興事業団埋蔵文化財センター　二〇〇二『中半入遺跡発掘調査報告書』岩手県文化振興事業団埋蔵文化財調査報告三八八、大崎市『名生館遺跡』、秋田県教育委員会　一九九二『秋田ふるさと村建設事業に係る埋蔵文化財発掘調査報告書』秋田県文化財調査報告書二二〇、矢巾町教育委員会一九九七『徳丹城跡—第四二次発掘調査—』の挿図を編集

図12　巻町教育委員会　二〇〇二『南赤坂遺跡—縄文時代前・中期・古墳時代前期を主とする集落跡の調査—』の挿図を編集

図13　青森県教育委員会　一九九九『隠川（11）遺跡Ⅰ　隠川（12）遺跡Ⅱ—国道101号浪岡五所川原道路建設事業に係る埋蔵文化財発掘調査報告—』青森県埋蔵文化財調査報告書二六〇、秋田県埋蔵文化財センター　一九九〇『はりま館遺跡発掘調査報告書（下巻）—東北自動車道小坂インターチェンジ建設工事に係る埋蔵文化財発掘調査—』秋田県文化財調査報告書一九二の挿図を編集

図14　秋田県教育委員会　一九八八『一般国道7号八竜能代道路建設事業に係る埋蔵文化財発掘調査報告書—寒川Ⅰ遺跡・寒川Ⅱ遺跡—』秋田県文化財調査報告書一六七、㈶岩手県文化振興事業団埋蔵文化財センター　二〇〇二『長興寺Ⅰ遺跡発掘調査報告書』岩手県文化振興事業団埋蔵文化財調査報告三八八、盛岡市教育委員会　一九九七『永福寺山遺跡—昭和40・41年発掘調査報告書—』、滝沢村教育委員会　一九九三『大石渡遺跡—縄文時代晩期の配石土壙と続縄文文化の墓地調査報告書—』滝沢村文化財調査報告書二四の挿図から編集

東北地方の古墳時代の始まり

辻秀人

東北地方の古墳時代についてお話しいたします。じつは、シンポジウムのアンケートで、遠見塚《とおみづか》古墳とか雷神山《らいじんやま》古墳などの有名な遺跡、古墳と入の沢遺跡でわかったこととどういう関係になるのかというご質問をいただいています。そこで私は東北の古墳時代の中で入の沢遺跡をどう位置づけるかを考えるために、東北地方南部の福島、宮城・山形といった地域がどういうふうに古墳時代になっていくのかをテーマにお話しいたします。古墳時代というのは古墳を築く時代で、大和との関係を考えざるをえません。どういうふうにそういう形ができていったのかというお話になります。

具体的にはまず、東北地方の古墳時代は二つの大きな移住でスタートをするのだということと、次に移住してきた人々が彼らの伝統の中でやがて大和との関係を持って古墳が築かれていくということ、それから仙台平野の大きな前方後円墳と大崎、栗原との関係、そして最後に大崎、仙台平野、名取平野の勢力と今回の入の沢遺跡のさまざまな状況がどういうふうに関係するのか、私なりの考えをお話ししたいと思います。

一　稲作のムラの成立と衰退

最初はとりあえず、卑弥呼の話からです。日本列島で米作りが始まって各地で小さな勢力ができる中で、「魏志倭人伝」によると卑弥呼という人が国々の王として共立される、これがおそらく日本列島の中で初めて成立した地域を越えた政治的なまとまりだと思います。この政治的なまとまりを邪馬台国連合と言いますが、邪馬台国を大和だと考えた場合に大和、瀬戸内、北部九州ぐらいの範囲になります。次に卑弥呼が死んだ後、大いに塚を作るという記述があって、それがそのまま古墳になるかどうかは議論のあるところですが、やがて大きな独特の姿をした塚、前方後円墳を作るという習俗が出てきます。前方後円墳は急速に広がり、三世紀後半から四世紀、入の沢遺跡をさかのぼること一〇〇年ぐらいの時間の中で南は南九州から北は鳴瀬川流域、大崎平野まで広がり、邪馬台国連合を引き継いだ日本列島で最初の広域連合体ができたことを示すと考えられています。それが大和王権です。これから東北南部が大和とどのように関わっていくのか、その過程をお話ししたいと思います。

九州に朝鮮半島からたくさんの人々がやってきて米作りを含めて

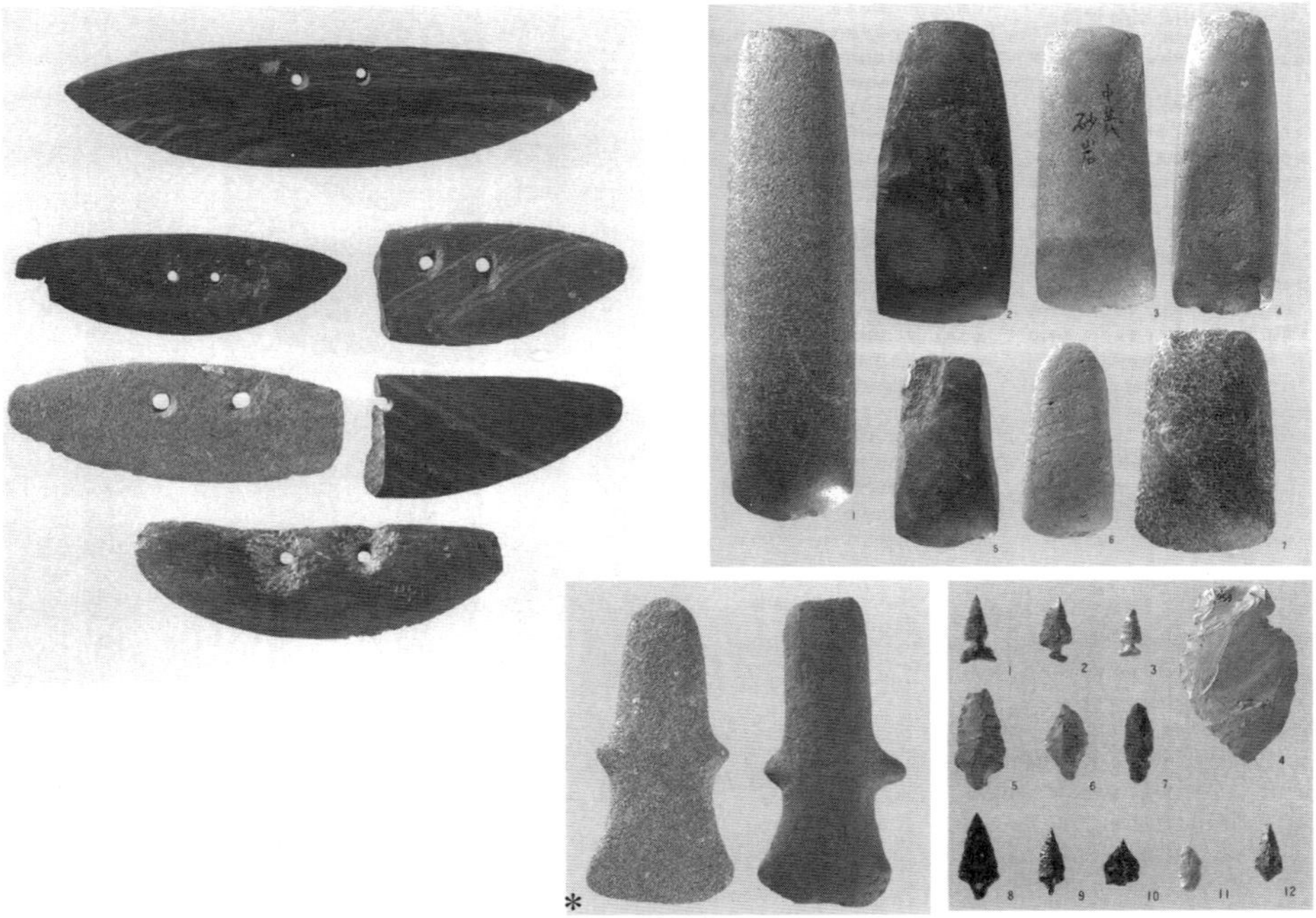

図1　仙台市南小泉遺跡出土石器群
（＊仙台市教育委員会所蔵　そのほか東北大学大学院文学研究科所蔵／『仙台市史　特別編２　考古資料』より転載）

いろいろな技術や文化を伝え、在地の縄文人たちはそれを受け取って新しい社会を作りました。弥生時代は米作りの世界ということはよく知られています。仙台平野でも米作りは行なわれています。

図1は仙台市南小泉《みなみこいずみ》遺跡出土石器です。仙台市の海岸平野、霞の目飛行場のあたり一帯に弥生時代の大きな農耕集落があって、そこから出土したものです。東北地方でも米作りの文化は弥生時代の早い頃には伝わって、中頃には農耕の集落が沿岸部を中心に、主要な盆地、平野に図1のような道具を使って米作りをする社会が登場します。そこまでは列島の歴史動向と大きな違いはありません。

ところで、東北地方は北に向かってまっすぐ伸びています。日本列島の地図を見ると、本州島の大部分では割合緯度が変わらないのですが、東北地方は行けば行くほど緯度が高くなります。気候、環境が北にいくほど、距離とともに変わってくる地域です。北緯三八度は、朝鮮半島では大きな意味のある線ですが、東北地方では白石のあたりを通っています。青森市が四一度を越え、北海道の札幌が北緯四三度ですので、東北では三八度から四一度にかけて距離とともに変わってくる環境の中で米作りが行なわれます。八木さんのご発表にありますように、弥生時代はかなり不安定な気候にあって悪戦苦闘していたのだと思います。

そこに悲劇が襲います。最近の考古学の成果で今から二千年前に大きな津波が起きていたことが判明しています。図2に南小泉など仙台平野の弥生遺跡の分布を示しました。この一帯では広く水稲農耕を基盤とする社会が成立します。図3は仙台市教育委員会が調査しました沓形《くつかた》遺跡です。ちょうどこれが仙台東部自動車道の内陸側にあたります。先の三・一一の大津波もこの高速道で止められたの

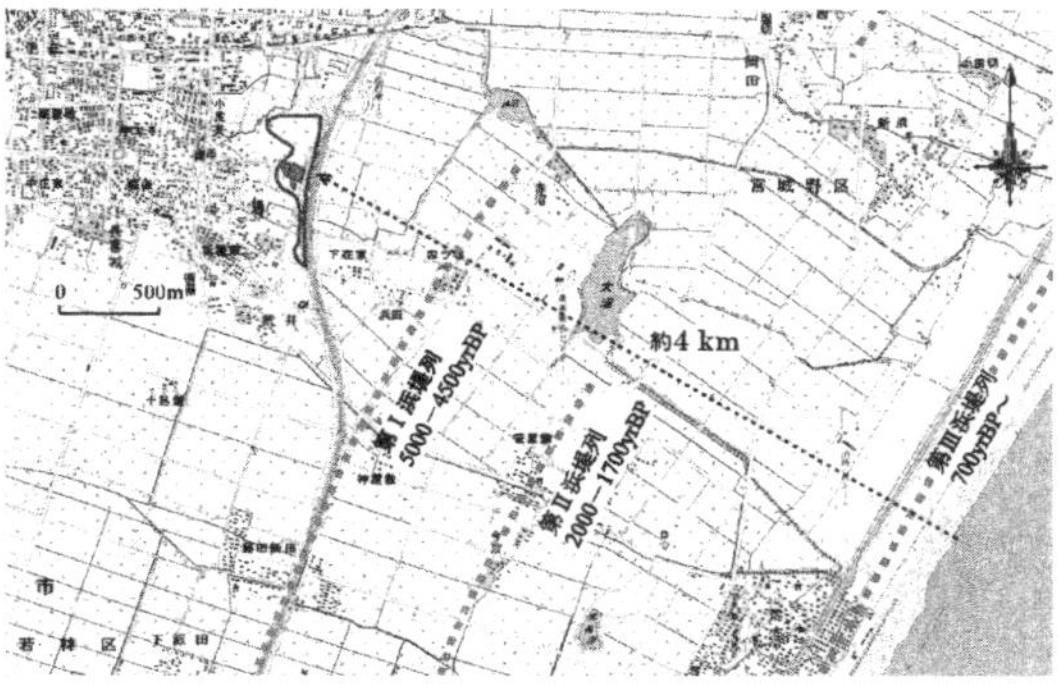

図３　仙台市沓形遺跡の位置
（仙台市教育委員会 2007 より転載）

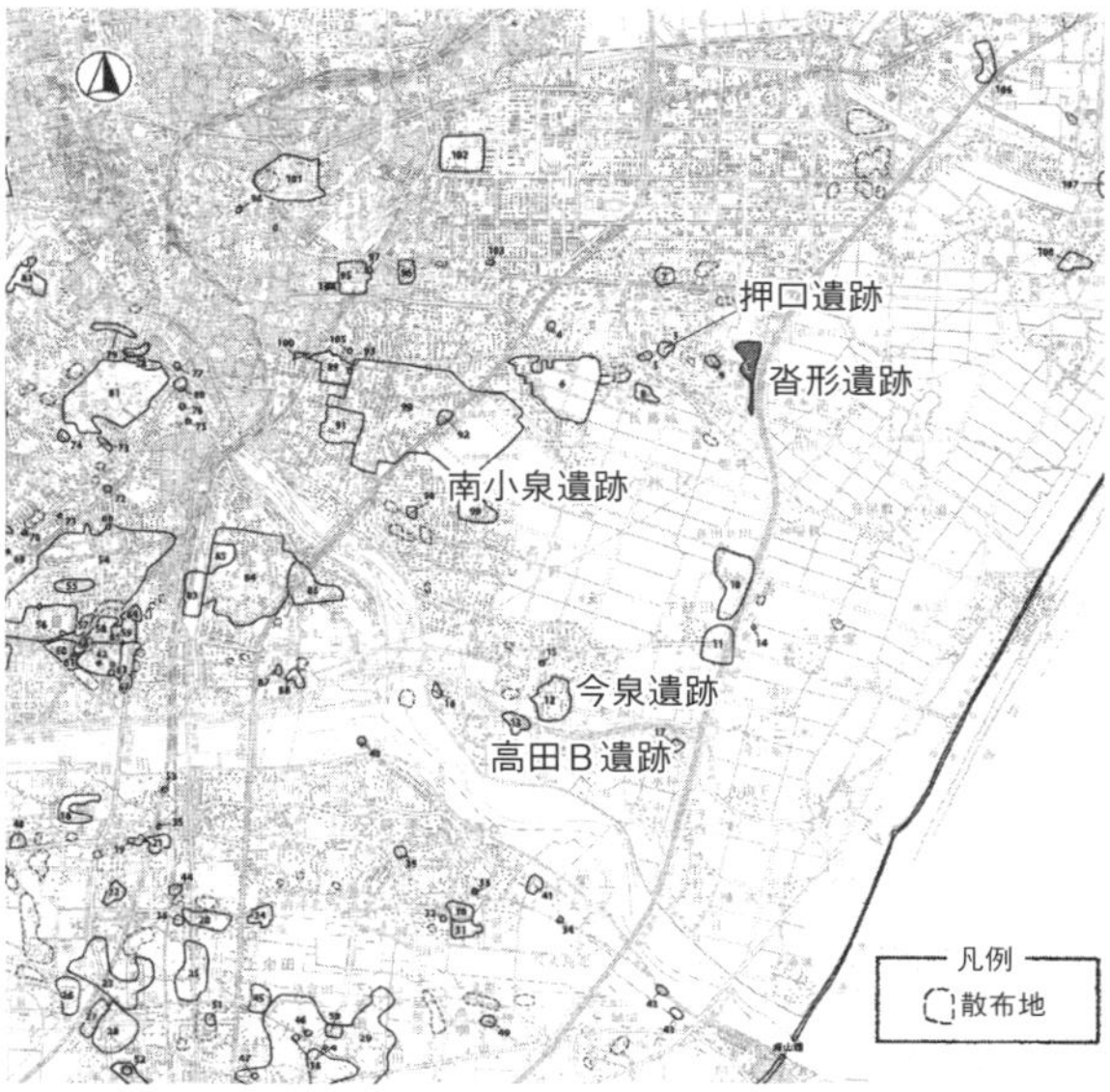

図２　仙台平野の弥生時代の遺跡
（斎野裕彦ほか 2010 第図 9 を改変）

図４　仙台市沓形遺跡　弥生時代の津波痕跡
（白い砂が海から運ばれたもの）（仙台市教育委員会提供）

ですけど、その高速道のすぐ脇にあたります。

沓形遺跡で水田跡が発見されましたが、図4の写真で白く写っている土が海の砂です。先ほどの図3でも見ていただけるように、現在の海岸線から四キロ、当時の海岸線から二キロぐらいです。これは海岸地域で水田を営なんだ人々にとっては大打撃であったに違いありません。今の私たちはいろいろな情報を持っていますので、津波はこういうものだ、ということは知っています。しかし、弥生時代人にとっては突然海が襲ってきて自分たちの村が流され、人命もたくさん失われるという情況は大変な恐怖であり、理解しがたいことだったでしょう。厳しい気候の中で水田を基盤とする社会を営んでいた東北の人々にとっては、大きな打撃であったに違いありません。

昨年、沿岸部で福島と境を接する宮城県山元町で中筋《なかすじ》遺跡が発掘調査され、ここでも同じ二千年前の津波痕跡が当時の海岸線から二キロを越えるぐらいのところで確認されました。津波の規模は三・一一大津波と同じようなものであったに違いありません。図5を見ていただきたいのですが、沓形遺跡と中筋遺跡で津波痕跡が発見されましたが、この前の大津波の経験から、この二ヵ所では止まらないことを私たちは知っています。今度の大災害と重ね合わせてみると、被害は太平洋沿岸の広範囲に及び、沿岸部の弥生集落は壊滅的なダメージをうけたに違いありません。おそらく弥生時代人たちはその後浜に住むことを望まなかったことでしょう。それを裏付けるように、ほぼこの沿岸部では弥生集落が見られなくなります。弥生時代中期に、ほぼ人が住まない地域が沿岸に広くあったということはおそらく間違いないでしょう。私は福島県域でも岩手の沿岸部でも似たような状況があったと思います。厳しい気候の中で米作りをしていた東北の弥生社会が、大きなダメージをうけたことはおわかりいただけると思います。

その後弥生の人たちはどうなったかというと、八木さんのご発表で、東北北部の話として弥生社会の、米作りをいったんは始めた人々が狩猟採集の世界に入っていくというお話をされました。私は東北地方南部でも、関東北部、中部山岳地帯を含めてそういう状況はあったかと思います。弥生寒冷期の中ではたして農耕が生活の基盤となりえたか、とくに津波の被害をうけた人々がどうだったのか、私は東北地方の南部も含めて全域で狩猟と採集に基盤をおく社会にいったんは入っていったと思います。

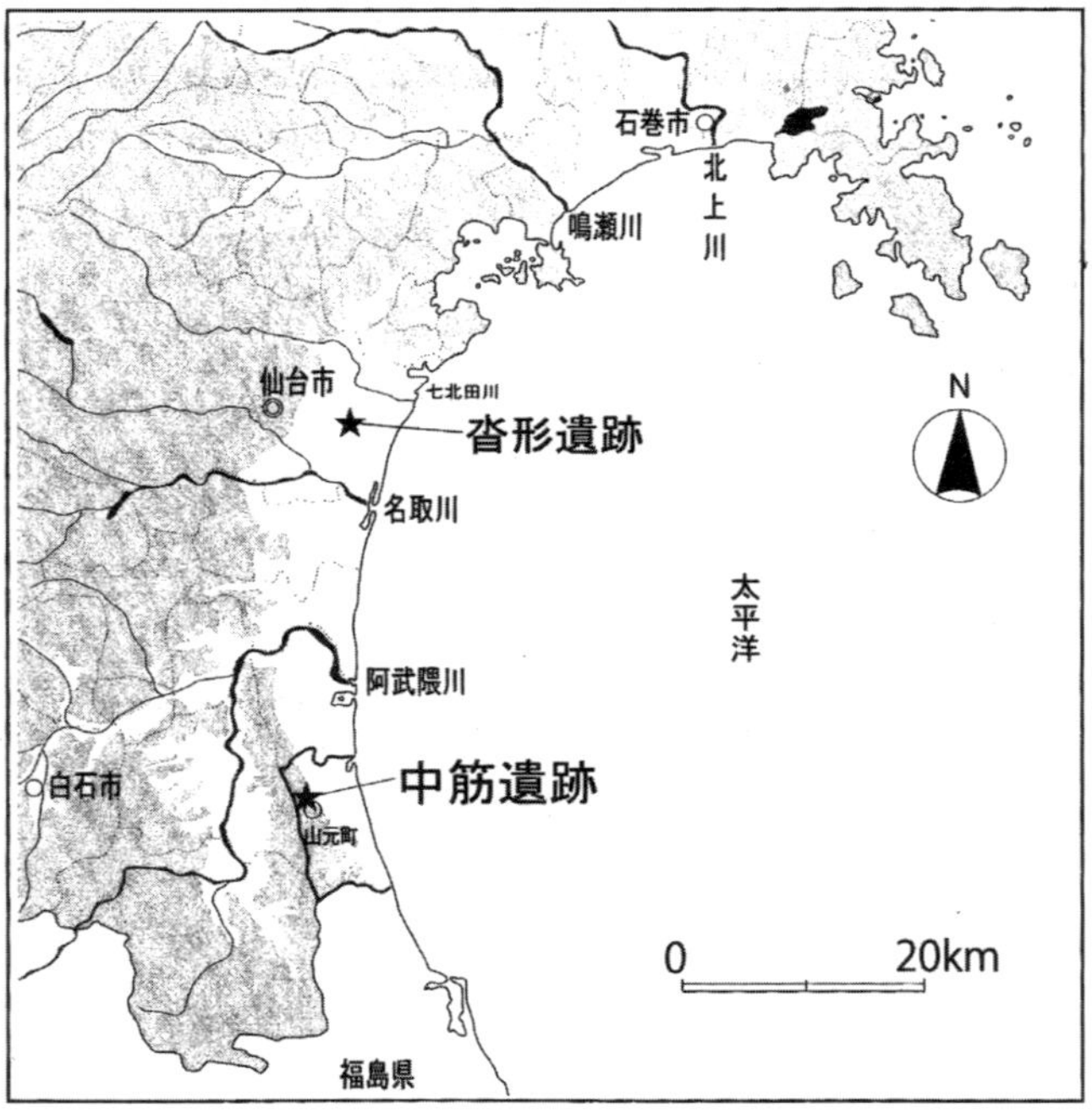

図5　仙台市沓形遺跡と山元町中筋遺跡の位置
（山田・佐伯 2015 より転載）

図７　会津の土器と北陸北東部の土器の比較１
（左：石川県埋蔵文化財センター提供　右：会津坂下町教育委員会提供）

図６　福島県会津坂下町宮東遺跡出土土器
（会津坂下町教育委員会提供）

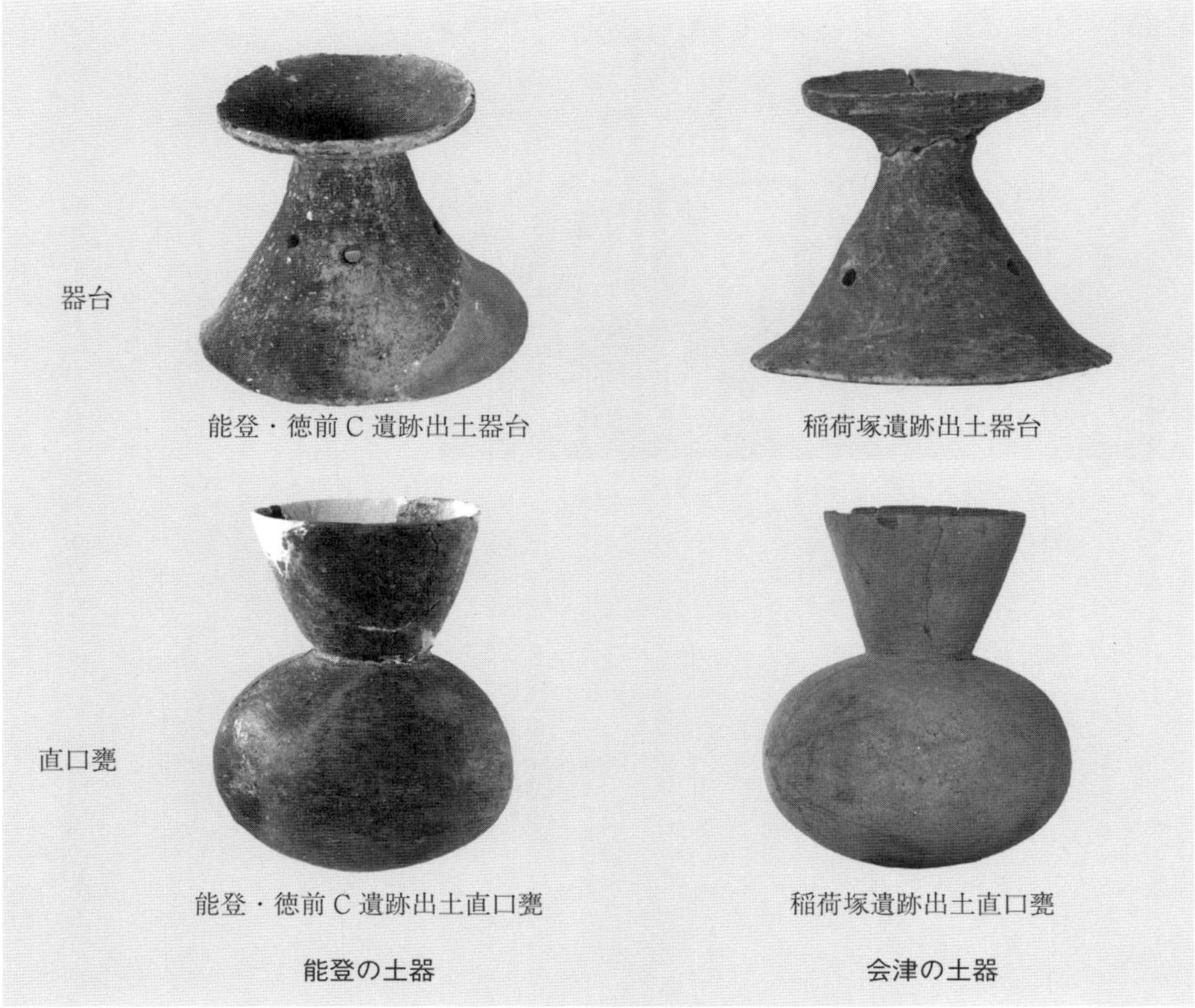

図８　会津の土器と北陸北東部の土器の比較２
（左：石川県埋蔵文化財センター提供　右：会津版下町教育委員会提供）

二　古墳時代社会の成立と移住者たち

弥生時代後期の土器、天王山《てんのうやま》式には縄文があり、一般的な弥生土器とは違う姿をしています。これについては、東北北部の要素が南部にも広がったという説明もあります。私は天王山式の段階では狩猟と採集を基盤とする社会になっていると理解していますので、土器の様相は、弥生時代後期に狩猟と採集を主とする人々が東北南部にも北部にもいたという状況を示すと考えます。

でも、おかしいですよね。狩猟と採集を主とする社会が存続するのならば、やがて古墳を築くような社会に至るとは思えません。現に東北北部では狩猟と採集を基盤とする社会が続いています。しかし、東北南部には古墳はあり、築かれた前方後円墳の姿から大和との関係を読み取ることができます。そこをどう説明するかはずっと悩んでいました。

その疑問に一つの解答を与えてくれたのが図6の土器です。私は東北で三〇年ぐらい土器をみてきていますので、たいていの土器はわかるつもりでしたが、この土器は最初はまったくわかりませんでした。かなり考え悩んで、やがて教えてくれる方もいてわかってきました。

図９　会津坂下町中西遺跡調査風景
（会津坂下町教育委員会提供）

図10　会津坂下町男壇遺跡方形周溝墓
（会津坂下町教育委員会提供）

図7の右側は図6と同じ土器、左側は能登半島のつけねのあたりの土器です。左側がもとの姿で、右側は左側の能登半島の土器をルーツにした土器であると考えられました。つまり会津地方に北陸の系統の土器があるということがわかってきました。その目で見ると、会津盆地には北陸系の土器が多くありました。図8も左側が能登の土器、右側が会津の土器です。そっくりだと思っていただけますか。私はそっくりだと思っているのですが、これを見ると会津の人と能登の人は同じ生活の道具を使って暮らしていたということに

図11　石巻市新金沼遺跡出土土師器（石巻市教育委員会所蔵）

なります。

土器だけではなくて、図9は会津で発見された竪穴住居ですが、能登の住居と間取り、柱穴の位置がそっくりです。間取りが同じということは生活の仕方が同じだということです。もう一つはお墓です。図10は方形同溝墓と呼ばれるお墓です。これも東北地方の伝統にはないお墓で北陸はよくみられます。生活の道具もお墓も住居も同じだったらその両者には非常に強い関係があるとしか考えられません。しかも北陸地方と会津は距離が離れていて、日常的に交流があるとは思われないのです。私は、このような状況は北陸から人が移住してきたことを示すと考えます。家も墓も生活の道具も変わらないものが距離の離れた地域で大量に出土するという状況を、ほかに説明することは難しいと思います。弥生時代から古墳時代にうつる最初の段階として北陸から会津、米沢、山形庄内平野、福島浜通り、そして福島の中通りにも一部あるのですけれど、そのエリアに人が移住してきたと思っています。

それでは宮城県、福島県全域はどうなのかということが問題になってきます。最近意を決して言いはじめたことがあります。図11は石巻市新金沼《しんかなぬま》遺跡出土土師器です。古墳時代前期の中でも古い土器なのですが、この土器と弥生時代終末の土器、天王山式との違いは歴然としています。なによりも土器の種類が全然違います。土器が生活の仕方を表わしているとすれば弥生時代終末の土器群とこの土器群ではまったく違う生活を想定することになりますし、時間的には近いはずなのにお互いの影響関係も認められません。何が起きたのか悩んでおりました。私は本当は移住ということをあまり言いたくないので、ずっと逡巡していました。しかし、会場にもおいでになっている西川修一さんが千葉県のエリアでは大和の第Ⅴ様式の叩き甕、大和の弥生時代の特徴的な甕を使うようになって、それが少しずつ変わって外面をハケで仕上げる図12のような土器を使うようになったということを明らかにされました（西川一九九一）。上段は千葉県戸張一番割《とばりいちばんわり》遺跡の土器、下段は先ほどふれました宮城県山元町中筋遺跡の土器です。図12に挙げた土器は、同じような形でも大きさが違います。現代でも茶碗とどんぶりが用途が違うように、この時代でも大きさが違うと違う種類の道具だと思いますので、大きさごとに並べてみました。同じ甕でも大きさごとに用途が違うのですが、それぞれがそっくりです。

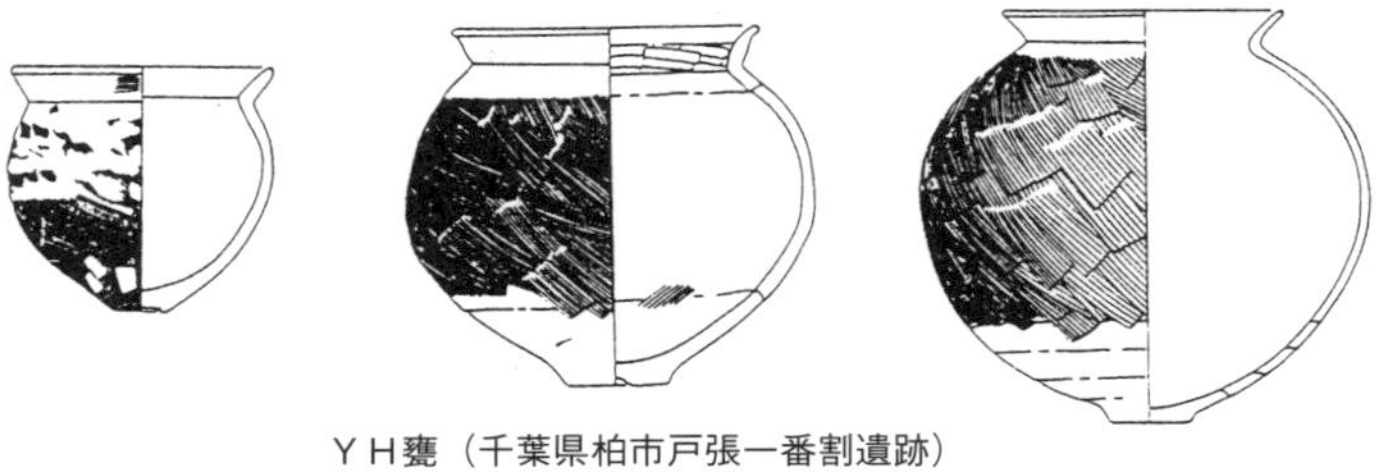

ＹＨ甕（千葉県柏市戸張一番割遺跡）

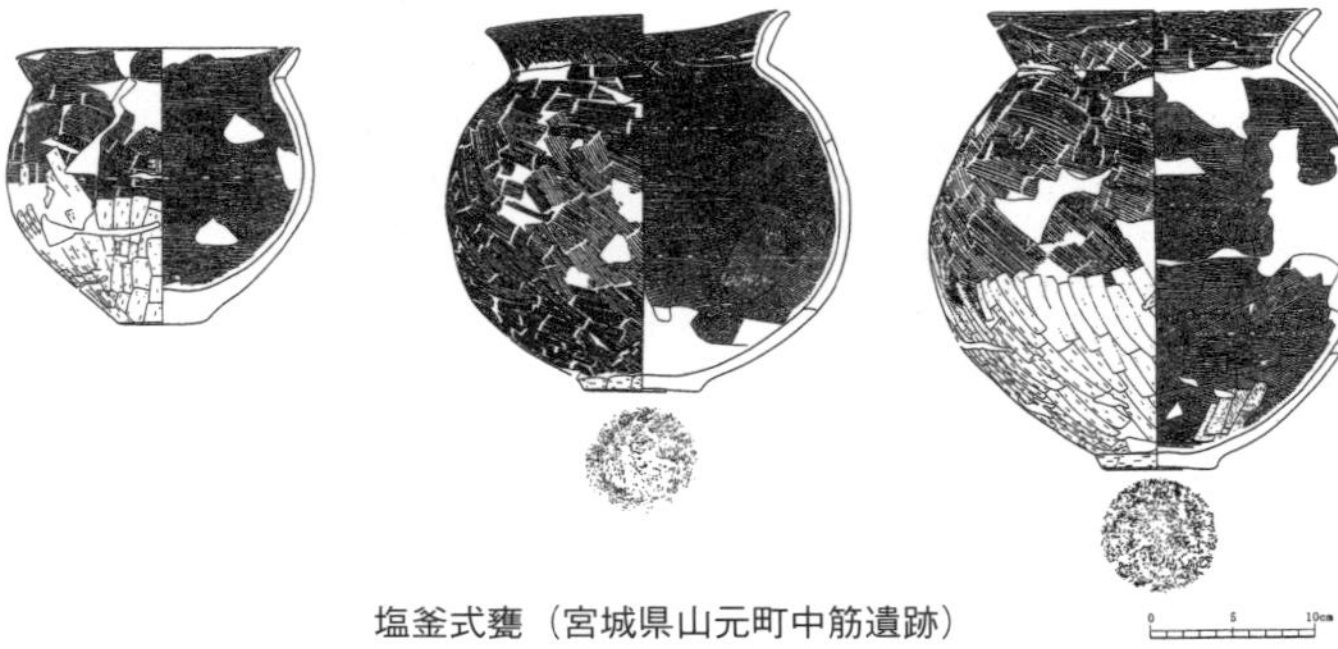

塩釜式甕（宮城県山元町中筋遺跡）

図12　古墳時代前期千葉の甕と宮城の甕
（上段：西川 1991 第図 10 より位置変更して転載　下段：山田・佐伯 2015 より作成）

　次は住居です。図13は竪穴住居で、左が宮城県岩沼市北原《きたはら》遺跡、左が千葉県佐倉市飯合作《いごうさく》遺跡で発見された竪穴住居跡です。竪穴住居の形、炉の位置などがそっくりです。

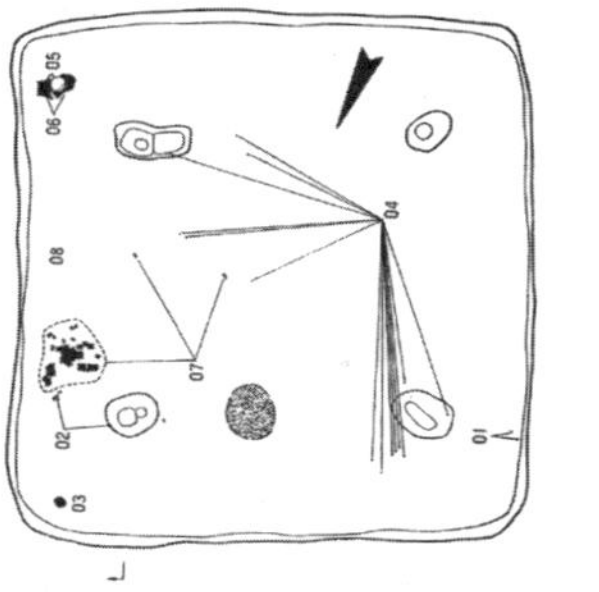

宮城県岩沼市北原遺跡

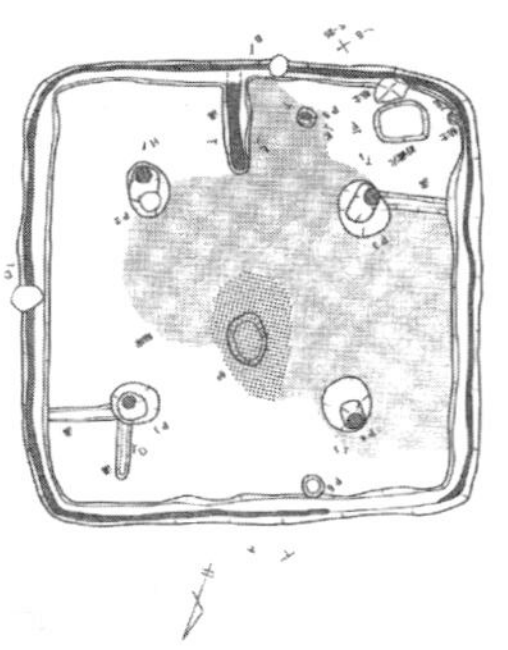

千葉県佐倉市飯合作遺跡

図13　竪穴住居の比較
（左：宮城県教育委員会 1993　右：千葉県埋蔵文化財センター 1978）

　図14は石巻市新山崎《しんやまざき》遺跡で発見された方形周溝墓です。この形の墓も東北の弥生時代にはありません。溝の内側に軽く盛り土をした

お墓です。これが土器と一緒に持ち込まれています。先ほどの会津での理屈といっしょで、墓と家と生活の道具を共通する、一つだけではなく、大量に出てくるので、これも集団移住の結果としか考えがたいと最近は言うようになりました。図15は宮城県山元町中筋遺跡で発見された大変珍しい庶民の墓です。これも東北の弥生社会にはありません。お墓が違うというのは多分あの世はどうなっているのか、人は死ねばどういうふうに送ってあげなければいけないのかという考え方、信仰の形が違うということです。墓が違っているというのは単純にやり方が変わったというよりは、埋葬の儀式とか死後の世界がどのようなものなのかという考え方まで変わったと言え

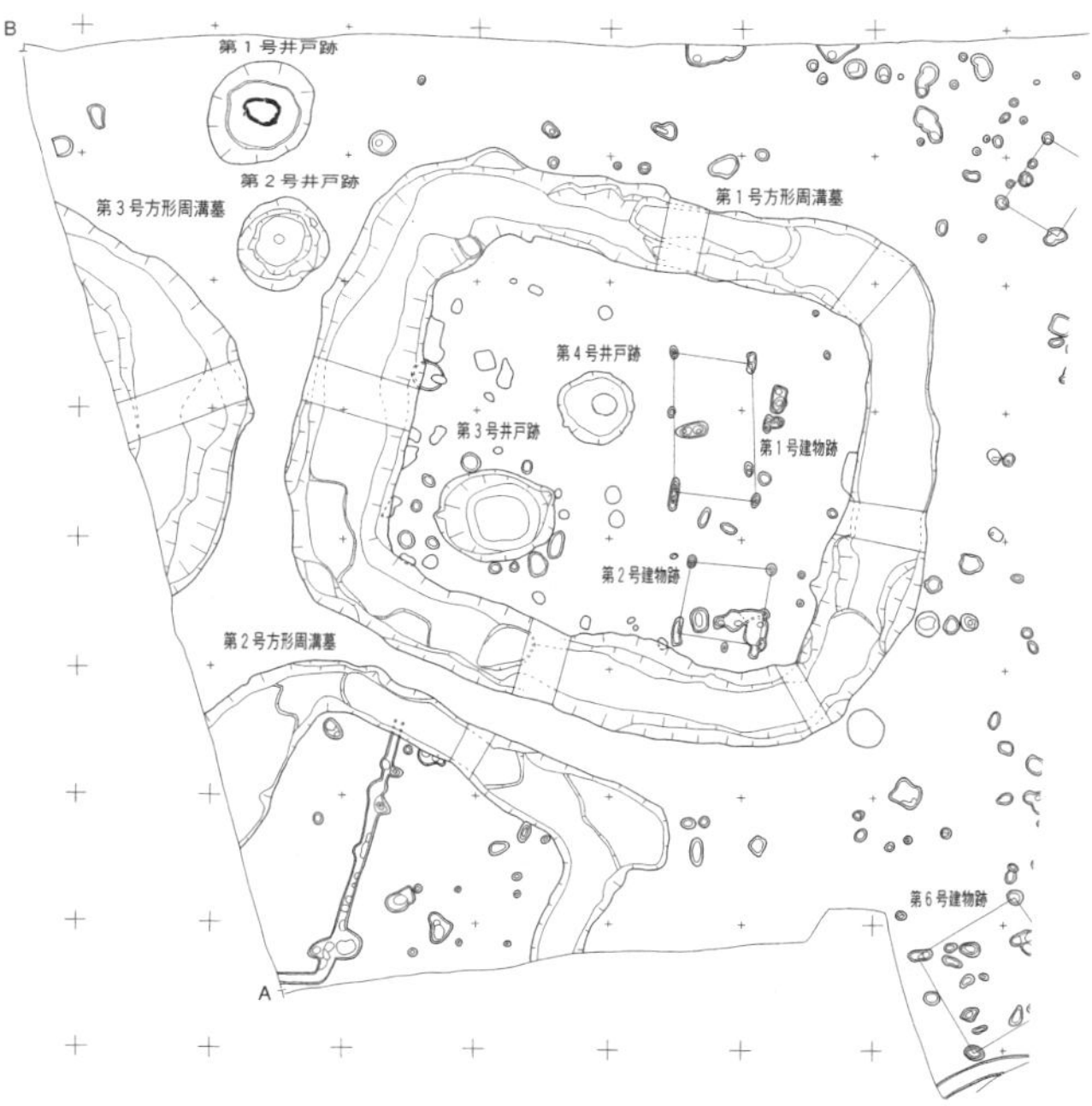

図14　石巻市新山崎遺跡出土方形周溝墓
（石巻市教育委員会2000より転載）

図15　宮城県山元町中筋遺跡　木棺墓
（山元町教育委員会提供）

ます。ここでもやはり関東の沿岸部、とくに千葉県を中心とする地域からの人の移住があったと考えられます。

移住してやってきた人々はすでに支配者がいる世界に生きてきています。北陸北東部も千葉県域もそうです。卑弥呼が死んだ後に倭国が乱れた時もその中にいたはずの人々ですから、集団的に、組織としてリーダーと従う人がいる社会で暮らしています。彼らがやってくれば当然そういう社会が東北南部でも登場したのだろうと思い

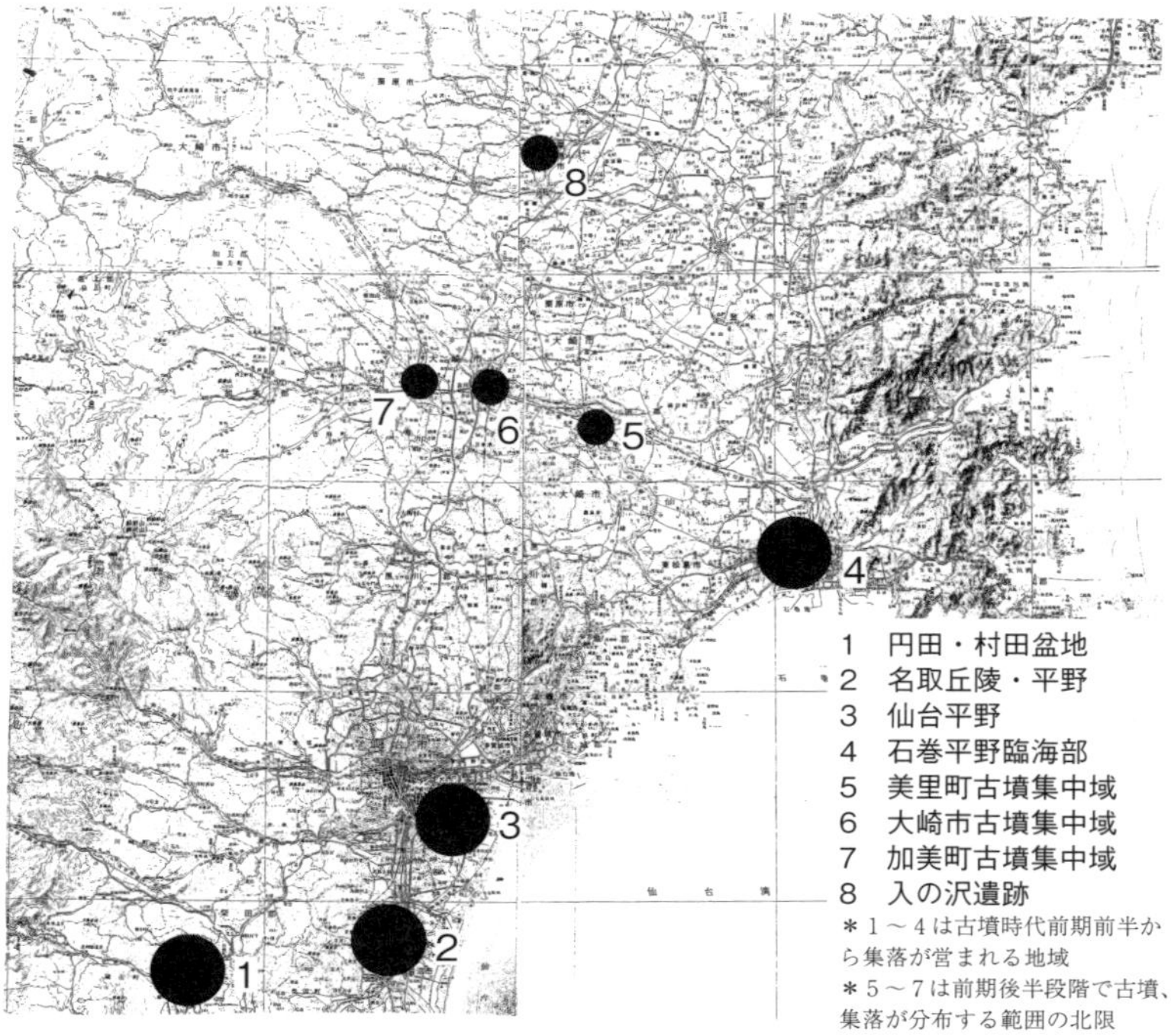

図16　宮城県内の塩釜式期遺跡分布図

ます。ただ、登場した場所は古い段階は先ほど説明した沿岸部で、使われていない広大な空閑地にどうも関東から人がやってきたようです。図16で一つだけ沿岸ではない場所があります。蔵王町、村田町のあたりです。ここは弥生時代以来の人が住み続けていたはずなのですが、なぜか入ってきています。ただ、基本的には人が活動していない広大なエリアにまずは移住してきた人々が社会を営み始めたということのようです。

福島県域でも、沿岸部に塩釜式期（古墳時代前期）の小さな集落が多く登場するということを聞いています。それもおそらく同じように人々がいないところに関東から移住してきたということだと思います。図16の大きな丸の1〜3は古墳時代前期、前方後円墳が出現する場所です。古墳時代の初め、三世紀の後半頃に拠点的な集落が営まれたのは石巻平野、仙台平野、名取平野、円田、村田盆地周辺です。入の沢遺跡を含めて宮城県北部の遺跡は沿岸部よりも新しく、編年にして三つぐらいの違いがあるのですけど、四世紀後半ぐらいになって宮城県北の内陸に人々が住み始めると考えます。髙橋さんのご説明では県北にも一部古い土器があるとのお話でしたので、少し修正が必要かもしれませんが、大崎平野北部に古墳が出現し、土師器を使う人々、入の沢遺跡と同じような土師器を使って生活する人々が登場するのは四世紀後半のことです。

三　前方後円墳出現の意味

こういう中で古墳が登場します。古い段階に移住した図16の1〜3の地域では、大型の前方後円墳が作られます。前方後円墳は大和王権が作り出して、自分たちと連合を組むということを受け入れた

人たちに与えられたお墓の作り方です。前方後円墳を作るようになった人々はつらかったでしょうね。前方後円墳という、あの世がどうなのかということもわからない中で伝統的な墓を捨てて作りなさいと言われるわけですから、難しい決断だったと思います。この地域の人々にとって、大和と結ぶと自分たちの安全度が増す、後ろ盾ができるということだったと思います。卑弥呼が魏の皇帝に応援をお願いして檄文を渡されます。あれも卑弥呼は魏の皇帝を後ろ盾として使いたかったからです。大和と結ぶということは、大和側からみると服属したという話になりますが、この地域の人々から見ると大和と結んでおけば良いものも貰えるし、情報も来るし、最新

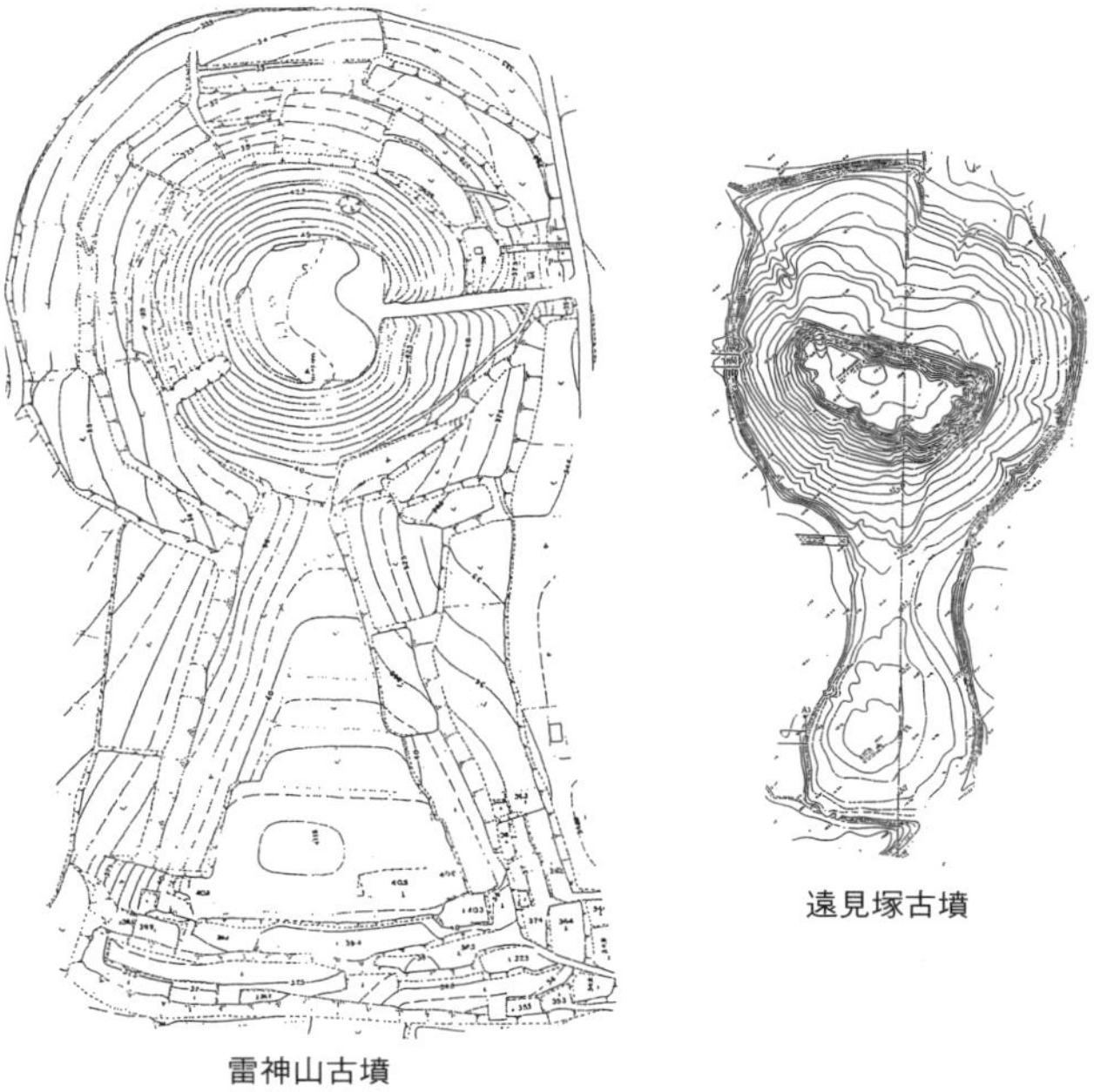

図17　遠見塚古墳と雷神山古墳
（左：恵美 1977・1978 より転載　右：結城・工藤 1983 より転載）

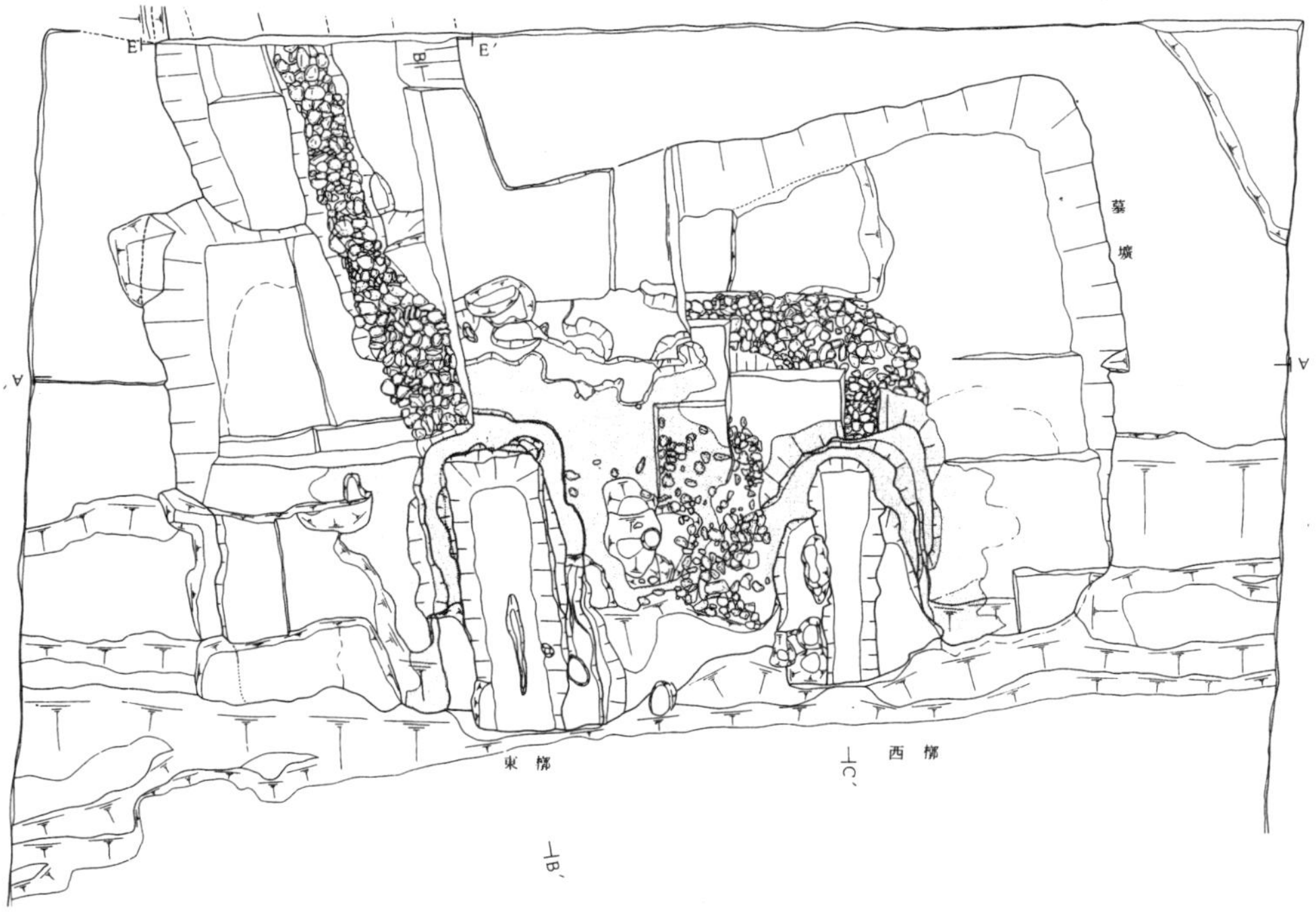

図18　遠見塚古墳粘土槨（結城・工藤 1983 より転載）

の文物も手に入るというメリットに加えて、自分たちが生き残るために大きな後ろ盾が手に入るということを意味します。その代わりに、自分たちの伝統的なお墓を放棄し、大和の作りだした前方後円墳とその背後にある信仰、死生観を受け入れることになります。

図17左は名取市雷神山古墳全長一六八メートル、右は長一一〇メートルの遠見塚古墳です。遠見塚古墳は、仙台平野に基盤をおく、首長の墓です。四世紀後半ぐらいかなと私は思っています。名取市雷神山古墳は仙台空港から西に見える丘陵上にあります。たまに仙台空港の離発着が西方向だと飛行機から見えることがあります。これも四世紀後半ぐらいです。古墳を築造したのは大和と結んだ人々です。前方後円墳の築造で大和との関係を表現する勢力の広がりが大和王権の領域ということになります。仙台平野の生産力も相当なものですし、名取平野にはたくさんの人々がいます。雷神山古墳の近くには阿武隈川の河口がありまして、雷神山古墳の主は阿武隈川の水運も掌握する大変有力な首長です。大和にとっては是非とも手を結びたい相手に違いありません。逆に石巻の勢力はついに前方後円墳を作りません。大和と結ぶことにメリットがないと考えたんだと思います。

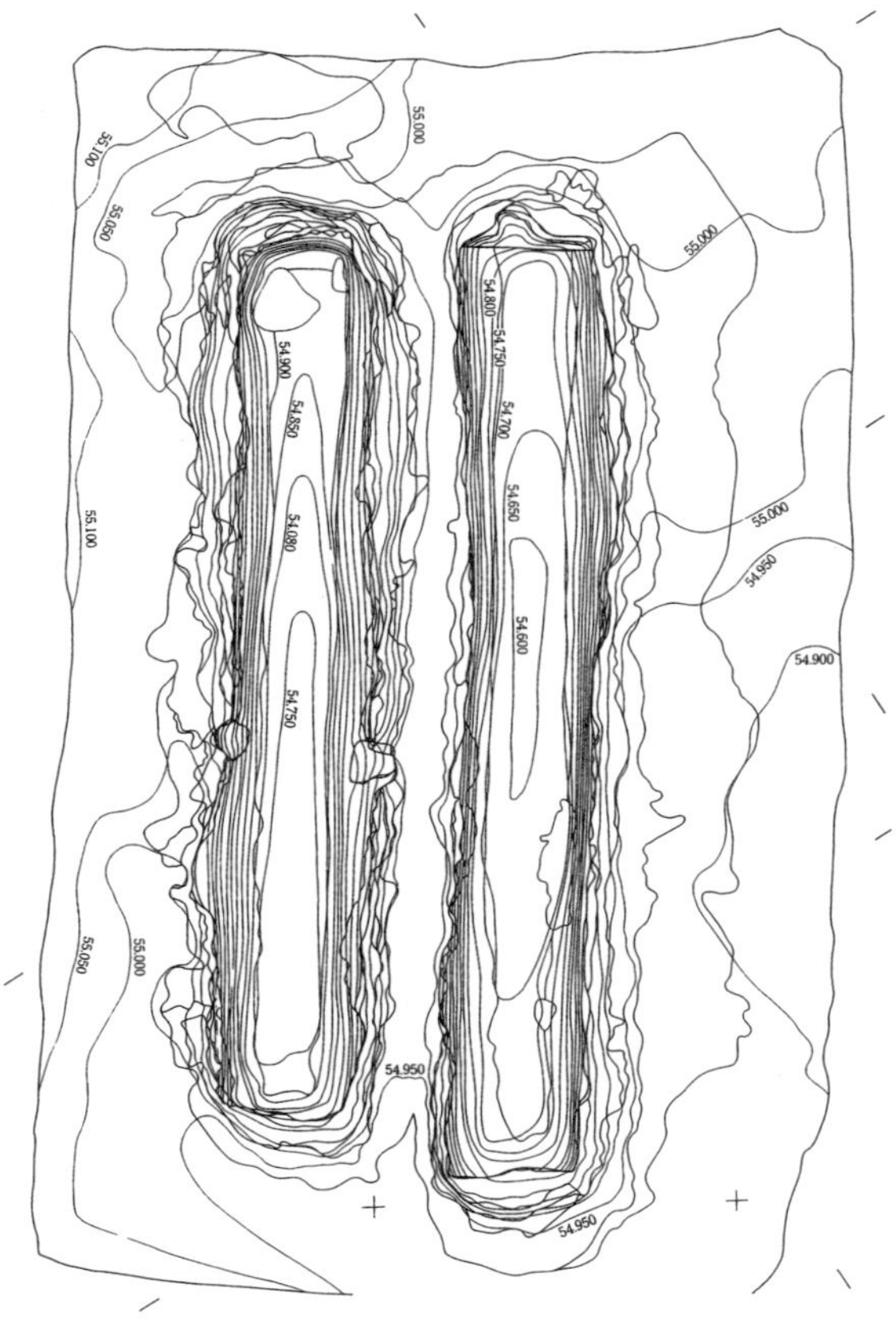

図19　大塚森古墳粘土槨
（辻2008より転載）

遠見塚、あるいは雷神山古墳の主がどの範囲までの人々を掌握していたのかということについて考えていることがあります。図18が遠見塚古墳の棺を粘土でくるむ粘土槨といわれる埋葬部です。西半分は戦後の米軍の土取りで壊されてしまっていますが、幸いにして東側は残っています。この遠見塚古墳の埋葬の形と大崎平野加美町大塚森古墳の埋葬部はそっくりです（図19）。少し話がそれますが、大塚森古墳には埋葬が行なわれる前に古墳に登っていく道があります（図20）。多分埋葬される人が生きている間に古墳の上に道が作られ、登っていることは間違いないので、大塚森古墳は被葬者が生きている内に作られた古墳だと思います。埋葬の段階ではそれと別の道が作られ、その道を登っていくと埋葬部に着きます。埋葬部には粘土でくるまれた二つの棺が並んでいます。細かいところで専門的にいろいろよく似たところがあるのですが、全体としても遠見塚古墳と良く似ていまして、遠見塚古墳と大塚森古墳との関係はかなり密接なものだ

図 21　石巻市新金沼遺跡 15 号住居出土
続縄文土器
（石巻市教育委員会所蔵）

図 20　大塚森古墳墓道と埋葬部

図 22　入の沢遺跡調査全景

ろうと考えています。そう考えれば、遠見塚と大崎平野の古墳との関係はかなり強く、おそらく遠見塚古墳を介して大塚森古墳の主は大和王権の連合体に加わっていたのではないかと思っています。ですから私は大和王権の範囲はどこまでかと聞かれると、大崎平野までと答えてきました。大和というと別のところにあるような感覚があるように思いますが、大和王権というのは連合体ですから、連合体に加わった人たちが大和王権のエリアだとすれば、大崎平野までが大和王権の範囲ということになると思います。余談ですが、大和王権は四世紀には海を越えて朝鮮半島に出兵していますので、ひょっとしてこの地域の人々も朝鮮半島に連れて行かれたのかなと思います。

　図21は石巻市新金沼遺跡出土の続縄文土器です。これまでは、北の続縄文文化と大和王権の一翼を担っていたはずの大崎平野の人々との間に深刻な対立があるとは思っていませんでした。八木さんのお話でも交流ということで、かなりたくさんのものが行き来しています。図21の続縄文土器は土師器といっしょに出てきています。土師器を使う人々と続縄文文化との間に軋轢ということは想定していませんでした。

四　入の沢遺跡と東北の古墳時代

　これまでは北の世界と大和王権との関係は交易を通じてお互いにメリットのある関係として平和的な世界を想定してきました。しかし入の沢遺跡を昨年見学しましたときに、なんでこんなに防御を固めなければいけないんだろう。火を受けているのはどういうことなんだろうと思いました。どう考えても，大和王権のエリアと続縄文のエリアとは少なくとも一時的には緊張関係にあったのではないかと思います。じつは、日本列島で大和王権が地方に勢力を広げていくときに具体的にどういう状況だったのかということを理解できる遺跡を私はほとんど知りません。その意味では、王権の一翼を担った千葉県域から移住してきた人々が北を目指して拡張するときに、こんなに防御を固めなければならなかったということが、大和王権が自らの勢力を広げていくときに地方とどういう関係にあったのかを考える上で大変重要な知見です。その意味で、日本史上大和王権と地方との関係を考えるために、この遺跡はきわめて重要な情報を提供していると思います。

　最後に、近くに美里町山前《やままえ》遺跡があります。大溝で囲まれてて、これまで豪族の居館だという意見も多かった遺跡です。しかし、入の沢遺跡と良く似た構造を持っています。大郷町鶴館《つるだて》遺跡でも同じような大溝があります。大崎から栗原にかけて大和王権が北に進もうとした時に、続縄文の社会の人々が住んでいた場所に踏み込んでいくことになりますので、その時に大きな軋轢を生じたのか、戦いがあったのか、ということを考えざるをえないのかなと思っています。そのあたりはこの後全国的な視野での和田さんのお話、あるいは討論の中でもう少し深めた話をしたいと思います。

引用文献（年代順）

恵美昌之　一九七七『昭和五一年度　史跡雷神山古―環境整備のための基礎的調査概報―』名取市文化財調査報告三
千葉県埋蔵文化財センター　一九七八『佐倉市飯合作遺跡』
恵美昌之　一九七八『史跡雷神山古墳―昭和五二年度発掘調査概報―』

名取市文化財調査報告五
結城慎一・工藤哲司　一九八三『史跡遠見塚古墳昭和五七年度環境整備予備調査概報』仙台市文化財調査報告書四八
西川修一　一九九一「関東のタタキ甕」『神奈川考古』七二
宮城県教育委員会　一九九三『北原遺跡』宮城県文化財調査報告書一五九
石巻市教育委員会　二〇〇〇『新山崎遺跡』石巻市文化財調査報告書八
石巻市教育委員会　二〇〇三『新金沼遺跡』三陸自動車道建設に伴う発掘調査報告、石巻市文化財調査報告書一一
辻　秀人　二〇〇八「大塚森古墳の研究」『東北学院大学論集歴史と文化』四三
仙台市教育委員会　二〇〇七『沓形遺跡（仙台市高速鉄道東西線関係遺跡）現地見学会資料』
斎野裕彦ほか　二〇一〇『沓形遺跡』仙台市高速鉄道東西線関係遺跡発掘調査報告書Ⅲ―、仙台市文化財調査報告書三六三
山田隆博・佐伯奈弓　二〇一五『中筋遺跡』山元町文化財調査報告書一〇

ヤマト王権の動向と東北の古墳時代社会

和田晴吾

はじめに

皆さんこんにちは。私は二〇一五年三月までは立命館大学におりましたが、四月からは兵庫県立考古博物館に勤務しております。どうぞよろしくお願いいたします。今回は興味深いシンポジウムに参加させていただき、非常に光栄でうれしく思っております。

テーマとしましては「ヤマト王権の動向と東北の古墳時代社会」というものです。たいへん大きな題名をいただいて、話したいことがたくさんありますので、できるだけ寄り道をしないで話をしたいと思います。

私が入の沢遺跡に初めてまいりましたのは、昨年（二〇一四年）の暮れです。第一章で鏡について発表された森下章司さんに誘っていただき、日帰りでやってきました。その時の印象は非常に強烈なものでした。小高い丘陵の上にある土塁と壕と塀に囲まれた防塞的な集落で、眼下の盆地を睥睨しているような威圧感のある遺跡だと強く感じました。その北の方には、北海道の続縄文文化につながる社会が広がっていて、南の方には、畿内地域を中心とした古墳文化の社会が広がっています。そういうところに入の沢遺跡があります。しかも、この丘陵の下には律令期の伊治城《いじじょう》が存在しているということで、きわめて興味深いところに興味深い遺跡が見つかったということになるかと思います。

これまでのお話では、入の沢遺跡の時期は古墳時代前期の終わり頃だということです。実年代で言えば、私は皆さんよりは少しだけ古く、四世紀の中葉から後葉にかかるぐらいの頃になるかと考えています。そのような時代に遺跡の周辺でどのような出来事が展開していたのか、ということが今回のシンポジウムの最大のテーマです。そのなかで私の役目はその当時の政治、経済などの中心でありましたヤマト王権中心部の政治的動向を概観しつつ、この問題を考える素材を提供することにあるかと思います。

現場を訪れました時は、非常にひどい天候でして、持って行った傘がつぶれてしまいました。それに比べて、今日は、こういう立派な会場でじっくりと話し合いができるということで楽しみにしています。

一　古墳とヤマト王権

（一）古墳とは

それではまず、古墳とヤマト王権というテーマから話をはじめます。私たちは古墳時代の王権をヤマト王権と呼んでいますが、ヤマト王権自体は目に見ることができません。しかし、私たちは当時の最高権力者である大王のお墓ですとか、有力な首長のお墓を見ることはできます。そこで、それらを比較検討することによって、ある程度、ヤマト王権の姿を読み取ることができると思って研究を進めています。

古墳の代表的なものは前方後円墳です。前方後円墳が造られたのは、三世紀中葉頃から六世紀後葉頃までの三五〇年ほどの間になります。皆さんもよくご存じの歴史上の有名な人物で言いますと、卑弥呼の頃から聖徳太子の頃までと思っていただけたらいいかと思います。その間の、前方後円墳が造られた時代を古墳時代と呼んでいます。研究者によっては、七世紀終わりから八世紀初め頃と言われている高松塚も古墳ではないか、東北地方で言えば横穴や横穴式石室は七世紀あるいは八世紀にかかる頃までたくさん造られているではないかということで、七世紀代も古墳時代に含める人がいます。しかし、前方後円墳が造られなくなった時代は飛鳥時代と呼ぶということで、今日は話を進めさせていただきます。

古墳の分布する範囲として、図1をご覧ください。この図には二〇世紀までに見つかった前方後円墳、前方後方墳のほぼすべてを点として表わしています。立命館大学の大学院生だった南部裕樹さん（現・東大寺）にたのみましたら、二週間ほどもかかって下図を作ってくれました。ですから、かなり正確に分布が示されています。

南の端は鹿児島県大隅半島東海岸の志布志湾沿岸で、東へ北へと広がって、太平洋岸で一番北の端は岩手県奥州市の角塚《つのづか》古墳という帆立貝形古墳です。当時、水稲農耕社会が広がっていた地域を基盤として古墳は造られていて、時期によって差はありますが、この範囲がヤマト王権のおおよその範囲だと考えていただければと思います。

墳丘の基本形は前方後円墳、前方後方墳、円墳、方墳の四つです。上円下方墳や八角墳などほかの形のものもありますが、それらは七世紀になってから出てきたものです。帆立貝形というのは前方後円墳の前方部が短いもので、帆立貝の形に似ているのでそう呼んでいます。前方後円墳は、帆立貝形古墳約五〇〇基を含めて、全部で四七〇〇基ほどあります。

前方後円墳の大きいものでは、大阪府堺市に仁徳天皇陵古墳があります。大山《だいせん》古墳ともいいますが、近々世界遺産に登録したいと大阪の方では動いています。長さは約四八六メートル。羽曳野市の応神天皇陵古墳（誉田御廟山《こんだごびょうやま》古墳）も、約四二五メートルという巨大な古墳です。小さいものでは二〇メートル前後のものがあります。調べましたら八メートルという冗談みたいに小さいものもあります。そういうものも含めて四七〇〇基ぐらいの前方後円墳があり、その分布が図1のようになっています。

前方後方墳は、規模も数も前方後円墳よりも劣勢ですが、およそ五〇〇基ぐらいあります。それに大型、小型の円墳・方墳を加えますと、全体で一〇万基を超えると思います。今、文化庁では古墳と古墳群で約十六万基を数えると言われています。実際はもっと増えると思いますが、そこから七世紀に造られたものを差し引くと一〇万基を優に超えるぐらいという表現が一番あっているのではないかと思っています。

この三五〇年ほどの間、人々はあたかも熱に浮かされたかのように古墳造りに熱中しました。これだけの数の大小の古墳を造ろうと思えば、年中造っていたのではないかと思うほどです。多分、今からから見れば、当時の人々は死んだ人を身近に感じ、死者とともに生きていたのではないでしょうか。

その古墳のもっとも大きな特徴の一つは、これまでの話からもわかりますように、形や規模の格差が大きいと言うことです。言い換えると、それぞれが自由勝手に造られたのではなく、墳丘の形と規模を主要な基準として、全長二〇〇メートルを超えるような巨大な

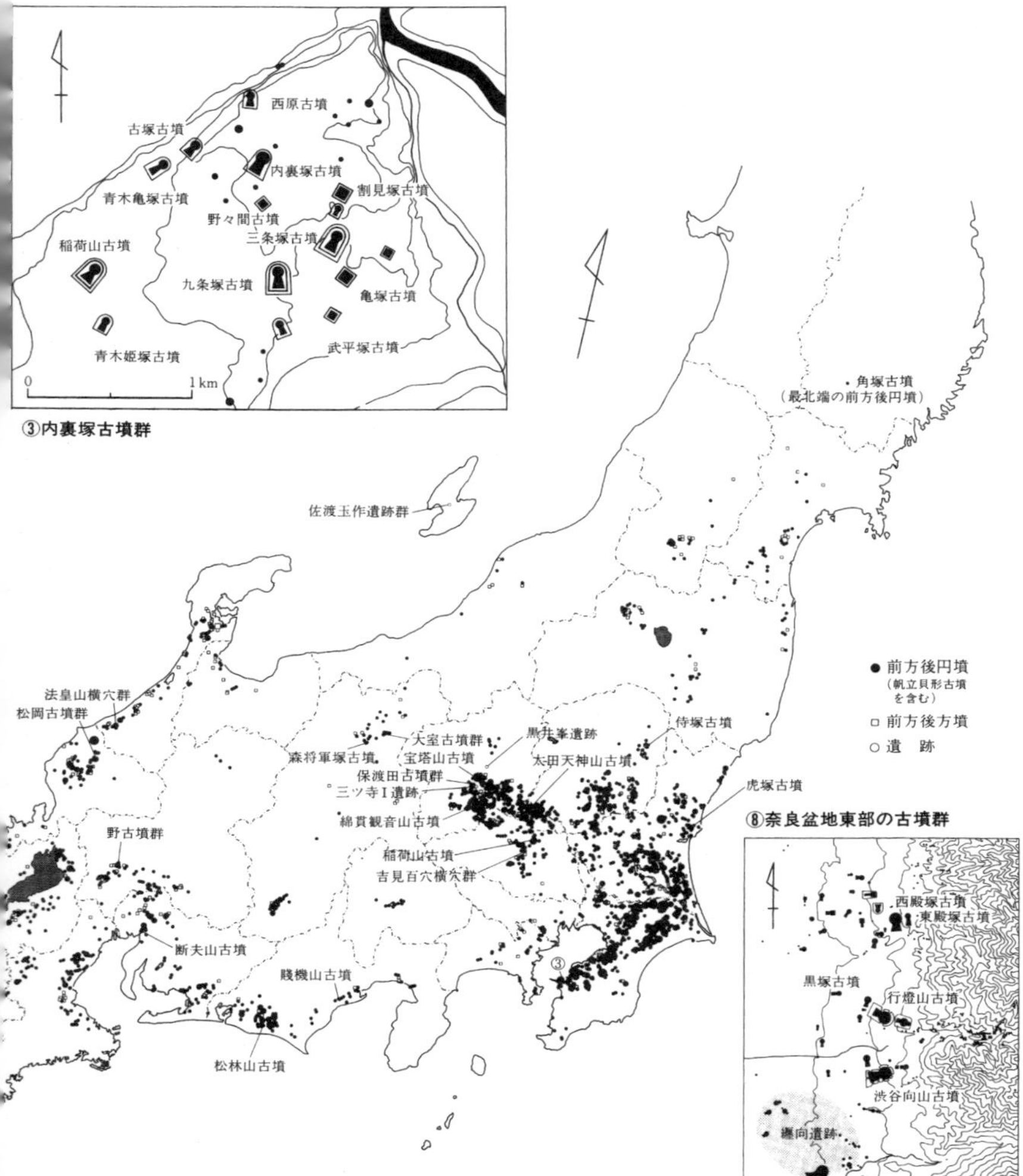

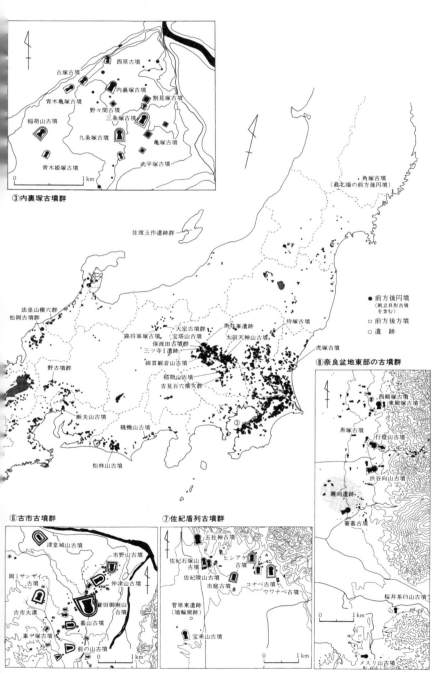

の分布図（永原 1999・和田原図）

前方後円墳を頂点として、前方後円墳、前方後方墳、円墳、方墳が顕著な階層差のある秩序（組合せ）をもって築かれたことにあります。

考古学で「ヤマト王権」という場合には、この古墳の秩序を成り立たせていた政治勢力を指します。前方後円墳の数だけなら、千葉県、茨城県、群馬県などの方が多いのですが、全長二〇〇メートルを超えるような、各時期で最大の古墳（大王墳）はどこにあるかと言えば、最初は旧国の大和にあって、次に河内へと移動していきます。しかし、政治の中心はおもに大和にあったということで、ヤマト王権と呼んでいるわけです。そして、古墳の形と規模は、被葬者の王権内における政治的な身分を反映しているものと考えています。

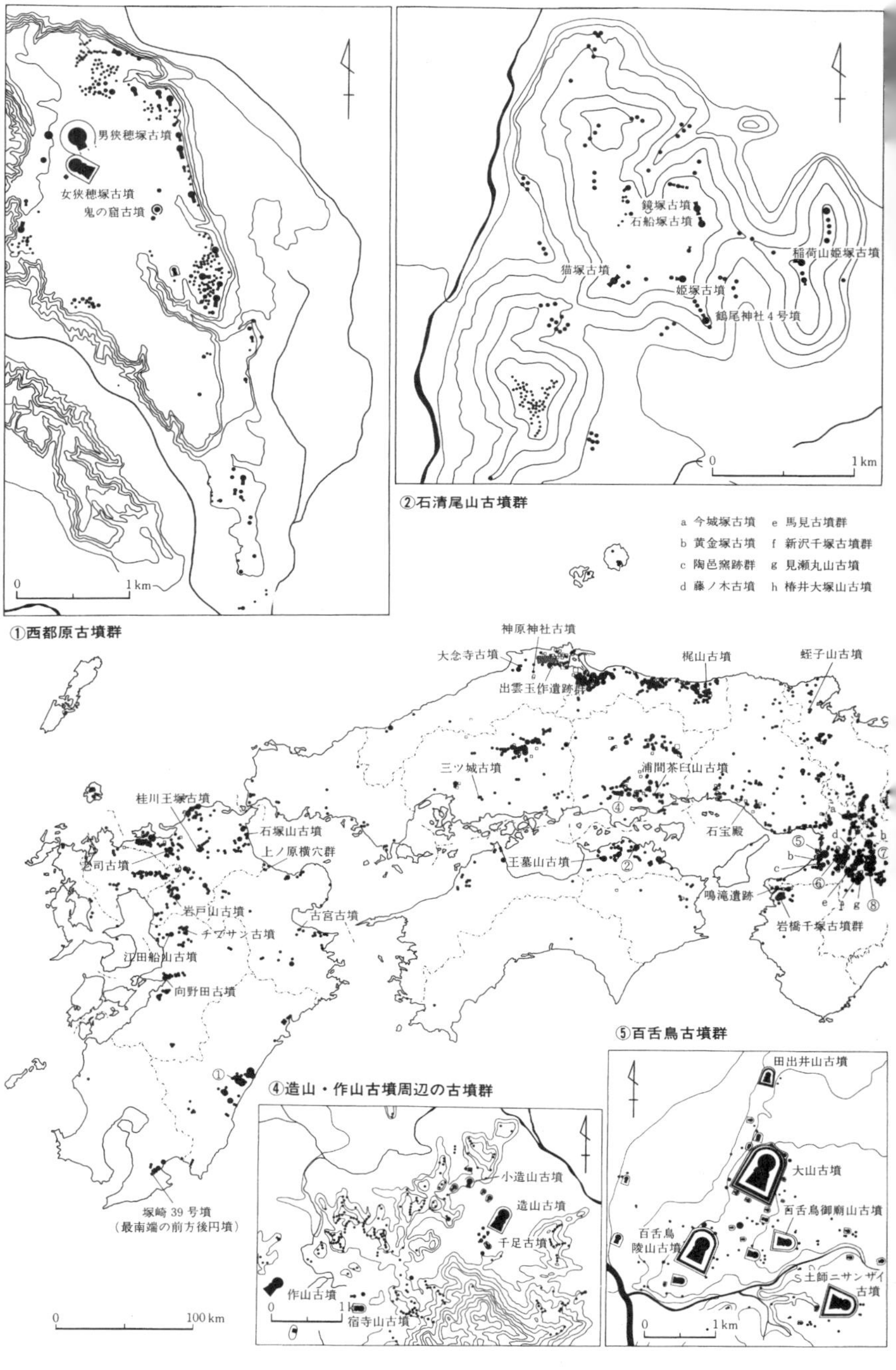

図1　前方後円墳・前方後方墳

(二) 首長連合体制

古墳時代前期・中期のヤマト王権の政治体制は、各地を支配する首長たちが政治的に結びついた首長連合体制が基本であったと考えています。首長といえば、現在の政治で選ばれた知事や市長を思いがちですが、当時は、多くの場合は特定の有力な氏族の長であったと思います。また、連合体制といえば、いかにもそれぞれの首長が対等な立場で政治的につながっていたと思われがちですが、決してそうではありません。有力者は二〇〇メートルを超えるような前方後円墳を造っていますし、そうではない者は直径二〇メートルぐらいの円墳を造っているというように、格差が非常に大きいのです。顕著な階層的格差をもった体制であります。このように、大王を頂点とする畿内の首長連合が、日本列島各地の首長層を政治的に統合する政治体制をとっていた、それが首長連合体制であると考えています。

具体的には、王権の中枢は、従属してきた首長にそれぞれ地元での在地支配を保証し、政治的身分を与え、それを持っていることによって首長の権威が上がるような威信材や、鉄、その他の必需品を分け与えます。また、直接与えなくても入手することを容認します。それに対して首長たちは、王権に従属するとともに、その配下の共同体の人々を率いて王権の様々な役割（職掌）を分担したり、軍務についたり、古墳造りや灌漑施設の開設・維持などの労役についたり、米や特産物を貢納したりするというような奉仕を行なったのだろうと思います（図2）。端的に言えば、王権による支配と身分の保障、物品の分配に対して、各地の首長は従属と奉仕でこれに応えるという構造が広がっていたのではないかと考えています。

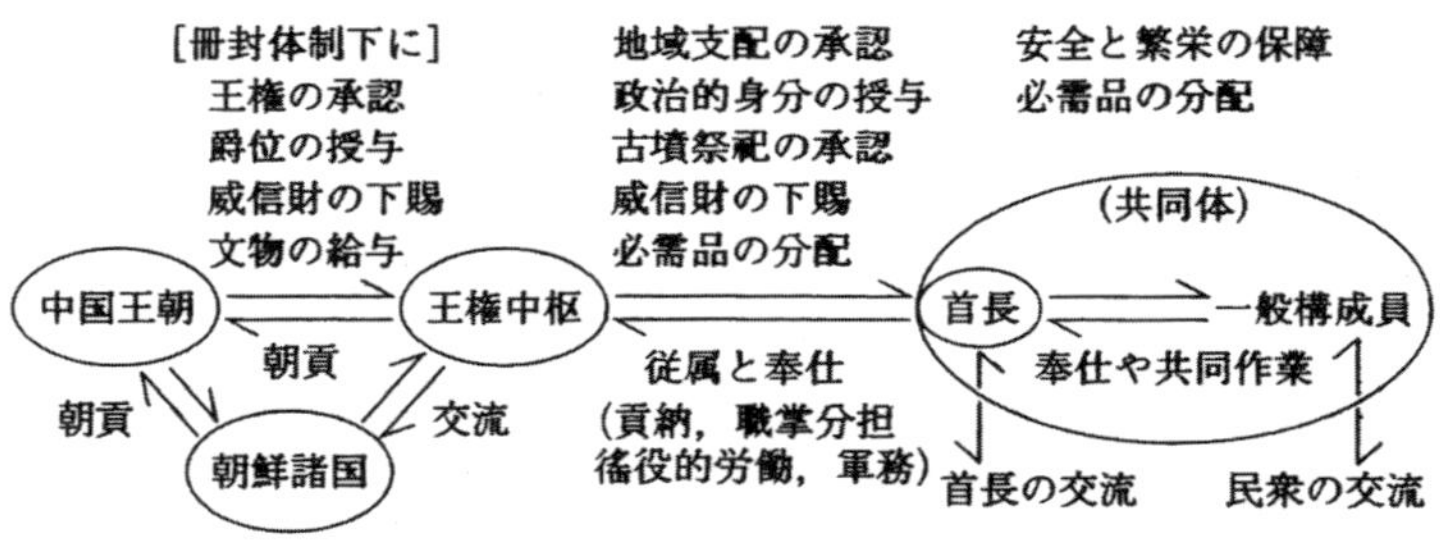

図2　古墳時代前・中期の人・もの・情報の流れ（和田 2004）

こうした体制が生まれてきた理由は、当時の社会においては、共同体とそれを率いる首長という単位が普遍的に広がっていたからなのでしょうが、そのまとまりの中心は、血縁関係や婚姻関係といった血の原理で結びついた同族的集団であったと思われ、多くの場合、首長はその一族の長であったわけです。言い換えると、首長と共同体という単位があったからこそ、首長連合体制という政治的枠組みも生まれてきたわけであります。

(三) 古墳の儀礼

そのような血の原理が中心となる社会においては、祖先を崇拝するという信仰が社会的価値の中に大きな位置を占めることになります。そして、そこでは、死んだ首長の魂の冥福を祈る葬送儀礼（喪葬儀礼）が社会的に重要な行為となります。私は、そのような社会での、お墓であるとともに、葬送儀礼の重要な舞台装置として造られたのが古墳ではないかと考えています。

現在、古墳は多くが緑に覆われています。仁徳天皇陵古墳に行きましても山があるだけで、古墳はどこにあるんだろうと思うほどです。しかし、古墳が造られた当時は、山を削り、土を盛り、表面に石を葺き、その上に様々な形の埴輪を立て並べました。後円部の頂上の平坦面の中央に家形埴輪群を置き、周りに蓋《きぬがさ》の形をした埴輪や、武器や武具の形をした埴輪を配し、その全体を円筒形埴輪や朝顔形埴輪で取り囲んでいるという状態です。木で作った埴輪も立てられることがありました（図3）。ほかにも布類を使った吹流しとか、旗や幡《ばん》や垂れ幕などもあった可能性があります。実は、古墳の表面は非常ににぎにぎしく飾り立てられていたのです。日本の古墳の最大の特徴の一つは、埴輪などで古墳の表面を飾り立てたことにあります。おそらく、世界中のどこにもないでしょう。私は、そのような古墳の表面には、死せる首長の魂が赴く他界、あの世が表現されているものと考えています。

　当時は、首長が死にましたら、殯《もがり》という首長の魂の蘇りを試みたり、死を確認する儀礼を行ないました。そして、首長の死を確認しましたら、遺体を船に乗せて古墳へと引っ張って行ったんだろうと思います。当時の人々は、貴人が死ぬとその魂は船に乗って他界に赴く、と考えていたと思われます。冥福を祈るということは、死者の魂を無事他界に送り届けることからはじまります。そこで、死者の魂が船に乗って他界へと赴く有り様を、現実の世界で模擬的に行なうために、飾られた実物大の特別な船に遺体を乗せて古墳まで引っ張って行ったわけです。行きつく先が古墳で、その表面には擬似的な他界が表現されていて、首長は無事かつ確実に他界に着いたことになります。確実に着いていなければ成仏（仏教用語かもしれませんが）しないで悪霊となってみんなに害悪を及ぼすことになります。そういうことの無いように、確実に魂をあの世に送り届ける、古墳は、そういう儀礼の大きな舞台装置でもあったと考えています。

　このような葬送儀礼がヤマト王権のもとでは全域的に共通のものとして受け入れられていて、王権がその内容や執行を直接または間接にコントロールしていたわけです。その他界である古墳には、先に指摘しましたように、形と大きさによって顕著な階層差のある一定の秩序が成り立っていたわけですから、おそらく、あの世である

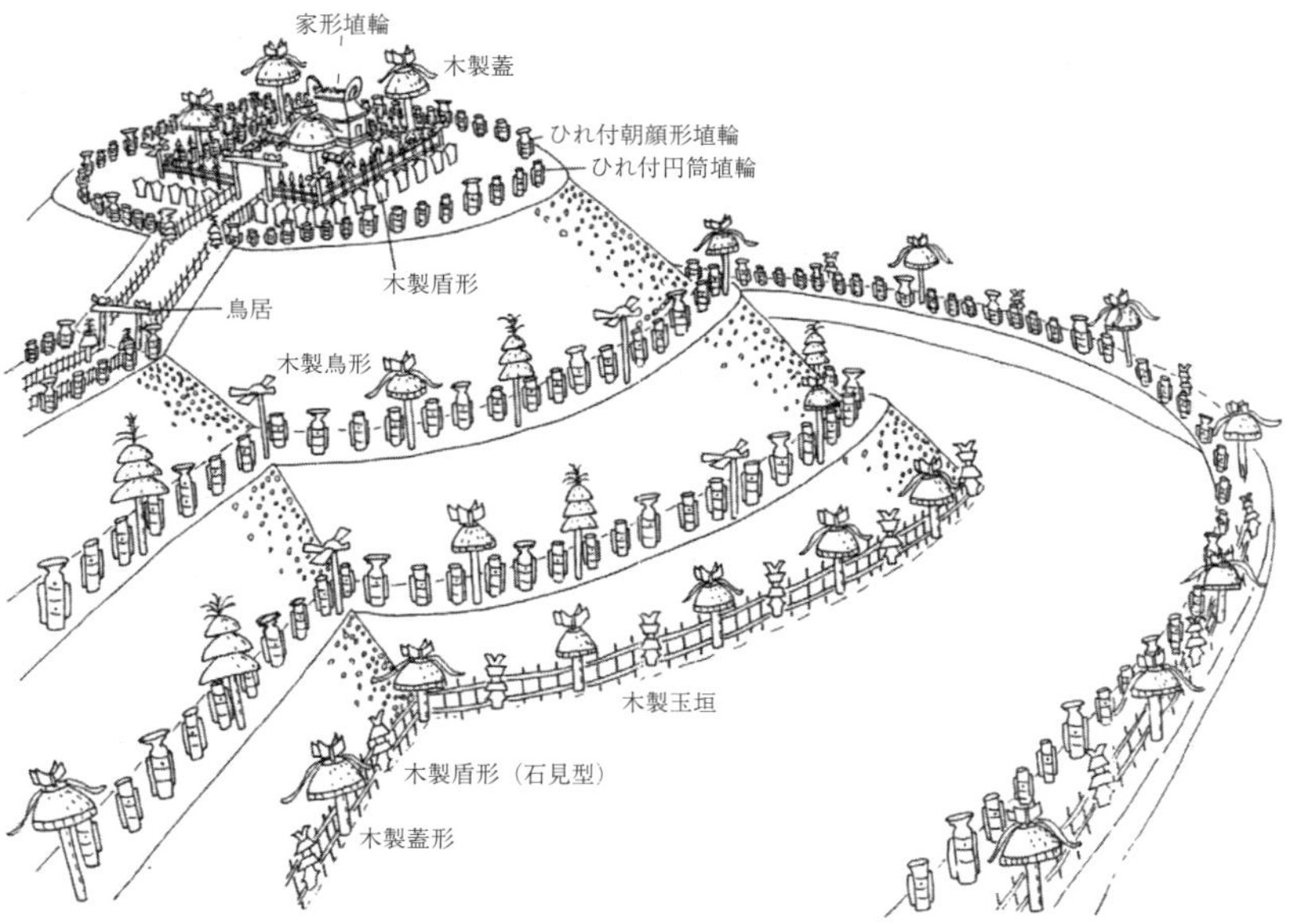

図3　葺石と埴輪で演出された前方後円墳の世界（高橋 1988）

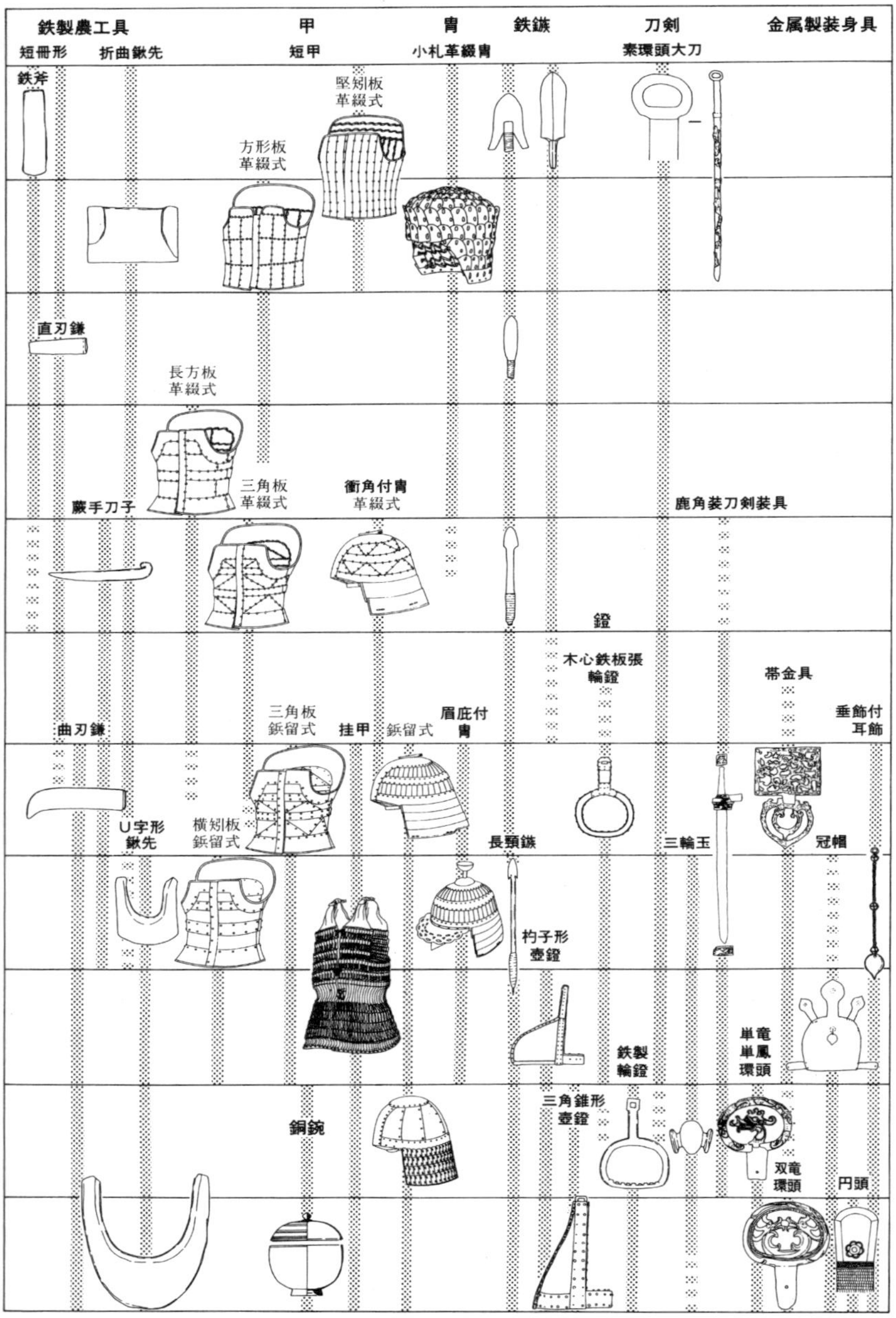

（永原 1999・和田原図）

他界にもこの秩序は延長され貫徹されていた可能性があります。少し大げさな言い方になりますが、古墳は現世も来世も統一的に支配するための非常に巧妙な装置だったんだろうと考えています。あの世において、様々な祖霊や祖神たちを秩序づける役割も果たしていたのではないかと思うわけです。ですから、『古事記』や『日本書紀』に出てくる大王や天皇の祖神を頂点とする神々の序列や、それに関連する神話は、古墳時代に形づくられたのではないかと考えています。

二　古墳の築造状況と画期

(一)　首長連合体制の展開

そうした性格の古墳が約三五〇年間造られ、首長連合体制も変質

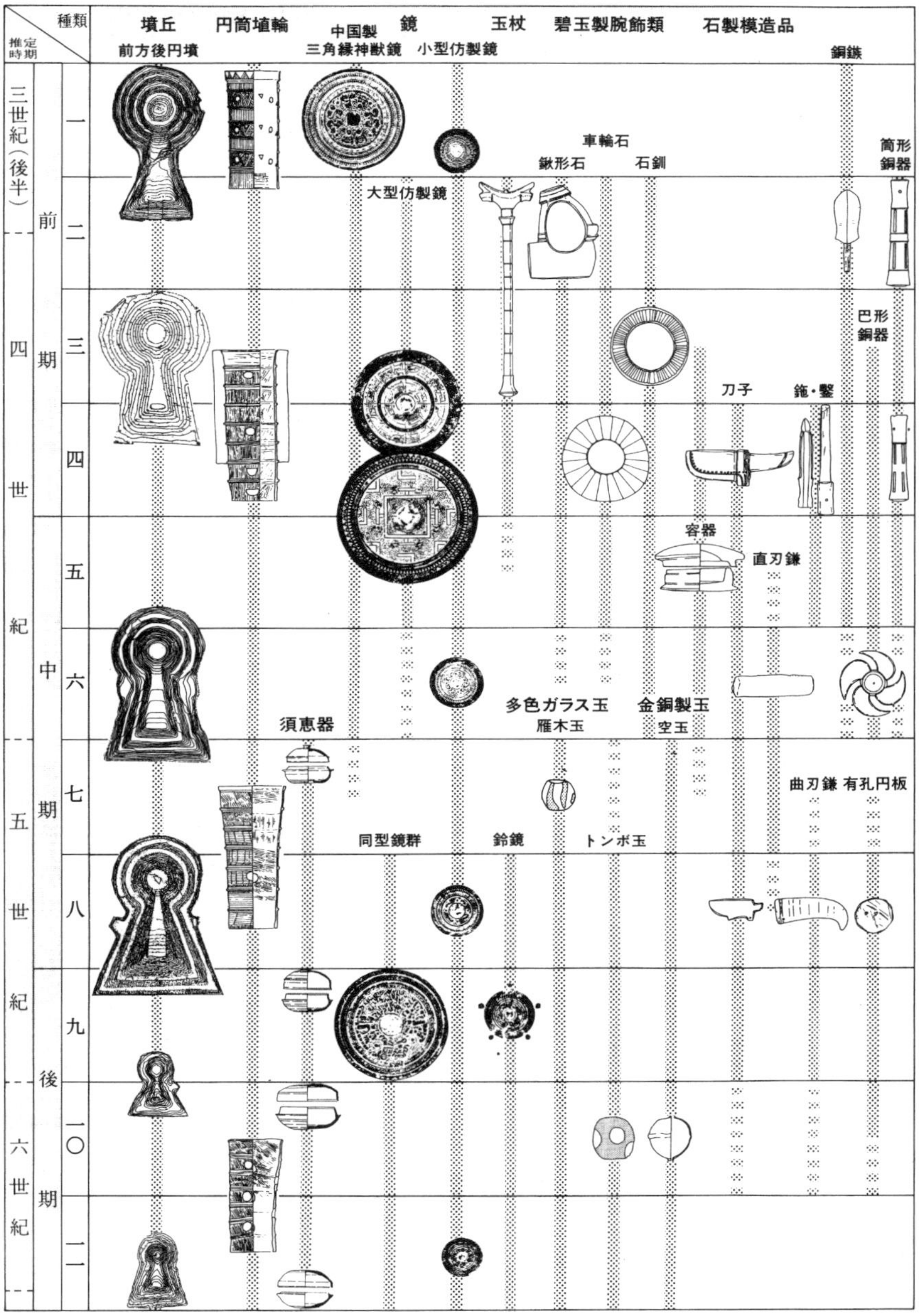

図4　古墳時代編年図

して行きます。その様子を知るために図4の編年図を作りました。上から十一期に分けていますが、入の沢遺跡は四番目の時期にあたると考えています。そして、この図にしたがって、いつ、どこで、どのような形と大きさの古墳が造られたのかを調べました。

その結果、古墳の築造状況からみると、古墳時代全体は、五つの段階・六つの画期（前方後円墳の出現と消滅を含む）として捉えることができました。表1は各段階の主要な古墳の動向を掲げていますが、段階分けは各地の古墳の築造状況の最大公約数的なものです。作業は、南山城（京都）から始め、大王墳、畿内、そして各地へと広げましたが、地域では、とくに西の筑前（福岡）と東の陸奥（福島・宮城・岩手など）に注目しました。結果として、いくつかの地域差、地方差はあるものの、大きな動向は古墳の分布範囲の全体を

表1　古墳時代の五つの段階・六つの画期

時代	時期	小期	段階	画期	主要な古墳の動向
弥生時代				第1	前方後円（方）墳の出現
古墳時代	前期	1・2	第1	第2	前方後円（方）墳の急増
		3・4	第2	第3	前方後円墳の築造規制開始・前方後方墳の衰退
	中期	5〜8	第3	第4	大型古墳群の衰退・中小前方後円墳の増加・古式群集墳の出現
	後期	9・10	第4	第5	前方後円墳の段階的消滅開始・新式群集墳の激増
		11	第5	第6	前方後円墳の消滅・新式群集墳の衰退・終末式群集墳の出現
飛鳥時代					

覆っているものと判断できました。

　そのなかで、首長連合体制と呼べるのは前・中期の政治体制で、前期前半（第一段階）は生成期、前期後半（第二段階）は発展期、中期（第三段階）は成熟期と理解できます。段階ごとに体制の整備が進み、中期はその到達点と評価できます。

(二)　大王墳の墓域の移動

　この間、大王墳はずっと同じ場所にあったわけではありません。最初の前期前半の墓域は奈良盆地東南部のオオヤマト古墳群にありました（図1の⑧）。三輪山の麓一帯で、一番古い「ヤマト」という地域もこのあたりだと言われています。ここは大和川の中流で、下流は大阪湾の入り海に流れ込んでいます。大和川の流域が王権の中心で、中流に王権の政治や宗教の中心である都があって、河口に経済や外交の中心である港（外港）があるという関係だと思っています。しかし、前期後半には奈良盆地北部の佐紀盾並《さきたたなみ》古墳群へと移ります（⑦）。平城京の北側あたりです。そして、中期にはさらに大阪平野南部の古市・百舌鳥古墳群へと移ります（⑤⑥）。大王墳の墓域の移動は王権の発展段階に応じたもので、各地の古墳の動向は大王墳の墓域の移動と密接に関係していたのです。

　古墳時代は今から一五〇〇年ほど前の米作りをしていた社会ですので、もっと牧歌的で素朴な時代だったのではないかと思われがちですが、実は、同じ場所に長く継続的に造られた古墳群はあまりありません。古市・百舌鳥古墳群などが大規模なのは、古墳が大きいだけではなくて、同じ場所に大小の古墳が長く造り続けられたからでもあります。そのほかでは、造られては消えていき、また別の場所で造られるという状態でした。

　当時の日本列島の社会は中国文明の周辺地域にあり、中国の東北部や朝鮮半島の諸地域の社会と、先を争うように古代国家形成に向かって邁進していた躍動的な時代であり、相互に刺激を受けながら大きく変化し成長していた時代だったのです。

三　首長連合体制の発展期

　では、入の沢遺跡の時期である前期後半段階の首長連合体制の発展期とは、どのような時期だったのでしょう。

(一)　古墳様式の成長

　まず古墳の様式としては、三段築成の墳丘、周濠、葺石、埴輪（人・馬出現以前）がより一層整備されるとともに、墳形の基本四形式の使い分けが進み、王権による地域支配の体制がより整っていったと考えられます。

(二)　地域支配の拡充

　副葬品からみれば、この段階で王権が配布した威信材には海外から持ちこまれたものが比較的少なくなり、畿内の特定工房で作られたものや、特定地域の特産物として王権に貢納されたものが増加してました。この時期は、中国の歴史書に中国の王朝への朝貢記事もなく、各地の首長層の動向からみても、王権の政策は列島内部における支配の拡大と充実に重点が置かれたものと推測されます。

(三) 首長墳の急増

次に、この段階には各地の首長たちが数多く王権に従属してきて、古墳を造りはじめました。古墳群が急増したのです。強制されて入ってきた首長もいたかと思いますが、王権につながることによって自分たちの共同体の生活の安全と繁栄が守られると言うことで自主的に入って来た首長もいたかもしれません。先ほど辻さんが最初は西日本から始まったと言われましたが、この前期後半の段階には、鹿児島県から宮城県北部までの広い範囲で多くの古墳が築かれました。そして、一部の地域を除き、前方後方墳に代わって前方後円墳が中心を占めるようになりました。

また、多くの地域では、旧国に一、二ヵ所程度の割合で一〇〇メートル前後の大型前方後円墳が造られましたが、甲斐(山梨)や、王権の北端に位置する陸奥の仙台平野などの重点地域では、一六〇メートル前後の前方後円墳が築かれました。主要な古墳の場合は、古墳の大きさは在地勢力が強いとか弱いというだけではなく、王権によってその土地がどう評価されたのかということと非常に密接な関係があり、それによって古墳の形や大きさが決定された可能性が高いと思っています。

古墳時代を通じて、前期後半の古墳がそれぞれの地域で最大の大きさを誇る「前期後半最大型」の地域が結構あります。日本海側でよく知られているのは丹後地域です。丹後、越前、加賀、能登などで前期後半最大型の傾向が見られます。かなり広い範囲に広がっています。つぎに、中期の段階に大きな前方後円墳が造られた場合が多く、数少ないながら「後期最大型」もあります。ですから前期後半の時期は、ヤマト王権としては、朝鮮半島に目を向けるだけではなく、日本列島の中でより積極的に国内政策を強化し、王権の拡大・充実に力を注いだ時期であったろうと思います。

(四) 大王墳の墓域の移動と王権の改革

そして、この時期には、先に述べましたように、大王墳の墓域はオオヤマト古墳群から佐紀盾並古墳群へと移動します。前・中期における大王墳の墓域の移動は、古墳の様式の変化からみれば一連の様式の段階的な発展過程とみられるもので、墓域の移動のたびに墳形、段築、周濠、埴輪、棺などが改良され、より整備されたものとなっていきました。このことは、この時期の大王墳の墓域の移動が、いわゆる王朝の交替などが原因だったのではなく、前代の伝統を踏まえつつ、王権の体制がより革新され、より整備されていったことを物語っていると思います。

(五) 佐紀盾列古墳群

しかも、その墓域の設定場所は、その時々の王権の政策と密接に関連するものであったと思われます。前期後半の墓域である佐紀丘陵は、奈良盆地の北の出入口とも言える場所で、低い丘陵を越せばただちに木津川・淀川水系にいたることができます(図5)。そこから東に木津川を遡れば伊勢湾に出て、東海、南関東を経て東北の太平洋岸に至ります。また、北に下れば巨椋池・淀川を通って瀬戸内海に至り、山陽、四国、九州、そして、朝鮮、中国へと通じてい

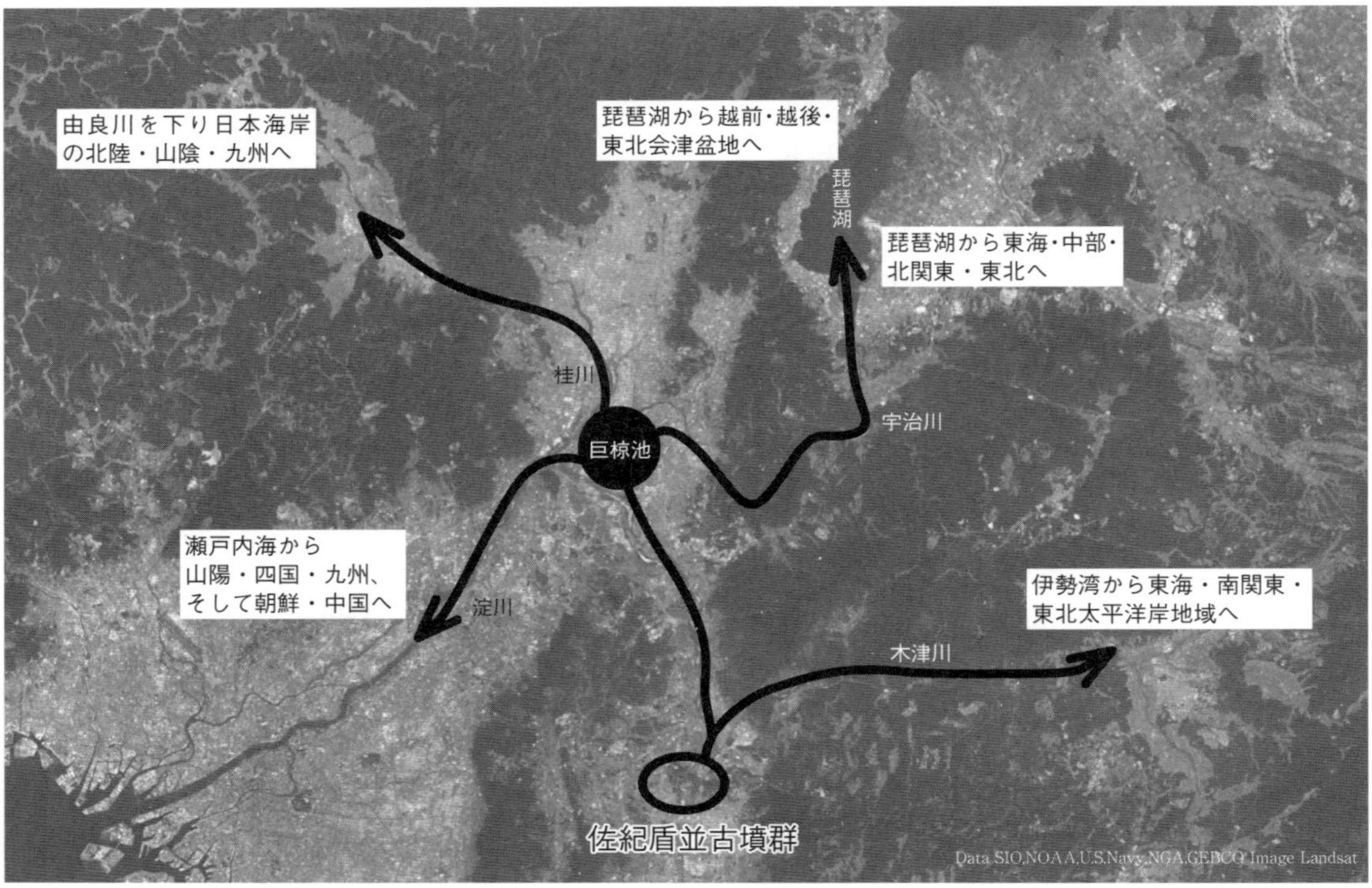

図５　佐紀盾並古墳群から四方へ

ます。また、巨椋池から北へと桂川を遡れば、亀岡盆地を通り、由良川を下って日本海岸へ出ますし、巨椋池から東へ宇治川を遡れば、琵琶湖を経て若狭、越前、越後、そして、阿賀野川経由で東北会津盆地へ及びます。あるいは、琵琶湖から東海、中部（東山）、北関東、東北へともつながっています。まさに、国内の東西南北に向かう交通の要衝なのです。

(六)　前期から中期へ

この後、大王墳は大阪平野南部の古市・百舌鳥古墳群へと移り、首長連合体制は成熟期を迎えます。この体制下で、従属してきた数多くの首長層は再編成され、より一層序列化が進み、支配が強化されます。栄華を誇ったのは、この時に巨大な前方後円墳を築いた大王をはじめとする畿内の有力大首長とそれに連なる数少ない首長たちのみで、それ以外の数多くの中小首長たちには前方後円墳の築造が厳しく規制され、多くは帆立貝形古墳や円墳、方墳を造るとともに、様々な奉仕を強いられたものと推測します。

この時期、王権は、中国や朝鮮半島諸国など東アジア世界と活発な交流を行ないましたが、大王墳の墓域の移動もそれに応じたもので、朝鮮半島・大陸へと通じる瀬戸内海の東端の大阪湾沿岸に墓域を移したのです。

そして、この時には、多くの人・もの・情報がもたらされ、古墳時代の社会に定着していきましたが、多くは畿内の首長間で享受され、周辺地域は、王権からの下賜の見返りに、人と物資を提供するのが主要な役目だったと思われます。

四　おわりに―入の沢遺跡―

以上のように、入の沢遺跡が営まれた時期は、王権が国内政策を重視して東へ西へと拡大していく政策をとっていた段階にあたると考えます。

遺跡は、宮城県の北端の標高五〇メートルほどの丘陵上にあって、周りを見下ろせる位置にあります。しかも、土塁と壕と塀に護られた防護堅固な防塞的な様相のもので、数多くの竪穴建物はかなりの密集度でありながら、切り合いも少なく、一部は並んでいるように見えます。このような建物群は、西日本ではあまりみたことがありません。時代は下りますが、岩手県の志波城《しわじょう》跡（太田方八丁《おおたがたはっちょう》遺跡）や茨城県の鹿《か》の子《こ》C遺跡のような軍団的イメージを持つ建物群です。しかも、多くが焼けているといいます。何だか、立地や遺構に緊張感があります。

そのなかの一部の住居から小型仿製鏡や、勾玉・管玉・ガラス玉といった玉類、鉄鏃、短冊形鉄斧・袋状鉄斧・鉄鉇などといった工具類などが出土しました。鏡、玉、武器、工具などは、前期後半の古墳の副葬品の構成要素そのもので、あまり集落遺跡からは出てこないものです。王権と関わっていそうな遺物でもあります。しかも、土器は畿内の古墳時代の土器である布留式土器の系統を引く土師器で、小型丸底壺や小型器台や高杯が出ていますが、続縄文文化の土器や黒曜石は見つかってないといいます。

この遺跡の性格はこの遺跡だけでは決められません。入の沢遺跡の下にある伊治城跡の古墳時代の遺構や周辺遺跡、あるいは、入の沢遺跡の北約四〇キロに位置する古墳時代中期の岩手県奥州市の中《なか》半入《はんにゅう》遺跡や角塚古墳などと比べてみると大変興味深い結果が得られるものと期待できます。

参考文献

高橋美久二　一九八八「木製の埴輪再論」『東アジアの古代文化』五六

辻　秀人　二〇一一「東北南部」広瀬和雄・和田晴吾編『講座日本の考古学』七（古墳時代上巻）、青木書店

永原慶二監修　一九九九『岩波日本史辞典』岩波書店

藤沢　淳　一九九六「仙台平野における古墳の変遷」『考古学と遺跡の保護』『甘粕健先生退官記念論集』

藤沢　淳・辻　秀人　一九九四「陸奥」近藤義郎編『前方後円墳集成』東北・関東編、山川出版社

和田晴吾　二〇〇四「古墳文化論」歴史学研究会・日本史研究会編『日本史講座』一、東京大学出版会

和田清吾　二〇一四『古墳時代の葬制と他界観』吉川弘文館

第三章　討論
入の沢遺跡で何が起きたのか

司会：辻　秀人

パネラー：和田晴吾・八木光則・髙橋誠明・大賀克彦・森下章司・村上裕次

司会（辻）　それでは討論を始めます。最初に御礼を申し上げます。ご質問、アンケートをお願いいたしましたところ、おそらく二〇〇枚ぐらいあるかと思いますが、大変な数のアンケート、質問をお寄せいただきました。私もこれまでいろいろなシンポジウムに参加してきましたが、これほどの数のご質問、アンケートをお寄せいただいたりご質問をいただいた例を知りません。皆様の熱心さのほどがひしひしと伝わってまいりました。ただ、一つ一つにお答えしていきますと、おそらく二時間たってしまいます。ご質問には共通するものも多いようですので、これからお話をする中でできるだけご質問いただいたことに触れるような形で進めたいと思いますので、お許しをいただければと思います。また、入の沢遺跡との関係でご関心が深い伊治《いじ》城《じょう》跡の問題等々についてもご質問いただきましたが、まずは入の沢遺跡をどう考えるかというところに今回は的を絞りたいと思っておりますので、入の沢遺跡に関わる話題を中心に進めたいと思います。

討論では、一　入の沢遺跡の調査成果、二　鏡・装身具出土の意味、三　入の沢遺跡の評価、四　入の沢遺跡が語る歴史状況、という大まかな順番で話を進めたいと思います。

一　入の沢遺跡の調査成果

司会　最初はまず、入の沢遺跡の調査成果はどんなことを意味するのかということについて取り上げたいと思います。発表者は大変真面目な方で、考古学的な事実からここまでは間違いなく言えるというところで発表されておりました。学問的に

きちんとした態度だと思いますが、私はもう少し色気があるものですから、それに加えて聞いていきたいことがございます。最初に私からいくつか質問したいと思います。

まずは住居についてです。入の沢遺跡で焼失住居が検出されました。お話しいただいた五軒のうち、四軒が焼失住居だったのですか。

村上　十二軒掘ったうちの五軒が焼失住居です。

司会　村上さんにお話しいただいた竪穴住居1から五までの五軒は、全部焼失住居だったわけですね。なぜ、火事が起きたのか、状況についてご説明いただければと思います。

村上　私の発表の図4（14頁）をご覧ください。十七軒調査のうちの十二軒が古墳時代前期で、そのうち五軒が焼失住居でした。火事の状況、つまり焼けたのか、焼かれたのかという話ですね。私の発表で入の沢遺跡の焼失住居には大別1から3層が認められることはお話ししました。そのうちの大別2層が屋根材の一部、土屋根の一部が竪穴住居に落ち込んだものであろうと考えています。火事に遭った竪穴住居は、屋根に土を載せていたんだろうと考えています。それは、火事にあった竪穴住居すべてに認められる特徴でした。屋根に土を載せていますので、一つの住居が焼けてそれが周りに延焼していくということ、外に炎が広がるということは考えがたいのではないかと思います。燃えるとしたら、家の中から燃えている状況だと考えています。そう考えると焼失住居の五軒が偶然燃えた、あるいは何らかの影響で焼けたというよりは、焼かれたという状況が想定できるのではないかと考えています。ただ、焼かれたと考えた場合、竪穴住居跡1にある銅鏡とか鉄製品など貴重品になぜ手がつけられなかったのかということが疑問になります。調査した状況としては、自然に燃えたというよりは意図的に焼かれたのではないかと考えています。

司会　焼かれたというのは大きな問題ですね。ご説明のように土屋根というのは竪穴住居の屋根の上に土を被せてあるのですね。竪穴住居は火がつきやすいので、類焼を防ぐという意味があります。類焼はしないはずの土屋根の家が五軒焼かれたということでよろしいですか。そうすると何者かが集落に入って来て火をつけたということになりそうですが、そう考えてもよろしいですか。

村上　状況的にはそういう形になるのかもしれません。あるいは可能性は薄いのかもしれませんが、焼いたということも選択肢の一つとしてあってもいいのではないかと思っています。

村上裕次（宮城県教育委員会）

司会　家に住んでいる人が焼いたということですか。

村上　住んでいるあるいは関連する人々がということです。住んでいる人々と言ったほうがわかりやすいですね。

司会　一つ不思議なことがあります。入の沢遺跡の竪穴住居からたくさんの生活の道具と貴重な鏡をはじめとして様々なものが出土しています。家を焼くというのは、引っ越しをするのでいらなくなるから焼き落とせということは古代にあるようです。しかし、そうしたら貴重品は引っ越しで持って行くはずですよね。現場を拝見すると、そこにあった状態のまま遺棄されたとしか私には思えません。そうすると火を受けたというのは通常とは違う状態だったろうと考えられます。このようなことは想定されているのでしょうか。

村上　自分で焼いたという可能性は低いと思います。急を要する、相当せまっているような状況でないとそういうことは起きないと思っています。自分で焼くというのも選択肢として残しておきたいという程度です。

司会　パネリストの皆さんから関係してご質問があれば、とくに鏡の出土状況などについてはお考えがあるかと思いますので、森下さんいかがですか。

森下　これも遺跡の調査からは直接見えないことに関する質問なので、無理を申し上げることになってしまうかもしれません。竪穴住居が意図的に焼かれたとしたときに、中に人が居た状態で火がついたとすれば、鏡などは持ち出すということになると思いますが、今回詳しい情報を見せていただくと、確かに元の位置そのままで動かされていない状況のようにも思われます。このあたりの詳しい出土状況はどうでしょうか。

村上　鏡の出土状況ですが、竪穴住居跡1から二面の鏡が出土しました。まず珠文鏡《しゅもんきょう》は、住居中央の東寄りの位置から出土しています。図4（14頁）では、竪穴住居跡1の星マークのもう少し右側の位置になります。もう一面の重圏文鏡《じゅうけんもんきょう》または櫛《くし》歯文鏡《ばもんきょう》といわれるものは、住居南東部の南壁寄りから出土しています。竪穴住居跡2から出土した内行花文鏡《ないこうかもんきょう》は、住居西辺の中央よりやや北側で西壁寄りから出土しています。

森下　問題の竪穴住居跡1の詳しい状況は、今回村上さんのご報告ではっきり教えていただきました。お話があったとおり、この住居から出土した品物はおよそ住居からの出土品としては、驚くような質と量です。鏡が二枚、鉄製品が二八点、玉類が二〇〇点を超える数、おそらく全国の竪穴住居跡から出土した中でナンバーワンの出土品内容を持つ住居ではないかと思います。この住居はほかと少し差があるように思います。会場の展示のように大変大きな土器が四つ並べられていたということですが、この住居の住人とほかの住居で何か差があると想定されていますか。

辻　秀人（東北学院大学）

村上　住んでいた人の差はよくわからないのですが、今回紹介した竪穴住居跡1から4すべてが同じ機能を担っていたか、全部が全部住居ではないのかなという印象を受けたりはします。というのは、竪穴住居跡1では、展示のように、大型の壺、小型の鉢、器台が出土するのですが、通常生活に使う煮炊きの甕はあまり大きくない一点だけで、ほかはほとんどありません。通常煮炊きの道具である甕が見当たらないということと、土器の器種構成から考えますと、竪穴住居跡1はあまり生活感がないと考えています。大型の壺が四つもあり、貴重な品々を有していますので、倉庫と言っていいのかどうかわかりませんが、貴重な物をしまっておく場所であったのではないかと考えています。

司会　竪穴住居跡1から玉がたくさん出土していますが、ほかの住居からは出土しているのですか。

村上　竪穴住居跡2から一点だけ管玉が出土しています。

司会　竪穴住居跡1が飛びぬけていることは事実ですね。

村上　そうですね。

司会　玉の出土状況について大賀さんにいろいろお考えがあるかと思いますので、質問も含めてお話しいただけますか。

大賀　確かに竪穴住居跡1から出土している玉は点数も多く、ほかに鏡とか鉄斧《てっぷ》が合わせて出土しているので、まれなものだと私も感じます。それでも、それだけだったらこれからほかの遺跡でも発見されそうに思います。それよりも、鏡が三軒から出土していることの方が理解が難しいのではないでしょうか。

森下　三軒から出土していることがどういう点で理解が難しいということなのか、もう少し具体的に言っていただけますか。

大賀　普通、鏡は選ばれた人しか所有していないというイメージがありますので、一つの集落に同時に近いところで共存している複数の住居が、それぞれに持っているというのは、結構考えにくいことかなと思ったのです。

森下　そういう点では、確かに特殊な例だと思います。

司会　十二軒の調査で、四面の鏡が出土するというのはそれだけで驚きなのですが、未調査の前期の竪穴住居跡はあと何軒ぐらいあるのですか。

大賀克彦（奈良女子大学）

村上　四九軒検出して十七軒調査しましたので、あと三〇軒以上あると思います。

司会　まだ鏡は出土すると思いますか。

村上　出土するかもしれません。

司会　出土するかもしれませんよね。十二軒掘って四面出土していますからね。先ほどの大賀さんの質問は、それぞれの竪穴住居跡ごとに鏡を持っているなんてことはあり得るんだろうかという関心からの質問だったと思います。これはきわめて異例で、東北地方で古墳を発掘していて今回出土した鏡が一面出土するかどうかというところです。それが竪穴住居跡の焼け土の下から次々に出てくるわけです。その意味について森下さんはご発表の中で一定の考え方を示されたと思うのですが、少しご説明いただけますか。

森下　大賀さんがはっきりしたイメージをお持ちだと思いますので、そちらをうかがってから、私も考えてみたいと思います。いかがですか。

大賀　玉についてということでしょうか。

森下　この集落の性格あるいは住居の住人などについて、玉から見てのイメージを持っておられるような気がしたのですが。

大賀　話が全然違うところに行きそうなので、答えてよいのかどうかわからないのですが、玉の多さ自体は、玉の補給路である関東との強い関係性を反映していると考えています。確かに玉の多さは注目されますが、関東の前期後半の古墳でこれぐらいの玉を副葬した例もありますので、十分出現しうる量で、玉からはそんなにきわだった不自然さはないと思います。

森下　もし、ほかの住居からもたくさん鏡が出土するようなら、ここに大量の鏡が集積されていた状況を想定できます。東北地域では古墳から出土鏡もない場合が多いのですが、一方でこの集落に鏡などの貴重な品物がかなりたくさん集まっていたということになります。軋轢を示す要素が多々あるとともに、それとは別の性格として、貴重な品物を集めて蓄えていた、周りへの流通センターなどの役割も考えていかなければいけないと思います。

司会　同じ竪穴住居跡1から鉄製の斧が出ています。私は類例を知らないのですが、壺の中から袋に入れた状態で出土したと理解していますが、それでよろしいですか。

森下章司（大手前大学）

村上　袋あるいは布にくるまれた状態で出土しています。

司会　古代では鉄製品、とくに斧という最新鋭の利器ですから、素晴らしい威力を発揮するので、貴重品として誰かが保管しているのだろうといわれてきました。古墳の副葬品でも鉄製品は宝物として扱われています。竪穴住居跡1には宝物が集積しているという感じがするのですが、そんな理解でよろしいですか。

村上　そうですね。そういう理解になると思います。

司会　竪穴住居跡1にベッド状遺構がありますが、あれはベッドではないのですか。

村上　一応遺物の出土状況を詳しく見ますと、ベッド状遺構と呼んだものの位置に大型の壺があり、その付近から玉類が出土しているということは確認できていますので、ベッドではないと思います。

司会　寝ているかどうかはわかりませんが、ベッド状遺構の周りからは前期古墳の基本的な副葬品、鏡、装身具、鉄製品が出土していることを、単に倉庫的な集積と理解するのかそこに一定の意味があると考えるかについてはどうですか

村上　出土しているものは相当に貴重なものでそのまま古墳に副葬されてもおかしくないので、何らかの意味があるのかもしれませんが、それ以上はわかりません。

司会　竪穴住居跡1は倉庫みたいなもので、住んでいないのではないかと言われましたが、それはなぜですか。

村上　出土した土器の組み合わせ、つまり、通常煮炊きに用いる甕がほとんど出土していないことと、まだ床面を精査してい

ないので断定できませんが、今のところ炉跡も見つかっていないということもあって生活感は薄いという印象を持っています。

司会　貴重品庫みたいなものですか。

村上　そうですね。貴重品ばかりありますね。

司会　細かい話になってしまいましたので、火災の話にもどします。今確認されている四九軒の竪穴住居跡の中で焼けているかなと思われるものは何軒あるのでしょうか。

村上　数はわかりませんが、未調査の中にも焼けているとわかっているものは何軒かあります。具体的な数までは今は申し上げられません。

司会　そうすると入の沢遺跡の壕に囲まれた家々のうち、一〇軒程度で類焼はしないのにあちこちで火が出ている状況だと思ってよろしいですか。

村上　少なくとも調査した範囲ではそうだと思います。

司会　類焼しないはずの家で、実は焼けた住居を見ても少し距離がある場合がありますので、ただ、火が燃え移っていったということではないようです。つまり、何者かが火をつけてまわったということが考えられています。一方、防御する施設、壕と塀があります。復元された塀では柱の間に隙間があるようですが、横に板かなにかが渡っているのですか。

村上　あの柱列復元はだいぶ柱を抜いています。実際には一〇～三〇センチ間隔で柱が並んでいたと考えていますので、もっと密でした。少し隙間があるかなと思うぐらいの間隔で材が並んでいましたので、横板を渡していたということは考えていません。

髙橋　竪穴住居跡のことで確認したいことがあります。今回十二軒の竪穴住居跡を調査して五軒の竪穴住居跡は焼失していた、つまり七軒の竪穴住居跡は焼失していなかったことになります。五軒の焼失住居と残り七軒の竪穴住居跡には何か違いがみられるのか、集落内で竪穴住居跡の存続時期に差があったということも考えられるのかということを教えてください。

村上　まず、竪穴住居跡1は特殊なので、除きます。焼失住居と火事に遭ってない住居とはそれほど大きな構造の違いは確認できません。一般的ではあると思いますが、焼けていない住居からは遺物もほとんど出ない、自然に埋没しているという状況です。そんなに大きな違いは確認できませんでした。

司会　それとの関連で難しい質問ですが、同時に存在していた住居は何軒ぐらいを想定していますか。

村上　ごく一部の調査で何軒とは言えないのですが、たとえば竪穴住居跡1～4は土器の特徴に大きな違いはないと見てますので、大きくとらえたら同時期とみてもいいのではないかと私は考えています。そうすると焼失した竪穴住居跡1～4は同時存在していた可能性もあると言えると思います。それ以外はよくわかりません。

司会　ほかの建物は引っ越しをして遺物を残さずに、埋まっているということなのですね。何軒ぐらいあったのかはわかりませんが、そこで点々と火がついていったということなのですね。いったいだれに対する防御なのかというご質問を多くいただいています。農耕を営んでいるはずなのにあんな丘陵の上に壕を掘って、相当がっちりした塀をつくっています。地上に出ているのが復元で三メートル前後、壕の深さは五～六メートルあるので、外からの攻めに対する防御ですよね。

村上　そうだと思います。

司会　そうすると防御を固めたにもかかわらず、集落に火を放たれたということは、戦いに負けてそこから居なくなったというストーリーを想定したくなるのですが、どうですか。

入の沢遺跡遺物展示

村上　具体的な解釈についてはまだなのですが、ただ、忘れてはいけないなと思うのは塀跡は焼けていないという事実があります。検出しているのは一部ではあるのですが、住居は焼けていても塀は焼けていない、壕にも焼土、炭化物は入っていないということです。入り口を探すことは必要になってくるのですが、すべての遺構が焼けているわけではないということは注意していきたいと思います。

司会　どこかの入り口から敵が侵入したということですか。どうしても侵入させたいんですが（笑）。

村上　すべて塀跡を検出していればもう少し歯切れよく答えられるのですが、侵入したとすればどこかにあるはずの出入り口からと思います。

八木　事実確認をお願いしたいのですが、A区、B区の中で焼失しているのはB区の五軒ということですが、未調査の部分も含めてA区はどうでしょうか。

村上　A区では二軒を調査し、いずれも焼けてはいませんでした。ただ、それ以外の平面を確認した住居の中には、具体的に何軒とは言えないのですが、焼けていると思うものもありました。

司会　入の沢遺跡の状況についてですが、竪穴住居跡はずいぶん混み合っていますよね。

村上　検出していても、シート一枚開けるごとに住居跡が見つかるので、大変混み合っているなという印象を受けています。

司会　混み合っていることは、ほかの一般の住居のあり方と違うところの一つかなと思います。住居群のあり方についてご意見をいただければと思います。

和田　見せていただいたときに鏡とか玉とかについては、まあそんなこともあるかなと思ったのですが、遺構が全体として丘陵上にある防塞的な感じだったことに強い印象を受けました。普通の集落よりも圧倒的に密集して存在しています。西日本で、こんなに混んでいる竪穴住居群というのはほとんどみたことがありません。六世紀代ぐらいなら、すごく切りあった小さな竪穴住居跡群がたまに検出されますが、そのほかにあまりありません。しかも、ほとんど重なっていません。先ほど、どれだけの期間存続したとか、同時存在はどれかというようなことが問題になりましたが、印象としては、そんなに長い期間ではなくて、しかもお互いを避けるように密集して造ったものという印象を受けました。弥生時代に高地性集落というのが西日本では発達するのですが、そんな遺跡でも竪穴住居跡はこんなに密集していませんので、すごく特殊です。それが一番ショックを受けました。入の沢遺跡の全体図を見ると、竪穴住居が並んでいるようにも見えまして、全般的には、揃った大きさのものが壕内に広がっていることがこの遺跡の一番大きい特徴ではないかと感じられました。できれば、宮城県とか東北全体でこういうあり方が特殊なのかどうか聞かせていただければと思います。

髙橋　まず、密集度については、宮城県北部の中でも特殊な状況だと思います。このような状況が認められるのは、やはり壕をもつ大崎地方の山前《やままえ》遺跡です。こちらも密集度は比較的高い状況にあると思います。密集度というのはなにか意味を持つように思います。

また、入の沢遺跡と同時期の周辺の集落の状況との比較も重要だと思います。同じ時期と考えられる周辺の遺跡では宇南遺跡と伊治城跡がありますが、いずれも竪穴住居跡の密集度は高くありません。このような密集度の低い遺跡と、いかにも人を押し込めたようなと言ってもいいのでしょうか、そういう密集度の高い両者との関係も考える必要があるのではないかと思います。言い過ぎかもしれませんが、たとえば中世の山城のように緊急時になると周辺の集落の人々がここに避難し生活することができるようにするとか、そういう意味合いももしかしたらあるのではないかと思います。

司会　伊治城の方形の溝や竪穴住居跡との関係はどうかという質問もたくさんありました。髙橋さんのお立場からそのあたりをお話しいただけますか。

髙橋　伊治城跡の状況ですが、伊治城跡では区画溝で囲まれる内部をさらに溝により北と南に分けられています（68頁、図7）。南の区画はよくわからないのですが、少なくとも北の区画では溝とともに塀がめぐりその中に何か施設があるような感じです。ただし、入の沢遺跡のように数多くの竪穴住居跡がつくられるような広さはありません。伊治城跡の区画溝から多くの土器が出土しています（68頁、図7）。土器の組成は少し違うかなとは思いますが、入の沢遺跡出土土器と大きく時期的な差はないように感じます。両者が同時期と考えると、入の沢遺跡と伊治城跡では何か使われ方の違いがあるのではないかと私は思いました。伊治城跡では続縄文土器が出土し、入の沢遺跡では続縄文文化の遺物が出土しないというのも、使われ方の違いが反映されているのかもしれません。

司会　髙橋さんのご発表の中でもご紹介がありましたように、山前、鶴館《つるだて》、佐沼城《さぬまじょう》といった入の沢遺跡とほぼ同じ時期の集落でやはり壕をめぐらしているものがあります。逆に少しまとまった集落だとほとんど壕があるのかなと思うぐらいの頻度であるのですが、山前遺跡では密集度が入の沢遺跡と似ている、壕もめぐっていて規模もよく似ているということになります。実は私の土器の理解で言うと、山前、佐沼城、伊治城、入の沢遺跡のいずれも同じ時期にあたると考えていますので、同時期にそういうものが展開するのですが、そのあたりについてはどのようにお考えでしょうか。

髙橋　まず、時期的な問題ですが、私は今回、宮城県北部の前期の主な遺跡を前葉、中葉、後葉に分けて、山前遺跡や鶴館遺跡は中葉においています。遺跡の時期を検討するにあたって、出土土器の年代観は福島県の青山博樹さんの土器編年を参考にしていますが、前期を前半と後半に分ければ、山前遺跡や鶴館遺跡は後半に入ると考えます。後半の中でも古い段階のものが山前遺跡、鶴館遺跡で、新しい段階が入の沢遺跡です。拠点的な集落の展開としては、早い段階では宮城県北部の南の地域である大崎地方や黒川地方に中葉でも新しい時期に造営され、後葉になると北の栗原・登米地方に造営されるようになります。入の沢遺跡のような大規模な壕を作るにはかなりの労働力、土木技術が必要になると思いますので、入の沢遺跡出現の背景に、高度な技術を持つ首長が後葉の時期に栗原・登米地方に現われたということが考えられます。

髙橋誠明（大崎市教育委員会）

司会　もちろんそれができるほどの首長がいたということはその通りだと思います。その一方で、山前、佐沼城、鶴館、入の沢遺跡といったところでは、壕を作らなければいけない状況があったのではないかと思うのですが、そのあたりはいかがですか。

髙橋　大規模な壕をつくらなければならない状況が何に起因するのかというのが、宮城県北部での大きな課題の一つです。つくられる時期が前期後半段階なので、年代観としては四世紀の中葉から後半頃と考えていますが、そういう時期に防御的な集落をつくらなければならなかった理由を何に求めたらいいか、それが軋轢なのかどうか、皆さんの意見をうかがいながら考えてみたいと思います。

司会　防御用のものをつくるということは、やはり軋轢の存在を普通は示すのではないかと考えると思います。いったい誰からの防御なのかというご質問が多くありましたので、そこを何とか聞こうと思ってうかがいました。北の視点から見て、八木さんはどのようにお考えでしょうか。

八木　防御という言葉が適切かどうかということから議論が始められてもいいのかなと思っています。髙橋さんが説明されました壕を持つ集落について、壕の形あるいは塀の有無、地形などをきちんと整理されてから防御という議論に進んだ方がいいのではないかと思います。といいますのは、東北北部、主に青森県ですが、一〇世紀から一一世紀の防御性集落論というのがひところ流行った時期がありました。竪穴住居跡の周りを壕などで囲う集落がたくさん発掘されたのを受けて、いろいろ議論が進められました。今は、もちろん防御という意味合いもあるのですが、それだけではなくて、もっと集落の自立性を強調するために壕をめぐらせたのではないかという説も出てきています。そういう意味で、本当に防御なのかどうかということを遺構からきちんと確認する必要があると思います。

その上での話ですが、仮に防御だとすると、確かに栗原、登米という限定された地域に壕をもつ集落が展開されています。お話ししましたように続縄文的な地域との緩衝地帯になるということに大きな意味があると思います。入の沢遺跡の塀は立派ですし外からみるとけっこう高いものですので、かなり防御性が高いという印象を受けます。北の人間と大きな軋轢、戦いがあってこれが焼かれたのかということですが、私の発表では交流ということで両地域を比較しましたが、当然交流の中で利害も生じてきます、小競り合いもあるだろうと思います。そういう意味では軋轢も生じてきた可能性もありますが、ただ、本当に大がかりに合戦というものまで引き起こしたのかは疑問に思います。東北北部の人間はみんなおだやかなので、人のところに行って火つけをするということはあまりしないだろうと思います。それはともかく四世紀の終わりころに仙台平野から大崎、栗原まで遺跡が確認しづらくなる、人がどこに行ったのかわからなくなることと関連して、東北北部の人間がそれだけこの地域、宮城県の大半を占める地域に大きなインパクトを与えたのかというとそれほどの力は考えがたいと思います。あまり軋轢というものを決めてかからない方がいいのかなと思います。内部の問題も選択肢の一つに入れて考えてみる必要があるのではないかと思います。

司会　内部の問題ということをもう少しどういう意味合いなのか教えていただけますか。

八木　私もよくわかりません。内部の状況がわからないから外部に原因を求めるということではなく、内部ももう一度検証してみてはいかがでしょうかという意味です。

司会　あえて反対の立場でお話ししますと、入の沢遺跡に人は戻ってきていません。火災の後鏡などすべてが遺棄されています。戻って来れるような状況であれば、鏡などを探しに戻ってくると思います。ある日一瞬の時間がそこでそのまま残されていることに入の沢遺跡の大きな価値があるのですが、現象的にいうと、そこが火事に遭ってそこの人はいなくなって戻ってこなかったという状況を考えるわけです。組織的な戦闘かどうかはまた別の問題かもしれませんが、軋轢という名前でシンポジウムを開催した私としては、軋轢はあると思っているわけですが、不思議なことに山前遺跡など周りを壕で囲む集落は入の沢遺跡の時期、四世紀末に現れて、あとは忽然と消えるのです。八木さんが言われるように五世紀に入るとぶつかるということではなくて、むしろ宮城県の集落の中に続縄文文化のものがかなりたくさん入ってきて、むしろゆるやかになっている感じがします。それでもその時期に集中して柵、壕が出てきて集落の中がかなり焼けるという状況には一定の軋轢を考えざるをえないのではないかというのが私の考えですが、反論も含めていかがでしょうか。

八木光則（蝦夷研究会）

髙橋　八木さんから、内部に戻ってというお話がありました。この時期の宮城県北部が大和王権の北縁の地域という視点で見てみますと、四世紀の大和王権は、東北地方とは逆の縁辺部では朝鮮半島にも関与しています。四世紀の北東アジアをみると、朝鮮半島で北の強国である高句麗が南下策をとりはじめ動乱の時代になっています。このような時代背景の中、大和王権に倭国の領域を守るというような意識が現れたということは考えられないでしょうか。北からの脅威にさらされている朝鮮半島の状況をみて、倭国の北縁の地における北の民族である続縄文文化を持つ人々に対しても脅威を感じて、言い換えれば八木さんがおっしゃるような東北北部の本来はおだやかな人々に対して大和王権が不信感を抱いてしまったがために、北縁の地域に防御的な集落をつくったということは考えられないでしょうか。

司会　こういうお話になってくると和田さんにこの時代の大和王権がどういう状況なのかということをご説明いただくと、背景が少しわかるかもしれません。

和田　私の発表でお話ししましたように、この時期、ヤマト王権は体制の拡大・充実政策をとっている段階にありましたので、こういう遺跡が出てくるのもその一環として私自身はうなずけるところがあります。ただ、そんなに単純に考えていいのかということもあります。一つの遺跡を判断するということは大変難しいことで、周辺も含めて広い範囲や前後の遺跡と比較して評価することが大事だと思います。それによって地元の皆さんのこの時代の地域観、歴史観と深く結びついていくという意味で非常にインパクトのある遺跡だと思います。これを契機にもう一度見直して、議論を深めていっていただけたらと思います。

防御しているといっても誰に対してなのかとか、火をつけた人がどっち向きに火をつけたのかとか、様々な疑問があります。八木さんのお話では、北の北海道につながるような続縄文系の文化ということですが、たとえば黒曜石を使ってスクレーパーで皮なめしをするような道具はこのあたり、大崎を中心に広がっています。そうしたら単なる北と南だけではなくて、もっと別の社会が存在した可能性もあるわけですよね。王権に属しているといってもどういう立場で王権に属しているか、地元でどんな軋轢があったのかということはなかなか決めにくいと思います。私に意見を聞かれると、これは単純に自分の意見に沿った満点の遺跡だと言いかねません。しかし、世の中そんなに単純ではないと言われればそうですねと言わざるを得ないですね。

司会　もちろん今回結論が出るわけもありません。ことほど左様にこの遺跡を評価することは難しいことです。私はまだもう少し、大和とかかわりのある、入の沢遺跡の人々の土器は大崎平野などの土器と非常によく似ていますので、もともとはそこにいた人々がもう一歩北に進みたい、古墳を造る社会の北縁にいた人々がもう一つ北に広がろうとした可能性を考えます。実は栗原、登米よりも北に土師器を使う小さい村が何か所かあります。八戸、北上、水沢といったところです。それも北に広がりたいという動きの結果なのではないかと思います。その人々が北に向かっていく時に、突然自分たちのエリアに入ってこられた北の心優しい人々も厳しい思いを抱いたのかなと思ったりします。その現象が日本列島の中で、どんなふうにほかの地域の動きと連動しているのか理解することがこれからの課題だと思います。

二　鏡・装身具出土の意味

司会　ここまでは、入の沢遺跡でいったいどういうことが起きたのかということを少し細かく議論してきましたが、次に鏡と装身具の視点から入の沢遺跡をどう考えるのか、仲がいいのか悪いのかよくわからないお二人ですが、少し意見を戦わしていただければと思います。

森下　仲はいいです。先ほどもお話ししたのですが、鏡が四枚出土しているということ、さらにこれから調査が進むともっと出るかもしれないということも含めて、単に数が多く出てきたということだけではなくて、この遺跡の機能、とくに北縁の地域での役割ということに関して、やや踏み込んで議論したいと思います。この地域に鏡が集まるような、関東を通じてかもしれませんが、一ヵ所に集めて周りに渡すというような流通の中心、交流の中心といった機能も想定していいのではないかと考えるようになりました。鉄器はよくわかりませんが、鉄器がこれだけたくさん出土していることも重要です。短冊形鉄斧は関東で多く出土しています。そうした希少なものがまとまって出土したことはとくに重要な点です。貴重な品物、物品の流通のセンター的な性格も入の沢遺跡を評価するうえで考えていってはどうかと思います。

司会　流通というと行先があるわけですが、どこからどこへの流通というようなイメージをお持ちでしょうか。

森下　東北地方のかなり大きな古墳からも小型鏡が出土していますので、集落の日常生活での使用だけではなく、古墳の副葬にも使われる形（首長の所有物）で需要があったということになります。また想像の域を出ませんが、さらに北の世界、続縄文文化の人々とのやりとりについても、想定したいと思います。周縁地域に集まっているということは、そういう可能性を考えてもいいのではないかと思います。

司会　流通の側面からみると、北との流通の中継点という機能も入の沢遺跡は果たしていたのだろうということになりますかね。そういう意味では北に開かれた、北を望んだ位置にあって、入の沢遺跡が流通にかなり重要な役割を果たしていた可能性があるということでしょうか。村上さんのお話の重要なものの倉庫ということとも、符牒があってくるような気がします。とくに流通について、かなり強調されていました八木さんのお立場からはそういう見え方はいかがですか。

八木　確かに交流ということでお話ししました。具体的に入の沢遺跡の鉄器を見ますと、非常に立派で大きいです。斧一つとっても非常に大きい、一〇数センチ、二〇センチ近いですね。東北北部ではそれほど出土しているわけではないのですが、出土しているのを見ると小ぶりです。もしかすると、東北南部で加工をしてから北へ移出している感じがしないでもないですね。ただし鍛冶があった痕跡はまだないでしょうから、製品作りは難しいかもしれません。いずれにしても北でも鉄をほしがっていますから、交易というのは当然あったと思われます。

司会　交易品は何があるんだというご質問がありました。今は南から行く物の話だったのですが、北から手に入れたかったものは何なのかという質問です。

八木　北からのものは有機質のものがほとんどで残らないものですから、なかなか証明しにくいです。その中で取り上げたのは皮、皮革製品で、鹿や熊などの可能性があるだろうと思います。時代が新しく、奈良時代や平安時代になってくると海の獣、海獣ですね。ラッコであるとかアザラシなどが交易品としてはっきり文献に現われてきます。そういったものも取引されていたかもしれません。証明するのは難しいのですが、そういった毛皮類が中心なのかなと思います。

司会　八木さんのご発表で、五世紀頃に皮革加工が非常に盛んになるというお話がありました。皮として使うためには、皮なめしをしないといけません。今でも窓が凍るとスクレーパーで氷を掻きますが、この時代は、スクレーパーという石器で動物の皮の内側についた脂を掻き取っています。そういう技術がこのあたりでかなり使われたのだろうというお話でした。

ところで入の沢遺跡にいた人々は、いったいどこに行ったんだというご質問がありました。なかなか答えづらいところがあるのですが、村上さんはそのあたりどのように考えられていますか。村が廃絶した後、どういうことがあの地域に起きたとお考えでしょうか。

村上　遺跡が目に見えてなくなるという状況ですので、素直に解釈するなら、いったん撤退するというか、住む場所を変えているということになるのかなと思います。

司会　入の沢遺跡を維持するのではなく、いったん放棄したうえでほかのところで暮らすなり活動するという状況をお考えですか。鏡から交易へ話が広がってきましたが、森下さんにぜひおうかがいしたいのは、鏡が竪穴住居跡から出土する理由、そこに意味合いをお考えのように思いましたので、少しお話しいただけますか。

森下　申し上げましたように、住居の設備のひとつとして鏡を使用した可能性があると考えています。入の沢遺跡の状況もそれを思わせます。そうした風習がかなり広い範囲、宮崎県に及ぶような地域にまで広がっています。そういうような祭りや儀式のひとつとして住居での鏡の使い方が、北の端の入の沢遺跡の地域まで広がっていたということにもなります。

司会　荒っぽい話をすれば、竪穴住居跡の中に鏡が掛けられているというようなことを想定されるのですか。

森下　そうです。

司会　入の沢遺跡出土鏡の二面に麻布が付いていたので、もしかしたら袋状のものに入っていたのかもしれません。そういう状況も含めて森下さんが言われるのは、もちろん信仰に関わる部分ですが、家の中に鏡を置いておくという古墳を造る社会の風習が入の沢遺跡でも行なわれていたのではないかという説明の仕方で大丈夫ですか。

森下　はい大丈夫です。

司会　我田引水になりますが、私は土器は千葉県方面の土器とそっくりなんだというお話をしました。そこからの移住を考えているのですが、そういう鏡を住居の中に置く風習は実は千葉県にかなり認められますので、千葉方面から移住してきた人々が本来の風習を持って北にやってきたという説明ができなくはないかなと思いました。鏡がただの鏡ではなくて、入の沢遺跡にいた人々の出自、考え方を示している可能性があってその意味で重要だというお話だったと思います。

もう一つ、装身具のお話ですが、これについても大賀さんから、装身具の理解と装身具の語るものについてお話しいただけますでしょうか。

大賀　先ほどの議論の感想から一言話をさせてほしいと思います。森下さんの説明は様々な可能性に配慮されて保険をかけたところがあると思います。たとえば、交流、交易に使うとしても相手が主に同じ古墳を造る社会の人々の可能性もあれば北方の世界の人々の可能性もあると、一方で交換財としてだけではなく、普段の祭祀的な用途も持っているというようにバランスをとられた感じです。結局、どれが本質なのかという説明になってしまったと思います。もともとの問題に戻しますと、結局、入の沢遺跡にこんなにたくさんの鏡にしても玉にしても鉄器にしても集められていることの一番の重要な目的は何なのかということで、どれが一番重みがあることなのかということをもう少し選ぶ必要があるかなと思います。その上で玉のことを見てみますと、たとえば八木さんが挙げられた永福寺山《えいふくじやま》遺跡や長興寺《ちょうこうじ》遺跡の玉のように、確かに関東産と思われる玉が北の世界に流れているのは事実ですが、量が少なくて、それが主目的とは考えにくいと思います。それでは古墳文化社会に戻すことが主目的かというと、位置的に考えて、わざわざ端まで運んで、そこがその周辺への分配の機能を果たすというのは少し不自然だと思います。むしろここに来ている集団内の首長が普段はディスプレイのために使っていて、そのまま古墳に副葬するというのが主目的で、たまたま入の沢遺跡では火災にあったために、副葬されずにそのまま残されたとみたいと思います。

司会　当然、仲の良い森下さんにお願いします。

森下　訂正します、仲はあまり良くありません（笑）。正直なところ、今の大賀さんのご指摘はもっともだと思いますが、辻先生が調査された大塚森《おおつかもり》古墳の問題が気になっています。五〇メートルを超える大型円墳で埋葬施設も長大な木棺を用いた立派なものですが、ここから鏡は出土していません。大崎平野のすぐ近くにあるのですが、入の沢遺跡の人々と周辺の古墳とも関係があったものと思います。竪穴住居跡一軒に二枚も出土しながら、一方で地域の大首長のお墓に副葬されないという状況がどのように説明できるのか難しく、ここで解釈に迷いが生じているのです。地域首長は切り離して、入の沢遺跡に器物が集まるという筋書きも考えられるのではないかと思います。

和田晴吾（兵庫県立考古博物館）

和田　お二人の考え方は、遺跡自体がすごく特殊な遺跡であるということを前提としているようです。髙橋さんがいわれたように平地の住居とペアである可能性があるわけです。下の方には古墳も造られているし、もしかしたら長期間住んでいた集落もあるかもしれません。山の上の集落は一〇年ぐらい、あるいはもっと短かったかもしれません。出土状況からそれを全部解決するのは難しいだろうと思います。緊急的に山の上で起こった状況を示すものが今出土している可能性があるとしたら、通常平地で営まれていた生活ではどういう保持のされ方をしていたかを考えてから次の話をした方がいいように思います。そうしたら、森下さんが言われる住居の中で掛けられているものと、遺体の胸のところに置かれているものと両方が魔除け的な性格を持っていると解釈することもできると思います。神棚というよりは魔除け的な性格が強いように思います。例えば山口県ではアワビなどを入り口にぶらさげておいて、キラキラ光るもので邪悪なものが入ってくるのを追い払うような習俗があると聞いた覚えがありますので、そういう可能性もあるのではないかと思います。

司会　鏡が集落にあるということについて、なかなか説明できないということがよくわかります。森下さんは、大塚森古墳で鏡が副葬されず、入の沢遺跡で潤沢に出土するということについて、大崎平野北部の勢力と入の沢遺跡の人々との関係がわかりにくいということでしたが、両者の間に違いがあるというようなことをお考えですか。

森下　答えがあるわけではありませんが、違いがある可能性も考えたいと思います。

司会　大塚森古墳からガラス小玉、正確に言えばブレスレットが出土しています。大賀さんはそれを見られて、入の沢遺跡とは違う組成、入の沢遺跡にはあって、大塚森古墳にはないということがあるようです。そのあたりについてお話しください。

大賀　大塚森古墳の方が玉類の構成が非常に単純です。種類は二種類、管玉一点とガラス小玉で、ガラス小玉は五〇数点ありますが、一種類です。畿内から埋葬時期に近い時に直接もたらされたと考えたくなるものがまったく含まれていないという状況があります。それに対して入の沢遺跡では、多数を占めるのは関東産のものですが、一方で畿内から搬入されたと考えたい資料が一定量混ざっているという違いがあって、畿内とのつながりも玉類の中に表現されているので、鏡の有無もそこに関わる可能性があるかなと考えています。

司会　大賀さんのご発表で、入の沢遺跡には畿内との関係を考えさせるものが一定量入っている、ほかの多くのものは関東で手に入れたものだろうといわれましたが、そのあたりの意味するところをもう一つ踏み込んでお話しいただけますか。

大賀　入の沢遺跡の集団が外部からの働きかけとして進出してきたと考える時に、イニシアティブといいますか、発案のもともとをたどっていくと、関東の集団の意向、意図を強く考えるべきだと思います。一方で、その後に畿内とも接触をしている集団と見た方がいいと思います。

司会　後でというのはどういうことですか。

大賀　そこに入ってきてから、以降なんらかの接触を試みているということです。入ってくること自体が畿内の意向、戦略の一環でというよりは、もともとの動き自体は関東系の集団の自律的な動きの中で入ってきて、入って来た後に交換財に使えるようなものの獲得に成功したりして、畿内にも接触を試みている集団なのかなという気がしています。

司会　もともとは関東に出自があって、そこで手に入れたものを持っていて、入の沢遺跡に来た時点で畿内との関係を持ったのではないかということですか。

大賀　直接関東から来た人が入の沢遺跡に居住していたとまでは言えないので、仙台平野とかもう少し途中に中継点があった可能性は十分あると思います。

三　入の沢遺跡が語る歴史動向

司会　私は、いったん関東から宮城の沿岸部に来て、そこからまた北に動いていると理解していますので、大賀さんの意見はとりあえず私の意見に合っているのかもしれませんね。

和田　そういうのは、関東に住んでいた人の意思で動いているんですか、それとももっと大きな中で動いているのでしょうか。

司会　厳しいご質問をいただきました。そこはなかなか考古学のつらいところで、もので関東の人が最初に沿岸部に来て、その人々が北まで動いてきて、大崎平野北部で勢力をもって、古墳を造った人々がいるということは資料で説明できるのですが、関東の人々が畿内の命令に従ってやってきたかと言われると、はいそうですとはなかなか言いにくいところがあります。ただ、ちょうど四世紀の末は、大和がわりと広がろうとしていた、初期大和王権が各地の勢力と連合を組んで勢力を拡大していく時期にあたっていて、大和がより北方に広がろうとした動きが大きくはあるのではないかと思っています。面としてつながった地域としては栗原まで来ていて、もっと北上、水沢、八戸というところにも広がろうとして、稲作の問題などで点的にしか広がらなかった。そういう大きな枠組みで言うと、来ているのは関東の人で大和の意思も一定程度受けて北に広がろうとしていたのかなと私は思っています。いかがですか。

和田　そうおっしゃっていただくと、私は納得しやすいです。私も最初に入の沢遺跡を見せていただいた時にはそういう感じがしました。誰が来たかはわかりませんでしたが、そういう位置づけにある非常に緊張感のある遺跡だという感じがしました。具体的に人の動きも含めて言っていただくと、そういうことも十分考えられると思います。

司会　いろいろと反論もあるかと思いますので、遠慮なくどうぞ。まだ、結論が出るような話ではないので、様々な意見があると思います。

大賀　見えない畿内の意向を想定してしまうと、その場面では直接否定はできませんが、説明が苦しくなってくる場面があると思います。たとえば、入の沢遺跡が廃絶した後、周辺のかなりの地域で居住が希薄になってくる状況があるので、集団が広がってくることにも、撤収することにも畿内の意向を考えないといけなくなってきます。また、今回のような移住は時期や地域が違ったところにも結構発生していて、例えば、少し古い時期に東海系の人々が北関東に入ってきていそうだという問題にも畿内の意向を考えざるを得なくなります。そうした説明が明らかに不自然な現象にまで適用範囲が広がってしまうのは、畿内の意向という説明が直接的な根拠を欠いていたからです。そうすると、直接保証できない畿内の意向という理解は持ち出さない方がいいのではないかと考えます。

司会　少し大賀さんと議論しなければならなくなりそうですが、なにぶん考古資料では説明できないところなので、当時の全体状況がどうかということの中で、大和の意向もあるのだろうなということになるのか、あるいは大和にこの段階ではそういう指向性はないと考えるのかは、もう少し様々なことがわかってからかなと思います。

和田　いろいろな地域の動向があるので、その最大公約数的なところで判断するのと、地域に密着して判断するのとでは少し違ってくることがあるかと思います。数十年後の五世紀には岩手県の中半入《なかはんにゅう》遺跡や角塚《つのづか》古墳の地域が焦点になってくると思いますので、そういうところともっと比較すると、もう少し具体的にわかるところが出てくるのではないかという感じがします。

司会　意見はそれぞれ違うということです。私どもの専門の世界では、それほど入の沢遺跡は衝撃的で、様々なことを考えながら理解にたどり着きたいというのが現状です。これは地域の皆さんとともに考えるべきことですので、ここではいったんこういう現状だということをご理解いただいて、地域の皆さんのご意見も伺いたいなと思います。

四　入の沢遺跡の評価

司会　長い時間のシンポジウムになりましたので、最後にここに並びました七人が入の沢遺跡を歴史的にどう評価し、どういうものと考えるのか、それぞれのお立場からお一人ずつお話しいただいて、このシンポジウムの締めとさせていただきたいと思います。さんざん矢面に立たせまして申し訳なかったのですが、現場を担当した村上さんとして今入の沢遺跡をどのように考えておられるのか、その価値、評価も含めてお話しいただきたいと思います。

村上　現場を担当した者としてということなので、それほど大きなことは言えませんが、先ほどから話に出ています、壕と塀によって囲まれた大規模な集落が古墳時代前期の北縁地で出現するという事実、そして貴重な遺物がまとまってたくさん出土しているという、ほかに例を見ない事例は、東北地方の古墳時代前期を考える上でも基準になる資料だと思います。また、そのような華々しい成果とともに細かい成果を見ていきますと、一つ一つの残りが良い、たとえば竪穴住居跡の残りが良く、焼失住居が多いということで、竪穴住居の構造の復元や塀跡の構造の復元など、拠点的集落と私は言っておりますが、その中身をもう少し細かい解像度で見ていけるのではないかと思っています。また、出土遺物にしてもただ銅鏡、鉄製品が出土したというのではなく、竪穴住居のどこからどのような状態で出土した、またその遺物に残る使用していた痕跡や保管していた痕跡などかなり多くの情報が得られています。多くのみなさんに協力していただき、一つずつ分析して情報を集めている最中です。

かなり多くの情報が出てきていまして、それら一つ一つが驚くべき成果になると思いますが、それらをどのようにまとめていくか、細かい事実から東北地方の古墳時代前期においてどのような位置づけができるかということにしっかり取り組んで行くことで、本日の討論の中で出てきた課題に一つでも多く応えていきたいと思っています。そのような価値のある遺跡だと思っています。

森下　しばらく前から古墳時代の研究で議論になっている課題ですが、前方後円墳の広がる範囲というものが、具体的に社会のどのような側面の反映なのか、研究者によるイメージの違いは大変大きなものがあります。政治だけなのか、信仰も関係するのか、共通性と違いのどちらを重視するのか、今回もパネラーによって見方の違いがあったように思います。そういうことに関しては、周縁地域をみることの方がわかりやすいのではないかという面もあります。

今までの私のイメージでは、周縁地域はきれいな境界線になるのではなく、南北の文化要素が入り混じっているという理解でした。入の沢遺跡の出現は、北方との間に強い境界線が入ったことにも意味があると思います。鏡のあり方もそうですが、単に物品が到来しただけでなく、それに伴う風習も来ていたとなると、「外」と「中」の違いが強まった印象をあたえます。そこに緊張とか防御とかそういうことが想定されてきます。この発見を受けて、もう一度古墳の分布圏というものが何を示すのか考えてみたいと思います。

一方で、なぜこの地だけ軋轢を思わせるような状況が明確化するのかという点も問題です。西日本の中や他地域でも古墳時代にはいろいろ争いなどがあったと思うのですが、ここにだけ防御的な集落がみられるということの意味も全体から見て考えてみたいと思います。いろいろ教えていただいて、また議論させていただき、ありがとうございました。

大賀　図らずも、私が想像していたことはもうかなり引き出されてしまいましたので、これ以上加えて述べさせていただくことはありませんが、一方で、あくまで暫定的な、これまで知られている情報から考えただけのことなので、今後もっと基礎的な部分でたとえば集落内に存在していた住居でどれとどれが同時存在なのかとか、集落存続の期間の中で焼失住居が時間的にどの位置にあるのか、もしくは、伊治城跡との機能分担的なことなど、情報が蓄積され、さらに議論が深まっていけばいいのかなと考えました。ありがとうございました。

髙橋　私は今回のシンポジウムで、栗原という地域が大変重要な地域だということを改めて感じました。伊治城跡では、時代が下がりますが、八世紀後半にも伊治君呰麻呂《これはりのきみあざまろ》の乱という古代史を考えるうえで重要な事件が起きています。この反乱は当時の律令国家が領域を拡大していく上で、一番末端の地域での軋轢が発端となって起こった事象です。それを振り返ってみると、この入の沢遺跡でも同じような状況が起こっているのではないかと感じました。この地域ではいったいどのような人々によって古墳社会が作られているのか、そして古墳社会を構成した人々の中でどういう関係があったのか、そういうところを伊治君呰麻呂の乱で起こった出来事と比較して考えると、もしかしたら、焼失の意味も解き明かされるのではないかと私は思いました。発掘調査がまだ行なわれていない場所もありますし、整理作業も途中だということなので、今後整理していく中で、栗原地域の人々がどのような人々だったのか、その状況が入の沢遺跡や周辺の遺跡の様相にどのように反映されているのかということも検討していければよいのではと考えています。私は入の沢遺跡は栗原地域の誇るべき宝の一つであると思います。どうもありがとうございました。

八木　大体みなさんがおっしゃられたことと同じですが、一言で言えばこの入の沢遺跡というのは東北南部、古墳社会においても、また東北北部においてもきわめて重要な遺跡であるということだろうと思います。両地域の接点にあって様々な問題を投げかけていると思います。辻さんは軋轢という話をされていましたが、入の沢遺跡の二〇〇年後に蝦夷というものが歴史上に登場してきます。蝦夷と中央政府との問題がクローズアップされてくるのです。その問題を考えるうえでも二〇〇年前入の沢遺跡で起こった出来事は、非常に大きな意味を持っていると思います。そういう意味でも今回発表させていただき、大変良い機会を与えていただいたと思います。どうもありがとうございました。

和田　今回は主催者が思われていた以上に多くの方においでいただいたことでわかりますように、東北地方の古墳時代前期の社会を考えるためにも、もっと北の地域の続縄文社会を考えるうえでも、入の沢遺跡の遺構も遺物も非常に衝撃的な出土状況でありまして、話題性もあり、重要性が際立っていると思います。私は今、古墳時代の動向を広い範囲で最大公約数的に、少し杓子定規に考えようとしています。しかし、実際に一つ一つの遺跡にあたりましたら、様々な考え方が出てきます。しかも今回の場合は、そういう議論が百出してくるというような遺跡だと思います。論文でもそうですが、読んでいて様々なことを思ったり、考えさせられたりすることの多い論文がいい論文であるのと同じように、遺跡も様々なことが考えられるところに非常に重要な要素があるのではないかと思います。ですから、それだけこの遺跡はこの地域の歴史を考えるうえでも、日本列島の古墳時代の社会を考えるうえでも重要な意味をもっているということになると思います。ぜひ大切に残していただいて、地元の歴史あるいは記憶を考えるよりどころにしていただければありがたいと思っています。どうも本日はありがとうございました。

司会　最後に少しだけお話しさせていただきたいと思います。まずは、今回のシンポジウムでは一日目に四五〇人、二日目には四〇〇人近い方においでいただきました。シンポジウムを企画した当初、この栗原文化会館を使わせていただくことについて、無茶するなあ、千人の席があるんだよと言われました。私もいざこの会館に来てみますと大変広くて、いったい何人おいでいただけるかなと心配だったんですが、これだけたくさんの方々に二日間熱心に聞いていただいたり、アンケートを書いていただきました。企画した側として、大変うれしく思っております。

私が考える入の沢遺跡の価値としては、二つの段階があります。一つは考古学的に四世紀の人々の姿が明瞭にわかる遺跡は、少なくとも東北地方ではほかに知りません。その時代の人々が使った道具が全部残されていて、それを見るとそこにいた人々の姿が見えてくるようなそういう資料です。村上さんがおっしゃるように情報を一つ一つ読み解いていくことで、古墳時代にこの地に生きた人々の姿を描き出せる可能性がある大変素晴らしい遺跡だと思っています。

もう少し大きな意味で言うと、この地域が歴史的にどういう歩みをしたのかということを物語るとともに、日本列島の歴史、東北の歴史を語る上でこれほど重要な遺跡はさほど多くありません。たとえば大和の北縁で具体的にどんなことがあったのかを読み解ける可能性がある遺跡はそうはないと思います。その意味で列島史、東北史を書く上でかかせない重要な遺跡だと思います。これから様々な分析が行なわれてさらに様々なことがわかってくると思いますが、入の沢遺跡の状況がさらにわかってくると、山前はどうだったのか、ある

いは大崎はどうだったのだろうということがもう一度議論されることになります。その意味でこの地域を語る上で、あるいは日本史を語る上で欠かせない遺跡と思っています。もちろん様々な状況があって私どもの思いだけでは難しいこともたくさんあるのは承知していますが、私どもとしてはぜひとも、古代の人々からの贈り物としてこの遺跡を残していただけると大変嬉しく、保存を熱望しています。この遺跡の情報が日本中を駆け巡った時に、日本中の研究者から遺跡はどうなるんだという声がたくさん聞こえてきました。日本中の研究者が注目しています。遺跡というものは地域の人のもとにあって、地域の人がさわり、使い、考えるものとして大事だと思います。地域の人に大事だと思っていただける遺跡であれば、残すことでまた次の価値を生み出すことになるのではないかと思います。

　このシンポジウムを企画した時に、どうなるかはとにかくとして、この遺跡で多くのことが考えられるという意味での素晴らしさをお伝えできればと思っていました。しかし、アンケートをみるとむしろ教えていただくことが多くて、地域の皆さんのお気持ちも強く感じることができました。この大切な入の沢遺跡が残され、活用されますことを熱望しておりますことをお伝えして、シンポジウムを閉じたいと思います。二日間にわたり、本当に長い時間ご清聴いただき、ありがとうございました。

編著者略歴

辻《つじ》　秀人《ひでと》

東北学院大学文学部教授、東北学院大学博物館館長

1950年北海道生まれ。東北大学文学部卒業、考古学専攻。東北大学大学院文学研究科博士課程前期修了、文学修士。東北大学大学院文学研究科博士課程後期単位取得満期退学。

主要著書・論文

「東北古墳時代の画期について（その1）―中期後半の画期とその意義―」『福島県立博物館紀要』第3号、1989年

「東北古墳時代の画期について（その2）―7世紀史の理解をめざして―」『伊東信雄先生追悼考古学古代史論攷』1990年

「陸奥国の古瓦の系譜」『福島県立博物館紀要』第6号、1992年

「蝦夷と呼ばれた社会―東北北部社会の形成と交流―」『古代蝦夷の世界と交流』古代王権と交流1、名著出版、1996年

『古墳時代の考古学』シンポジウム日本の考古学4、学生社、1998年（共著）

『ふくしまの古墳時代』歴史春秋社、2003年

『東北古墳研究の原点　会津大塚山古墳』新泉社、2006年

『博物館危機の時代』雄山閣、2012年（編著）

執筆者紹介（執筆順）

村上《むらかみ》　裕次《ゆうじ》
宮城県教育庁
文化財保護課

森下《もりした》　章司《しょうじ》
大手前大学教授

大賀《おおが》　克彦《かつひこ》
奈良女子大学
古代学学術研究センター

髙橋《たかはし》　誠明《のぶあき》
大崎市教育委員会

八木《やぎ》　光則《みつのり》
蝦夷研究会

和田《わだ》　晴吾《せいご》
兵庫県立考古博物館館長

季刊考古学・別冊24
古代倭国北縁《こだいわこくほくえん》の軋轢《あつれき》と交流《こうりゅう》
―入《いり》の沢遺跡《さわいせき》で何《なに》が起《お》きたか―

定　価　二、六〇〇円＋税
発　行　二〇一七年二月二五日
編　者　辻　秀人
発行者　宮田哲男
印刷・製本　株式会社ティーケー出版印刷
発行所　株式会社　雄山閣
〒102―0071東京都千代田区富士見二―六―九
電話　〇三―三二六二―三二三一
振替　〇〇一三〇―五―一六八五
URL　http://www.yuzankaku.co.jp
e-mail　info@yuzankaku.co.jp

ISBN 978-4-639-02441-5 C0321

N.D.C.205　135p　26cm